Bernd Ulrich Hucker / Eugen Kotte / Christine Vogel (Hg.)

DIE MARIENBURG

BERND ULRICH HUCKER / EUGEN KOTTE /
CHRISTINE VOGEL (Hg.)

DIE MARIENBURG

VOM MACHTZENTRUM DES DEUTSCHEN ORDENS ZUM MITTELEUROPÄISCHEN ERINNERUNGSORT

FERDINAND SCHÖNINGH
PADERBORN · MÜNCHEN · WIEN · ZÜRICH

Gedruckt mit freundlicher Unterstützung der Gerda Henkel Stiftung, Düsseldorf.

Umschlagabbildung:

Die Marienburg südöstlich von Danzig. Hauptstadt des Deutschen Ordens.
(Foto: Verlagsarchiv Schöningh)

Bibliografische Information der Deutschen Nationalbibliothek

Die Deutsche Nationalbibliothek verzeichnet diese Publikation in der Deutschen Nationalbibliografie; detaillierte bibliografische Daten sind im Internet über http://dnb.d-nb.de abrufbar.

(Verlag Ferdinand Schöningh GmbH & Co. KG, Jühenplatz 1, D-33098 Paderborn)

Internet: www.schoeningh.de

Einbandgestaltung: Evelyn Ziegler, München
Printed in Germany.
Herstellung: Ferdinand Schöningh, Paderborn

ISBN 978-3-506-77617-4

Inhaltsverzeichnis

Einleitung

Die Marienburg – Erinnerungssymbol im Wandel

Bernd Ulrich Hucker / Eugen Kotte / Christine Vogel

Die Marienburg ist ein multilateraler Ort konfrontativ angelegter Erinnerungskulturen[1]. Wie kein anderes historisches Bauwerk erhielt sie im Rahmen der polnisch-litauisch-deutschen Beziehungen einen zentralen Stellenwert durch die sich im Verlauf ihrer Geschichte verändernden Sinnzuschreibungen: So drückte das Bauwerk im Mittelalter die Kreuzzugsidee und den Herrschaftsanspruch des Deutschen Ordens aus; nach 1460 symbolisierte sie den polnischen Integrations- und Herrschaftsanspruch im Königlichen Preußen; im 19. Jahrhundert wurde sie zu einem Nationalsymbol stilisiert, das die preußisch-deutsche Herrschaftsideologie mit ihren hegemonialen Aspirationen in Mitteleuropa versinnbildlichte; nach der Auflösung der bipolaren Blockstruktur zwischen 1989 und 1991 schließlich wurde die Burg in geradezu diametral entgegensetzter Intention zu den bisherigen nationalpolitischen Vereinnahmungen als Stätte der Versöhnung inszeniert.

Diesem Band, in dem die Beiträge einer 2011 an der Abteilung für Kulturgeschichte und vergleichende Landesforschung der Universität Vechta veranstalteten internationalen und interdisziplinären Tagung versammelt sind, wurde zum Ziel gesetzt, diese vielschichtige Symbolik der Marienburg in ihren Wandlungen herauszustellen, zu entschlüsseln und zu analysieren. Dabei kann die Quellenlage für eine solche Unternehmung als recht günstig bezeichnet werden, denn die architektonischen Veränderungen der Marienburg vom 13. bis zum 15. Jahrhundert korrespondieren auffällig mit dem ursprünglich religiösen Auftrag, der politischen Entwicklung und der territorialen Expansion des Deutschen Ordens. Für das 19. Jahrhundert ist die Begleitung sowohl der zunächst von romantischen Vorstellungen des Mittelalters geleiteten Renovierung wie auch des später auf archäologisch-historischen Forschungen beruhenden Wiederaufbaus durch Historiographie, Belletristik und Malerei geradezu evident.[2] Die Marienburg selbst ist eine architektonisch-gegenständliche Quelle ihrer wechselnden Funktionen wie der unterschiedlichen Indienstnahmen über die Jahrhunderte hinweg. Darüber hinaus erlauben die im Gefolge des *linguistic* bzw. *narrative turn* entwickelten Konzepte zum Einbezug literarischer Gestaltungen von Geschichte[3] und die im Rahmen der historischen Bildforschung vorgelegten Ansätze[4] zur Erschließung des in Fülle vorhandenen Bildmaterials eine umfassende Dokumentation und Analyse der mit der Marienburg verbundenen komplexen Symbolik, die durch die Zusammenführung der Beiträge kulturwissenschaftlich arbeitender Forscherinnen und Forscher aus unterschiedlichen Disziplinen (Germanistik, Geschichtswissenschaft, Kunstgeschichte, Slawistik) und verschiedenen europäischen Ländern geleistet wird.

Das Innovationspotential besteht dabei aber nicht nur in der internationalen Reichweite und im interdisziplinären Ansatz, sondern auch deutlich in der diachronen Perspektive: Der Brückenschlag vom Mittelalter über die Frühe Neuzeit und das für die Symbolgeschichte der Marienburg zentrale 19. Jahrhundert bis in die Gegenwart ist in dieser Form bislang noch nicht unternommen worden, denn die medialen und kommunikativen Rahmenbedingungen wandeln sich in diesen Zeiträumen in so grundlegender Weise, dass jeweils spezifische Analysemethoden und Interpretationsverfahren angewandt werden müssen, um die Symbolfunktionen der Burg im jeweiligen historischen Kontext erfassen zu können. Auch erfordert der sehr heterogene Forschungsstand die Entwicklung jeweils spezifischer Herangehensweisen.

Für das Mittelalter ist die Marienburg im Sinne des hier verfolgten Ansatzes in erster Linie als architektonische Quelle zu behandeln: So wird deutlich, dass das Bauwerk in auffälliger Weise die Programmatik des Deutschen Ordens und die damit verbundenen Geschichtsbilder repräsentiert. Ihre Entstehung als Sitz eines Konvents an der westlichen Peripherie des Pruzzenlandes, das als Kern der Staatsbildung des Deutschen Ordens angesehen werden kann, zeigt zunächst ihre Funktion als Grenzfestung. Durch die am Beginn des deutsch-polnischen Konflikts stehende Einnahme Pommerellens wurde die in eine zentrale Lage innerhalb des Deutschordensstaates gerückte Marienburg schließlich durch Übersiedlung des Hochmeistersitzes aus Venedig administratives Zentrum des Deutschen Ordens. Das Bauwerk repräsentierte nun besonders wirksam den mit der Kreuzzugsidee gerechtfertigten territorialen Ausbau und die straffe Staatsorganisation des Deutschen Ordens. Diese wechselnden Funktionen der Marienburg werden im einleitenden Beitrag von Klaus Militzer (Bochum / Köln) beleuchtet. Die territorialen Erwerbungen des Ordens wurden rasch mit Burgen befestigt, deren Namen die Programmatik des Ordens abbildeten. Für die genaue Entschlüsselung der Benennung »Marienburg« ist die Ausdeutung des architektonisch und heraldisch dokumentierten Marienkultes, »der damals die Bildung eines Staatsbewusstseins fördern sollte«[5], hilfreich. Darüber hinaus verspricht der Einbezug der auf der Burg auffindbaren

Deutschordenssymbolik weiteren Aufschluss.[6] Wenngleich ein Ausstellungsband des Geheimen Staatsarchivs Preußischer Kulturbesitz 1990 den vielversprechenden Titel »Unter Kreuz und Adler. Der Deutsche Orden im Mittelalter«[7] trägt, war die Sinnhaftigkeit dieser Symbolik nicht Gegenstand der Reflektion dieser und anderer Publikationen der letzten 20 Jahre. Bernd Ulrich Hucker (Vechta) schlüsselt erstmals auf, wie stark diese Symbolik in den imperialen Ideen der römisch-deutschen Kaiser wurzelte. In den einschlägigen Werken zur Geschichte des Deutschen Ordens[8] fehlt auch die Untersuchung der Programmatik der Burgennamen, die für einen christlichen, in den Kreuzzügen und an den Grenzen des lateinischen Westens engagierten Ritterorden typisch ist. Indes ist die rein architektonisch-burgenkundliche Forschungsliteratur zur Marienburg und zu anderen Ordensburgen sehr reichhaltig.[9] Für die Zeit nach der Verlegung des Hochmeistersitzes 1309 kann die architektonisch feststellbare Herrschaftsrepräsentation anhand der insbesondere im mittleren Teil errichteten Gebäude sowie der dort auffindbaren Ornamente und Bildnisse entschlüsselt werden.

Die frühneuzeitliche Repräsentationsgeschichte der Marienburg ist bislang so gut wie gar nicht aufgearbeitet, so dass auch der vorliegende Band eher die bestehenden Forschungslücken ausweisen kann, als sie zu füllen. Vor allem die neuere Forschung zur symbolischen Kommunikation und zur frühneuzeitlichen Mediengeschichte könnte hier neue Einblicke ermöglichen. Erstens würde damit die Bedeutung der Burg als Ort königlicher Herrschaftsinszenierung durch das Zeremoniell in den Fokus rücken. Dass sie in dieser Hinsicht für die polnischen Könige eine zentrale Rolle spielte, zeigt sich unter anderem an der zeremoniellen Inbesitznahme der Burg durch König Kazimierz IV. am 8. Juni 1457 (feierlicher Einzug, Huldigung der Einwohner Marienburgs, Installation der Hoheitszeichen). Die Details dieser Zeremonie, die den Übergang von der Herrschaft des Deutschen Ordens zu der der polnischen Könige markierte, harren jedoch noch der geschichtswissenschaftlichen Aufarbeitung, was letztlich auch dem bislang in weiten Teilen der Forschung herrschenden Desinteresse an der monarchischen Herrschaft im frühneuzeitlichen Polen geschuldet ist.[10] Auch der Versuch, auf der Marienburg eine polnische Tradition zu begründen,[11] der beispielsweise in der Umwidmung der Bartholomäuskapelle für den Heiligen Wojciech (Adalbert von Prag) zum Ausdruck kommt,[12] ist bisher durch die Forschung kaum untersucht worden. Zweitens wäre es interessant, den Stellenwert der Marienburg in der zeitgenössischen (Bild-)Publizistik zu analysieren und damit ihrer erinnerungskulturellen Funktion auf die Spur zu kommen.[13] Der Beitrag von Christine Vogel (Vechta) versucht, anhand der Festarchitektur sowie der Festpublizistik zum Einzug Augusts II. in Danzig im Jahre 1698, den Stellenwert der Marienburg in der zeitgenössischen preußischen Repräsentationskultur exemplarisch herauszuarbeiten. Die insgesamt dürftige Forschungslage zur Geschichte der Marienburg und der gleichnamigen Stadt in der Frühen Neuzeit macht allerdings deutlich, dass noch weitaus mehr Detailforschung vonnöten ist, bevor weiter reichende Hypothesen zur Repräsentations- und Symbolgeschichte des Bauwerks in der Zeit der polnischen Herrschaft möglich sind. Der Beitrag von Andrzej Kopiczko (Olsztyn) zum religiösen Leben in Marienburg leistet hier wichtige Grundlagenarbeit.

Im 19. Jahrhundert kommt die wechselseitige Durchdringung und Verstärkung von architektonischer Symbolfunktion sowie narrativer und visueller Repräsentationen der Marienburg zu ihrer vollen Wirkung. Dass die nach den Teilungen Polens dem Verfall anheim gegebene Marienburg im 19. Jahrhundert zu einem nationalen Denkmal erhoben wurde, ist zunächst den Bemühungen einiger Künstler der Romantik (Friedrich Gilly, Ferdinand Max von Schenkendorf) zu verdanken. Deren jahrelang andauernde Aktionen veranlassten den preußischen König Friedrich Wilhelm III. zu einer Cabinets-Ordre, die ab 1815 die »einer romantischen Vision der Burg«[14] folgenden, von Jan Werqueth (Berlin / München) in seinem Beitrag skizzierten Restaurationsbemühungen ermöglichte. Voraussetzung war die positive Umbewertung des Deutschen Ordens durch die zeitgenössische historische Belletristik und Historiographie.[15] In der These einer »deutschen Kulturmission«, die nicht nur die Integration der Geschichte des Ordensstaates in die konstruierte Kontinuität preußischer Größe begünstigte, sondern auch die politische Mahnung zur Germanisierung der östlich der Grenzen des Deutschen Bundes beheimateten Völker enthielt, lag die grundlegende Motivation, die Marienburg als sichtbaren Ausdruck des preußisch-deutschen Hegemonialanspruches im östlichen Mitteleuropa aus ihrem Verfall zu erretten, wie der Beitrag von Eugen Kotte (Vechta) verdeutlicht. Der preußische Staat wurde als Reinkarnation des Deutschen Ordens mit der (unvollendeten) Aufgabe der Germanisierung des östlichen Mitteleuropa betrachtet.[16] Dabei bestand die Verbindung zwischen der Geschichte des Deutschen Ordens und dem modernen preußischen Staat jedoch nicht nur in der legitimierenden Traditionsbildung, sondern auch im Appell zu einer deutschen Kulturmission im Osten Europas. Das verbindende Glied war die Marienburg, einst Hauptsitz des Deutschen Ordens, nun Denkmal preußisch-deutscher Größe, durch das ein sichtbares Fundament antipolnischer Stereotypie geschaffen wurde, wie Christoph Kienemann (Oldenburg) verdeutlicht. Mit der Stilisierung der Marienburg »als ein wahrhaftes Nationalwerk«[17] ging – z. B. bei Joseph von Eichendorff – eine Verschärfung der antipolnischen Stereotypie einher.

Dabei wurden im deutschen Bürgertum bereits weit verbreitete antipolnische Ressentiments aufgenommen und verstärkt.[18]

Mit der Kritik des preußischen Konservators Friedrich von Quast an der romantischen Restauration begann die Phase des historistischen Wiederaufbaus der Marienburg,[19] in der viele Elemente der romantischen Restauration wieder beseitigt wurden. Vorbereitet und begleitet wurde diese restauratorische Neuausrichtung durch die borussische Historiographie zum Deutschen Orden, vor allem durch Heinrich von Treitschkes Abhandlung »Das deutsche Ordensland Preußen« (1862), in der nicht nur die deutsche Sendung und die Mission des preußischen Staates hervorgehoben, sondern auch nationalistische, partiell gar rassistische Stereotype gegen Polen[20] ventiliert wurden. Wie Sigita Barniškienė (Kaunas) am Beispiel Ernst Wicherts zeigt, bediente die historische Romanliteratur nach 1871 dann die kontinentalimperialistischen Aspirationen des Wilhelminischen Reiches, für die nun der Deutsche Orden beispielsweise bei Rudolph Geneé mit »seine[r] große[n] Kulturaufgabe«[21] als Basis ausgewiesen wurde. Inmitten dieser deutlich nationalistisch-aggressiven Tendenz wurde die Marienburg zum Wilhelminischen Nationaldenkmal »als deutsche Warte / Dem Osten zugewandt«[22]. Auf diese Weise in das ideologische System des Kaiserreichs integriert, konnte Wilhelm II. sie als kaiserliche Residenz zu Festakten nutzen, durch die er die symbolische Bedeutung der Marienburg mit antipolnischer Tendenz unterstrich.[23]

Auf polnischer Seite wurde demgegenüber der Rekurs auf die Schlacht bei Grunwald gepflegt, die der selektiven, erbaulichen Rekonstruktion polnischer Geschichte dienen und in den schwierigen Zeiten der Teilung die Überwindbarkeit der übermächtig erscheinenden Besatzer demonstrieren sollte.[24] Beeinflusst durch Karl Szajnochas »Jadwiga i Jagiełło 1374 do 1413« (1855/56)[25] entstanden Werke wie Jan Matejkos populäres Historiengemälde »Bitwa pod Grunwaldem« (1875-1878) und Henry Sienkiewiczs erfolgreicher historischer Roman »Krzyżacy« (1900), die bis in die Gegenwart hinein die polnische Erinnerung an die Grunwald-Schlacht prägen.[26] Diese Mythifizierung polnischer Nationalgeschichte im 19. und 20. Jahrhundert wurde zuletzt durch Frithjof Benjamin Schenk und Robert Traba untersucht[27]; Christoph Garstka (Heidelberg / Köln) zeichnet diese Deutungslinie nun anhand der polnischen Literatur des 19. Jahrhunderts nach.

In Polen wurde die Marienburg entsprechend ambivalent wahrgenommen, wie die von Paweł Kosiński (Warschau) analysierten Berichte polnischer Besucher der Marienburg aus dem 19. Jahrhundert belegen. Auch den nach dem Zweiten Weltkrieg vorbereiteten und dann ab 1961 eingeleiteten, bis heute andauernden Restaurierungsarbeiten, deren Bedeutung und Ablauf Tomasz Torbus (Gdańsk) thematisiert, standen – besonders in der Nachkriegszeit – viele Polen, die in dem Bauwerk weiterhin ein sinnträchtiges Relikt des »Deutschen Drangs nach Osten« sahen,[28] ablehnend gegenüber. Der Anspruch des seit Beginn der 1960er Jahre federführenden Muzeum Zamkowe w Malborku ist demgegenüber darauf gerichtet, das historische Bauwerk als »Ort der Versöhnung«[29] im Rahmen des europäischen Museumswesens zu arrangieren – eine Zielsetzung, die Lukas Aufgebauer (Vechta) und Izabela Mittwollen-Stefaniak (Vechta) kritisch überprüfen.

In den beiden deutschen Staaten verlor die Marienburg nach 1945 sehr schnell den Charakter eines aggressiv-expansionistischen Symbols; während eine Hinterfragung der 1950 im Görlitzer Vertrag festgeschriebenen Grenzziehung in der DDR als dem Bündnispartner der Volksrepublik Polen im Warschauer Pakt nicht opportun war, schien auch in der Bundesrepublik Deutschland eine Überbetonung des grundgesetzlich verankerten Wiedervereinigungsgebots angesichts der politisch intendierten Westeinbindung wenig sinnvoll.[30] In der Literatur behielten der Deutsche Orden und die Marienburg eine zumindest rudimentäre symbolische Funktion, durch die allerdings die frühere konfrontative Funktion kritisch kommentiert bzw. konterkariert wurde, wie Jürgen Joachimsthaler (Heidelberg) in seinem Beitrag verdeutlicht.

Die Symbolik der Marienburg in der die Beziehungen Polens zum Deutschen Orden, zu Preußen, zum Deutschen Reich und schließlich zur Bundesrepublik Deutschland prägenden Veränderung von Rivalität über Konfrontation bis hin zu Kooperation ist zusammenhängend bisher niemals untersucht worden. In den Beiträgen des Bandes wird die Symbolik der Marienburg in der über die Jahrhunderte feststellbaren Polarität aufgeschlossen, indem unterschiedliche Aspekte der Herrschaftsrepräsentation in Mittelalter und Früher Neuzeit aufgedeckt, politisch-ideologische Indienststellungen im Rahmen des *nation building* im 19. Jahrhundert beschrieben und analysiert sowie schließlich nach Auflösung der ideologischen Blöcke die Umwandlung eines zuvor zwischen Hegemonialansprüchen einerseits und Bedrohungsempfindungen andererseits wahrgenommenen historischen Bauwerks zu einer Stätte nicht nur der polnisch-deutschen, sondern der europäischen Kooperation erörtert werden. Dabei kann allerdings auch der vorliegende Band mit seinem epochenübergreifenden Zuschnitt nicht den Anspruch erheben, diese Entwicklung lückenlos darzustellen. Vielmehr zeigt sich, dass in vielen Bereichen weitere Detailforschung nötig wäre, um die transepochale Fragestellung weiter zu vertiefen. Insofern geht es ebenso darum, Ergebnisse zu präsentieren wie Perspektiven für künftige Forschung aufzeigen.

Abschließend möchten sich die Herausgeber noch bei all jenen bedanken, ohne die dieser Band nicht hätte realisiert werden können: Besonderer Dank gebührt der Gerda Henkel Stiftung und der Kommission für Forschung und Nachwuchsförderung (KFN) der Universität Vechta für die großzügige finanzielle Unterstützung bei der Austragung der Tagung. Für die redaktionelle Hilfe bei der Vorbereitung des Bandes bedanken wir uns sehr herzlich bei Frau Rita Becker sowie bei Herrn Lukas Aufgebauer und Frau Izabela Mittwollen-Stefaniak von der Professur für Didaktik der Geschichte mit dem fachlichen Schwerpunkt Neuere und Neueste deutsche und europäische Geschichte der Universität Vechta.

Anmerkungen

1 Vgl. zu diesem Begriff Beyrau, Experimentierfeld, S. 92. Vgl. auch François / Schulze, Einleitung; Nora, Présentation.

2 Für die Rezeptionsgeschichte der Marienburg sind noch immer die Arbeiten von Boockmann, Marienburg und Wippermann, Ordensstaat grundlegend. Während Boockmann durch eine nur überblicksartige Berücksichtigung der wichtigsten Texte architektonische Wiederaufbaubemühungen, historiographische Neuorientierungen und belletristische Gestaltungen in einen Zusammenhang rückt, konzentriert sich Wippermann ausschließlich auf die Historiographie und die Publizistik zum Deutschen Orden allgemein, ergänzt diese Studie allerdings später um einen Beitrag unter dem Titel »›Gen Ostland wollen wir reiten!‹ Ordensstaat und Ostsiedlung in der historischen Publizistik Deutschlands«. Aus der Eichendorff-Forschung sind einige Beiträge zum »Marienburg«-Drama zu verzeichnen, z. B. Białek, Eichendorff-Rezeption, und Faber, Kreuz. Soeben erschienen ist die mehrbändige Monografie Joachimsthaler, Text-Ränder, hier insbes. Bd. 1, S. 205-321, in der mit postkolonialem Ansatz auch die Thematisierung des Deutschen Ordens (und d. h. auch des zentralen Symbols der Marienburg) in der deutschen und polnischen Belletristik des 19. und 20. Jahrhunderts untersucht wird. Daneben werden die historiographischen und literarischen Perspektiven auf die Deutschordensgeschichte im Rahmen einiger übergreifender Darstellungen aus den 1980er und 1990er Jahren gestreift, vgl. Faulenbach, Ideologie; Orłowski, Wirtschaft und Wippermann, Drang. Aus der populärwissenschaftlichen Literatur sind vor allem die in den 1990er Jahren auch auf Deutsch erschienenen Publikationen von Mariusz Mierzwiński zu nennen, z. B. Mierzwiński, Marienburg.

3 Vgl. hier grundsätzlich White, Fiktion sowie die frühe Reaktion auf das US-amerikanische Original bei Rüsen, Geschichte.

4 Vgl. besonders Wohlfeil, Reflexionen.

5 Biskup, Zusammenbruch, S. 451.

6 Aussagekräftige Realien sind auf der Marienburg selbst zu besichtigen. Vgl. auch Imagines; Miehle, Monety.

7 Benninghoven, Kreuz.

8 Vgl. Biskup / Labuda, Geschichte; Boockmann, Orden; Militzer, Geschichte; Sarnowsky, Orden; Tumler / Arnold, Orden.

9 Vgl. zuletzt Torbus, Konventsburgen; Herrmann / Dobry, Marienburg; über die livländischen Ordensburgen jetzt Ose, Petijumi.

10 Vgl. Bömelburg, Forschungstendenzen, S. 8.

11 Vgl. Kotte, Erinnerungsort, S. 279.

12 Vgl. Mierzwiński, Schloss des Deutschen Ordens, S. 28.

13 In dem kurzen Kapitel, das Wolfgang Wippermann der frühneuzeitlichen Historiographie zum Deutschen Orden widmet, findet die Marienburg keine explizite Erwähnung, was aber nicht bedeuten muss, dass die von Wippermann mit anderem Erkenntnisinteresse untersuchten Autoren sie tatsächlich nicht erwähnten, vgl. Wippermann, Ordensstaat, S. 75-102.

14 Mierzwiński, Marienburg, S. 30.

15 Vgl. Wippermann, Ordensstaat, S. 120.

16 Vgl. Boockmann, Eichendorff, S. 115.

17 Eichendorff, Wiederherstellung, S. 23.

18 Vgl. dazu Orłowski, Wirtschaft, S. 235.

19 Vgl. Boockmann, Marienburg, S. 35; Kotte, Erinnerungsort, S. 259.

20 Vgl. Wippermann, Ordensstaat, S. 166.

21 Genée, Marienburg, S. 20.

22 Ebd., S. VII.

23 Vgl. Wippermann, Ordensstaat, S. 198.

24 Vgl. Kotte, Mythen, S. 84-85.

25 Vgl. dazu Labuda, Einleitung, S. 31f.

[26] Vgl. Molik, Polen, S. 303.
[27] Vgl. Schenk, Tannenberg / Grunwald; Traba, Konstrukcja.
[28] Vgl. Mierzwiński, Marienburg, S. 32.
[29] Ebd., S. 33.
[30] Vgl. Kotte, Räume, S. 342-352.

Literaturverzeichnis

a) Quellen

Eichendorff, Joseph von: Die Wiederherstellung des Schlosses der deutschen Ordensritter zu Marienburg (1844). In: Die Marienburg. 32 Bilder. Text von Joseph von Eichendorff. Königstein, Ts. / Leipzig o. J., S. 3-32.

Genée, Rudolf: Marienburg. Historischer Roman. Berlin 1884.

b) Forschungsliteratur

Benninghoven, Friedrich (Bearb.): Unter Kreuz und Adler. Der Deutsche Orden im Mittelalter. Ausstellung anläßlich des 800jährigen Bestehens des Deutschen Ordens. Berlin 1990.

Beyrau, Dietrich: Experimentierfeld der Moderne: Vernichtung, Vertreibung und Umsiedlung. In: Beyrau, Dietrich (Hg.): Blick zurück ohne Zorn. Polen und Deutsche in Geschichte und Gegenwart. Tübingen 1999, S. 71-101.

Białek, Halina: Zur Eichendorff-Rezeption in Polen. In: Germania Wratislaviensia XCII (1991), S. 261-270.

Bömelburg, Hans-Jürgen: Forschungstendenzen und Quelleneditionen. In: Müller, Michael G. (Hg.): Polen in der europäischen Geschichte. Ein Handbuch in vier Bänden. Bd. 2, Stuttgart 2011, S. 1-31.

Boockmann, Hartmut: Eichendorff und die Marienburg. In: Jahrbuch der Eichendorff-Gesellschaft 49 (1989), S. 111-133.

Boockmann, Hartmut: Die Marienburg im 19. Jahrhundert. Frankfurt a. M. / Berlin / Wien 1992.

Boockmann, Hartmut: Der Deutsche Orden. Zwölf Kapitel aus seiner Geschichte. 4., durchges. Aufl., München 1994.

Biskup, Marian: Der Zusammenbruch des Deutschordensstaates im 15. Jahrhundert. In: Biskup, Marian / Labuda, Gerard: Die Geschichte des Deutschen Ordens in Preußen. Wirtschaft – Gesellschaft – Staat – Ideologie. Osnabrück 2000, S. 383-470.

Faber, Martin: »Das Kreuz um des Kreuzes willen«. Die Sicht der Geschichte des Deutschordensstaates in Eichendorffs Drama »Der letzte Held von Marienburg«. In: Aurora 55 (1995), S. 67-103.

Faulenbach, Bernd: Ideologie des deutschen Weges. Die deutsche Geschichte in der Historiographie zwischen Kaiserreich und Nationalsozialismus. München 1980.

François, Etienne / Schulze, Hagen: Einleitung. In: François, Etienne / Schulze, Hagen (Hg.): Deutsche Erinnerungsorte. Bd. I. München 2001, S. 9-24.

Herrmann, Christopfer / Dobry, Artur: Marienburg – Hochmeisterpalast und Großer Remter. Olsztyn 2007.

Imagines Potestatis. Insignien und Herrschaftszeichen im Königreich Polen und im Deutschen Orden. Katalog der Ausstellung im Schlossmuseum in Marienburg 8. Juni – 30. September 2007. Malbork 2007.

Joachimsthaler, Jürgen: Text-Ränder. Die kulturelle Vielfalt in Mitteleuropa als Darstellungsproblem deutscher Literatur. 3 Bde. Heidelberg 2011.

Kotte, Eugen: Vom Erinnerungsort zum außerschulischen Lernort: Die Marienburg in Polen. In: Hasberg, Wolfgang / Weber, Wolfgang E. J. (Hg.): Geschichte entdecken. Karl Filser zum 70. Geburtstag. Berlin 2007, S. 243-284.

Kotte, Eugen: Historische Mythen und Stereotype als Propaganda- und Agitationsmittel in der deutsch-polnischen Beziehungsgeschichte. In: Yearbook of the International Society for History Didactics 2002, S. 72-97.

Kotte, Eugen: »In Räume geschriebene Zeiten«. Nationale Europabilder im Geschichtsunterricht der Sekundarstufe II. Idstein 2007 (= Schriften zur Geschichtsdidaktik 20).

Labuda, Gerard: Einleitung: Der Deutsche Orden im Urteil der historischen Tradition und der Geschichtsschreibung. In: Biskup, Marian / Labuda, Gerard: Die Geschichte des Deutschen Ordens in Preußen. Wirtschaft – Gesellschaft – Staat – Ideologie. Osnabrück 2000, S. 19-42.

Mierzwiński, Mariusz: Marienburg. Das Schloss des Deutschen Ordens. Bydgoszcz o. J.

Mierzwiński, Mariusz: Die Marienburg. Warszawa 1993.

Miehle, Danuta: Monety Zakonu Krzyżackiego. Warszawa 1998.

Militzer, Klaus: Die Geschichte des Deutschen Ordens. Stuttgart 2005.

Molik, Witold: Polen –»Noch ist Polen nicht verloren«. In: Flacke, Monika (Hg.): Mythen der Nationen. Ein europäisches Panorama. München / Berlin 1998, S. 295-320.

Nora, Pierre: Présentation. In: Nora, Pierre (Hg.): Les Lieux des Mémoire. Vol. I. O. O. [Paris] 1997, S. 15-21.

Ose, Ieva: Petijumi par ordenpilim Latvija. Riga 2002.

Orłowski, Hubert: »Polnische Wirtschaft«. Zum deutschen Polendiskurs der Neuzeit. Wiesbaden 1996.

Rüsen, Jörn: Wie kann man Geschichte vernünftig schreiben? Über das Verhältnis von Narrativität und Theoriegebrauch in der Geschichtswissenschaft. In: Kocka, Jürgen / Nipperdey, Thomas (Hg.): Theorie und Erzählung in der Geschichte. München 1979, S. 300-333.

Sarnowsky, Jürgen: Der Deutsche Orden. München 2007.

Schenk, Frithjof Benjamin: Tannenberg / Grunwald. In: François, Etienne/Schulze, Hagen (Hg.): Deutsche Erinnerungsorte. Bd. I. München 2001, S. 438-454.

Torbus, Tomasz: Die Konventsburgen im Deutschordensland Preußen. München 1998.

Traba, Robert: Konstrukcja i proces dekonstrukcji narodowgo mitu. Rozważania na podstawie analizy semantycznej polskich obchodów rocznic grunwaldzkich w XX wieku. In: Komunikaty Mazursko-Warmińskie 4 (1999), S. 515-531.

Tumler, Marian / Arnold, Udo (Hg.): Der Deutsche Orden. Von seinem Ursprung bis zur Gegenwart. Bad Münstereifel 1992.

White, Hayden: Die Fiktion der Darstellung des Faktischen. In: White, Hayden: Auch Klio dichtet oder Die Fiktion des Faktischen. Studien zur Tropologie des historischen Diskurses. Einf. von Reinhard Koselleck. Stuttgart 1986, S. 145-160.

Wippermann, Wolfgang: Der ›Deutsche Drang nach Osten‹. Ideologie und Wirklichkeit eines politischen Schlagworts. Darmstadt 1981.

Wippermann, Wolfgang: Der Ordensstaat als Ideologie. Das Bild des Deutschen Ordens in der Geschichtsschreibung und Publizistik. Berlin 1979.

Wippermann, Wolfgang: »Gen Ostland wollen wir reiten!« Ordensstaat und Ostsiedlung in der historischen Publizistik Deutschlands. In: Fritze, Wolfgang H. (Hg.): Germania Slavica II. Berlin / München 1981, S. 189-235.

Wohlfeil, Rainer: Methodische Reflexionen zur Historischen Bildkunde. In: Tolkemitt, Brigitte / Wohlfeil, Rainer (Hg.): Historische Bildkunde. Probleme – Wege – Beispiele. Berlin 1991, S. 17-35.

Die Marienburg als Zentrale des Ordens im 14. und 15. Jahrhundert

Klaus Militzer

Die Marienburg ist sicher der imposanteste Gebäudekomplex, den der Deutsche Orden hinterlassen hat. Dennoch muss man sich vor Augen halten, dass die Burg und die zugehörigen Gebäude erst nach 1309 zur Zentrale aufsteigen konnten und dass während der gesamten Zeit von 1309 bis zum Ende der Ordensherrschaft in der Marienburg im Jahr 1457 an ihr gearbeitet worden ist. Ob die Burg tatsächlich schon 1309 als eine Zentrale angesehen worden ist, bleibt zweifelhaft. Jedenfalls schien nicht viel für ein Haupthaus zu sprechen, außer dass der damalige Hochmeister Siegfried von Feuchtwangen 1309 in die neue Burg eingezogen ist. Immerhin ist 1309 in einer Urkunde vom Großkomtur als Mitglied der »domus principalis castri sancte Marie« die Rede gewesen. Dagegen wurde der Spittler als »hospitalarius domus provincialis«[1] bezeichnet. Wahrscheinlich hatte der Spittler noch seinen Sitz in Elbing und war noch nicht zum Obersten Spittler aufgestiegen. Jedenfalls lag die Marienburg zumindest vor 1309 exzentrisch zum damaligen Herrschaftsbereich des Deutschen Ordens und war an vielen Stellen von Wasserflächen und Sumpf umgeben.[2] Es deutete nur wenig darauf hin, dass diese Burg einmal zum Hauptsitz des Ordens ausgewählt werden sollte.

Vor 1309 galten zunächst die Niederlassung in Akkon bzw. zusammen mit der benachbarten Burg Starkenberg / Montfort und nach dem Fall Akkons im Jahr 1291 die Kommende in Venedig als die jeweiligen Haupthäuser des Ordens. Die Rückeroberung des Heiligen Landes stellte auch lange nach dem Verlust Akkons eines der Hauptziele des Ordens dar und gehörte zu dessen Legitimation, bis allmählich im 14. Jahrhundert die Eroberung Preußens und die Verteidigung des Glaubens im Osten, besonders gegen die Litauer, an die Stelle der Rückeroberung und Verteidigung des Heiligen Landes, der Wirkungsstätten Jesu Christi, treten konnte.[3]

Die Frage, die sich Historiker zu stellen haben, ist nun, ob Siegfried von Feuchtwangen freiwillig in die Marienburg in Preußen gezogen ist, in eine Burg, die damals nicht im Zentrum im Herrschaftsgebiet des Ordens lag und weitgehend von Wasserflächen und Sümpfen umgeben war.[4] Die eigentliche Politik des Ordens wurde damals jedenfalls nicht vom Hochmeister bestimmt, der nur passiv zu fassen ist, sondern von dem starken Mann in Preußen, eben Heinrich von Plötzkau. Jener Heinrich von Plötzkau bzw. dessen Schreiber sprach 1309 von der »domus principalis castri sancte Marie«[5]. Bald nach seinem Einzug ist Siegfried von Feuchtwangen am 5. März 1311 gestorben, ohne dass wir von Auseinandersetzungen mit Plötzkau etwas wüssten. Aber auch dessen Nachfolger Karl von Trier konnte sich trotz anfänglicher Erfolge in der Marienburg nicht halten, musste 1317 aus Preußen weichen, konnte sich aber als Hochmeister bis zu seinem Tod 1324 durchsetzen, auch wenn er nicht mehr nach Preußen oder gar in die Marienburg zurückkehrte.[6] Die Politik des preußischen Ordenszweigs wurde nach dem Wegzug Karls von Friedrich von Wildenberg und dessen Anhängern gestaltet. Der von Karl von Trier eingesetzte Werner von Orseln konnte sich als Großkomtur schließlich in der Marienburg behaupten, hatte aber nicht die Möglichkeit oder die Macht, von dort aus den preußischen Ordenszweig oder gar den gesamten Orden zu lenken. Die Marienburg blieb eine große, aber eben eine von vielen anderen Burgen in Preußen. Zu der damaligen Zeit mag die Niederlassung in Elbing sogar größer gewesen sein, auf jeden Fall aber bedeutender, weil dort Friedrich von Wildenberg seinen Hauptsitz hatte, eben jener Ordensgebietiger, der die wichtigen politischen Entscheidungen in Preußen getroffen hat.[7]

Ein Wandel trat erst ein, nachdem Werner von Orseln, der ehemalige auf der Marienburg residierende Großkomtur, am 6. Juli 1324 zum Hochmeister gewählt worden war.[8] Werner von Orseln gestaltete die Verwaltung so um, dass nach seinem Tod am 18. November 1330 die Marienburg als Haupthaus des Ordens etabliert war. Zunächst ging es darum, die Ordensbrüder in Preußen zu gewinnen, widerstrebende Kräfte zu unterdrücken oder in die neue Aufgabe einzubinden. Ihm gelang es, die unter dem Hochmeister Karl von Trier opponierenden preußischen Gebietiger zu besänftigen und mit anderen Aufgaben zu betrauen. Das Amt eines Landmeisters von Preußen erlosch endgültig. Seine Funktionen gingen auf den Hochmeister in der Marienburg über. Die Politik wurde seitdem weitgehend vom Hochmeister Werner von Orseln, dessen Nachfolgern und deren Umgebung in der Marienburg konzipiert und ausgeführt. Selbstverständlich holten sowohl Werner von Orseln wie seine Nachfolger den Rat der Gebietiger ein, soweit sich das feststellen lässt.

Werner von Orseln organisierte schließlich die Verwaltung so um, dass der Hochmeister und sein Stab über genügend Mittel verfügen konnten, um die in der Marienburg konzipierte Politik umsetzen zu können. Das war unter seinen Vorgängern, insbesondere unter Siegfried von Feuchtwangen, noch nicht der Fall gewesen. Werner von Orseln baute auch eine zentrale Kanzlei auf, die aber noch nicht das Ausmaß derjenigen seiner Nachfolger hatte. Diese Kanzlei hatte ihren Sitz in der Marienburg und löste anscheinend eine Kanzlei des Großkomturs in derselben Burg ab.[9]

Aber Werner von Orseln hat nicht nur in der Marienburg selbst, sondern offenbar darüber hinaus gewirkt. Auf ihn geht die Einrichtung der Kammerballeien im Deutschen Reich zurück, auch wenn er selbst nicht alle Kammerballeien seiner Kammer unterstellt haben mag. Die Errichtung einer Kammer, in der die Einkünfte der preußischen Verwaltungsbezirke und der Kammerballeien flossen, geht wohl auf ihn zurück, auch wenn die Indizien nicht eindeutig sind. Diese angenommene Verwaltungsneuerung wird die Stellung der Marienburg als Zentrale des Ordens jedenfalls gestärkt haben.

Schon vor der Amtszeit Werners von Orseln lag die Marienburg nach der Eroberung und Sicherung Pommerellens nicht mehr an der westlichen Grenze, sondern inmitten der Ordensherrschaft. Daran änderten auch die insgesamt wenig erfolgreich verlaufenden Kriegszüge und Verhandlungen Werners von Orseln mit dem polnischen König kaum etwas, zumal der König die Eroberung Pommerellens durch den Orden zunächst wenigstens nicht mehr rückgängig machen konnte.

Werners Nachfolger Luther von Braunschweig entstammte einem bedeutenden Reichsfürstengeschlecht.[10] Er wuchs an einem Fürstenhof auf, der den Künsten und Anregungen der damaligen Zeit aufgeschlossen gegenübergestanden hat. Obwohl Luther erst in einem hohen Alter Hochmeister geworden war, konnte er die Erfahrungen, die er in seiner Kindheit und Jugendzeit vor seinem Eintritt in den Deutschen Orden gesammelt hatte,[11] in der Marienburg als Hochmeister umsetzen. Er gestaltete die Verwaltung und Kanzlei zwar weiter wie Werner von Orseln aus und sorgte sich wie sein Vorgänger um die geistliche Disziplin seiner Mitbrüder, aber er brachte auch einen Hauch von Musen in die Ordenszentrale in der Marienburg, wenngleich der Einfluss der Frauen außen vor bleiben musste. Unter anderem sorgte Luther von Braunschweig dafür, dass das in Latein verfasste Werk Peters von Dusburg in der für die damalige Zeit geläufigen Reimversion in deutscher Sprache von Nikolaus von Jeroschin umgedichtet wurde. Er selbst konnte die Vollendung des von ihm angeregten Werkes nicht mehr erleben. Sein Nachfolger brachte es gegen Widerstände im Orden selbst zu einem Abschluss. Das Reimgedicht Jeroschins wurde zu einem für die damalige Zeit großen Erfolg.[12] Jedoch ist zu beobachten, dass Luthers Nachfolger als Hochmeister dessen Standards nicht haben halten können. Die Marienburg wurde aber dennoch ein Zentrum des Adels und der adligen Korporation, zu der der Deutsche Orden langsam schon vor der Schlacht bei Tannenberg 1410 geworden war. Ein »Aufenthalt des Adels deutscher Nation« mit dem Mittelpunkt in der Marienburg blieb der Orden jedoch bis zum Verkauf der Befestigungsanlage an den polnischen König im Jahr 1457.

Zweifellos haben Werner von Orseln und seine Nachfolger bis 1457 zahlreiche Orte aufgesucht. Sie waren eben wie mittelalterliche Herrscher überhaupt Reiseherrscher, die einen Teil ihrer Regierungsarbeit während der Umritte verrichteten. Diese Umritte waren auch für die Hochmeister erforderlich, um sich den Menschen zu zeigen, zu repräsentieren, Gericht zu sprechen und anderes mehr. Jedoch ist zu Recht betont worden, dass alle Hochmeister seit Werner von Orseln überwiegend in der Marienburg residiert haben. Es hat auch nicht, wie in anderen Territorien üblich, Zweitresidenzen gegeben, die bei Bedarf dem eigentlichen Hauptort hätten Konkurrenz machen können.[13]

Die Marienburg als Zentrum des Ordens war zugleich ein Mittelpunkt der Einnahmen, vor allem der Getreideabgaben, mit denen die Großschäffer der Marienburg bis nach Brügge und vielleicht darüber hinaus Handel treiben konnten.[14] Der Hochmeistersitz war auch die Stelle, an die zahlreiche Waren geliefert wurden, weil sowohl der hochmeisterliche Hof als auch die zahlreichen Brüder ihrer bedurften. Nicht nur Ordensbrüder, sondern auch Familien der näheren und weiteren Umgebung wurden versorgt und mit finanziellen Mitteln unterstützt. Im Übrigen werden Tuche, Gewürze, Wein und vieles andere genannt.[15] Für den Weintransport von Danzig in die Marienburg waren sogar dazu in der Nachbarschaft angesiedelte Gärtner verpflichtet.[16] Die Burg bot für alle solche Waren Räume in den Kellern oder unter den Dächern, in denen Getreide, Wein, Bier oder anderes aufbewahrt werden konnte.[17] Allein auf Grund der Vorräte konnte die Burg beispielsweise 1410 gegen ein großes polnisches Heer acht Wochen lang gehalten werden.

Die Kanzlei[18], der Tressel[19], der Großkomtur[20] samt der wichtigen Verwaltung blieben in der Marienburg. Dort befand sich auch der mit Abstand größte Konvent des Ordens insgesamt.[21] Zur Verfügung des Hochmeisters wurden in die Marienburg nicht nur hochwertige Speisen, Wildbret, Konfekt und Weine vom Rhein geschickt, mit dem Gäste, aber auch der Hochmeister selbst und höhere Gebietiger bewirtet worden sind,[22] sondern auch seltene Tierarten wie beispielsweise Löwen, die der Hochmeister angeblich in den Gräben der Marienburg gehalten haben soll.[23] Wie die Höfe im Westen konnte der Hochmeister seine Gäste nicht nur standesgemäß bewirten, sondern ihnen auch etwas zeigen und sie ferner zur Jagd auf seltenere Tiere laden. Meist allerdings hat er die sogenannten jungen Ordensbrüder, also diejenigen, die gerade in den Orden eingetreten waren und das Ordensleben und die Verwaltung kennen lernen sollten, zur Jagd geführt.[24]

Die Marienburg war ein Zentrum, das nicht nur Gesandte, sondern auch Fürsten und andere Adlige aufsuchten. Denn der Hof des Hochmeisters hatte nicht nur seltene Tiere, sondern auch anderes zu bieten, was ansonsten fürstliche Höfe des Westens auszeichnete, z. B. Kleinwüchsige, aber auch Herolde, Spielleute und andere Bedienstete, die dem Orden nicht angehörten, aber wenigstens teilweise zum Gesinde des Hochmeisters zählten.[25] Außer den Frauen hatte, wie schon angedeutet, der hochmeisterliche Hof alles zu bieten, was auch eine Fürstenresidenz vorzuweisen hatte.

Ein schwacher Abglanz der ehemaligen Herrlichkeit der Marienburg findet sich auch in der in Nürnberg 1493 gedruckten Schedelschen Weltchronik. Darin wird behauptet, dass sich in Preußen »ein edels weyts geschloss Marieburg genant, darinn hat der hoh mayster seynen hoff und wonung«[26]. Damals hatte die Burg allerdings schon seit einiger Zeit den Besitzer gewechselt. Es fällt jedoch nicht schwer, die Zeugnisse sowohl der Zeitgenossen wie der Nachfahren über die Schönheit und die Erhabenheit der Burg zu vermehren.

Auch die architekturgeschichtlichen Untersuchungen verdeutlichen immer mehr, dass namentlich die Marienburg die eigentliche Verteidigungsrolle abstreifte und im 14. Jahrhundert dem Repräsentationsbedürfnis eines Landesherrn genügte. Dazu erhielt sie als Befestigung mit Hoch- und Mittelschloss sowie Vorburg den Charakter einer Machtdemonstration gegenüber den Untertanen. Wenn sie als Bauern, Bürger oder auch als Adlige in die Nähe der Marienburg kamen oder Teile von ihr betreten durften, erfuhren sie durch Augenschein die Größe des Ordens, ihres Landesherrn.[27]

Die Adligen Westeuropas besuchten auf ihrem Kriegszug gegen die heidnischen Litauer, genannt »Reise«, meist auch die Marienburg und den Hochmeister, bevor sie weiter nach Königsberg oder an die Grenze zum Herrschaftsgebiet der Litauer zogen. In der Marienburg haben sie selten übernachtet, meist bezogen sie wohl auf eigene Kosten ein Nachtlager in dem anliegenden Städtchen. Immerhin haben diese Kriegszugsteilnehmer als Multiplikatoren gedient und den Zustand und die Verproviantierung der Burg in den höchsten Tönen gelobt.[28]

Die Marienburg bildete nicht nur ein Zentrum für auswärtige Fürsten, deren Gesandte oder die sogenannten »Litauerreisenden«, sondern auch und in erster Linie für den Ordenszweig in Preußen selbst. Das belegen eindrucksvoll die kartographischen Auswertungen der Briefe an den Hochmeister, die zum großen Teil an ihn in der Marienburg gerichtet sind.[29] Damals bildete diese Burg ein Kommunikationszentrum für die Ordensbrüder und vor allem für den Hochmeister und seine Berater im Preußenland. Diese Briefe unterrichteten den Hochmeister und seine Umgebung über den Stand ihrer Kommenden, die Einfälle feindlicher

Heere, den Fortschritt der Besiedlungen usw., aber auch über die päpstliche Kurie in Avignon und dann in Rom.[30] Wenn auch die Masse der Überlieferung erst in der zweiten Hälfte des 14. Jahrhunderts einsetzte, wird man doch davon ausgehen können, dass die Hochmeister schon vorher entweder mündliche oder auch schriftliche Kommunikationsformen gepflegt haben. Sie waren in der Marienburg eben nicht nur durch ihre Reisen im Preußenland selbst, sondern auch durch die an sie gerichteten und von ihnen ausgehenden Schreiben oder auch mündlichen Berichte, die an ihrem Hauptsitz eintrafen oder ausgefertigt wurden, über viele Dinge bestens informiert. Die Hochmeister und ihre Kanzlei haben den Absendern auch geantwortet und Verhaltensmaßregeln gegeben, wie beispielsweise viele Abschriften oder Konzepte der Briefe an den Generalprokurator seit dem Amtsantritt Peters von Wormditt 1403 in Rom bezeugen.[31] Gerade die mehr oder wenig regelmäßigen Schreiben an den Generalprokurator mit Anfragen, Verhaltensmaßregeln, Geldübersendungen bezeugen die Marienburg mit dem Hochmeister und seiner Kanzlei als ein Kommunikationszentrum für den gesamten Orden.[32]

In wichtigen Angelegenheiten wurden Eilbriefe an den Hochmeister gesandt, die meist von Komturen oder deren Beauftragten auf den Rückseiten abgezeichnet wurden. Diese Briefe wurden als Schnellpost mit wechselnden Pferden meist von Witingen, aber auch besonders in westlichen Gebieten von anderen Beauftragten befördert.[33] Von der Marienburg wurden Briefe an auswärtige Fürsten geschickt oder von jenen an die Burg und den Hochmeister adressiert. Wenn ein Briefträger unsicher war, wo er den Hochmeister antreffen könne, steuerte er zunächst die Marienburg an und erfragte dort dessen aktuellen Aufenthaltsort.

In der Marienburg wurden in der Regel die Visitatoren abgefertigt, die nicht nur die preußischen Ordenshäuser, sondern auch die Balleien im Deutschen Reich und in Italien oder die Kommenden im livländischen Ordenszweig aufzusuchen hatten.[34] Im Archiv der Marienburg hinterlegten sie ihre Visitationsprotokolle mit den Angaben über die Entfernungen einzelner Ordenshäuser und Besitzungen, über Gastwirte und anderes.

Schließlich wurden die Meister von Livland durch ein Generalkapitel unter dem Vorsitz des Hochmeisters gewählt. Zwar ist Eberhard von Monheim 1328 noch während eines Generalkapitels in Elbing gewählt worden, aber die Nachfolger wurden meist in der Marienburg ausgesucht und mit dem Amt betraut. Nach 1410 nahmen die livländischen Ordensbrüder zunehmend Einfluss auf die Wahl des livländischen Meisters. Allerdings hatte der Hochmeister den ausgewählten Kandidaten jeweils zu bestätigen.[35] Das geschah bis zur Aufgabe der Befestigung eben in der Regel in der Marienburg.

Wenn nach der Übertragung des Haupthauses von Venedig zur Marienburg ein neuer Hochmeister gewählt werden sollte, trafen zumindest die Meister von Livland und der Deutschmeister mit ihrem jeweiligen Gefolge in der Marienburg ein.[36] Da die Wahl geheim war, ist den Chroniken wenig zu entnehmen. Immerhin ist zu unterstellen, dass einige Hochmeister ohne das Mitwirken der Meister von Livland und der Deutschmeister gewählt worden sind, wie beispielsweise Heinrich von Plauen am 9. November 1410 in der bewegten Zeit nach der Schlacht bei Tannenberg.[37] Der Ort der Wahl Karls von Trier ist unbekannt. Jedoch wurden die Hochmeister seit Werner von Orseln 1324 in der Regel in Anwesenheit der Meister von Livland, der Deutschmeister oder von deren Stellvertreter, und als letzter Ludwig von Ellrichshausen, oder wie die Preußenforscher zu sagen belieben, Erlichshausen, 1450 in der Marienburg gewählt,[38] wie es die Regel vorgesehen hat.

Die Marienburg zeichnete sich durch eine weitere Besonderheit aus, die so bei anderen Burgen des Ordens nicht zu beobachten ist. Im 14. Jahrhundert entstanden neben dem Hochschloss, das als erstes fertig gestellt worden ist, das sogenannte Mittelschloss mit den Gemächern des Hochmeisters und mit verschiedenen Remtern, den Zimmern des Großkomturs und den Gästezimmern. Im Mittelschloss befand sich auch die Infirmarie für erkrankte Brüder.[39] Vor dem Mittelschloss im Norden erstreckte sich die Vorburg mit Gebäuden zur Herstellung von Waffen, Lebensmitteln, zur Unterbringung von Pferden, Wagen, Kriegsmaterial usw. In der Vorburg lagen auch eine Kapelle für die in der Vorburg Beschäftigten und eine Infirmarie für die dort erkrankten Arbeiter. Das Hochschloss war vom Mittelschloss und das Mittelschloss wiederum von der Vorburg jeweils durch Gräben getrennt. Man erreichte die Teile stets nur über eine Fallbrücke[40] und ein Tor, das jeweils von einem Tormeister bewacht worden ist.[41]

Der Teil, in dem die meisten Ordensbrüder untergebracht waren, war das Hochschloss mit der Marienkapelle, die auch Kathedrale genannt worden ist, und der Annenkapelle, die vor allem der Grablege der Hochmeister diente.[42] Außerdem gab es daneben wohl einen Friedhof für verstorbene Brüder.[43] Das Hochschloss durften in der Regel nur Ordensmitglieder betreten. Hochgestellte Gäste des Hochmeisters gelangten in das Mittelschloss. Ihnen wurden allenfalls die beiden Kapellen gezeigt, wie verschiedene Berichte der Litauerreisenden erkennen lassen.[44] Das Hochschloss blieb ihnen im Allgemeinen verschlossen. Es bildete eine Klausur. Im dortigen ersten Stock fanden wohl auch die Prozessionen statt, die die Brüder zu begehen hatten. Jedenfalls erinnert das Hochschloss an den Kreuzgang eines Klosters.[45] In dieser Hinsicht unterschied sich das Hochschloss nicht von anderen Ordensburgen im Preußenland. Es darf auch bezweifelt werden, ob die Gäste bis auf wenige Ausnahmen jemals die Marienkapelle im ersten Stock des Hochschlosses betreten haben. Das Hochschloss blieb das Zentrum des Ordens und stand nur solchen Ordensmitgliedern offen, die beispielsweise zu Hochmeisterwahlen oder aus anderen Gründen in der Marienburg eingetroffen waren. Daneben lebten und wohnten viele Brüder als Amtsträger im Mittelschloss beim Hochmeister, beim Großkomtur oder anderen. Die eigentliche Vorburg im Norden blieb allerdings den Sarjantbrüdern oder Graumäntlern und anderen Dienern oder Beschäftigten vorbehalten. Viele von jenen werden auch in der Vorburg gewohnt haben.

Neben der geistlichen Komponente vor allem des Hochschlosses diente die Burg auch zur Repräsentation. Allein schon darin, dass an der Marienkapelle nach Osten hin eine große Marienstatue angebracht worden war, zeigt sich dieses Bedürfnis verwirklicht. Preußenland galt den Ordensbrüdern als das Land Mariens.[46] Über diese große Skulptur hinaus verfügte die Marienburg in verschiedenen Räumen und Sälen im Hoch- wie im Mittelschloss über zahlreiche Andeutungen in Skulpturen, Kapitellen, Fresken oder anderen Wandmalereien, die auf die Besonderheiten der Herrschaft hindeuteten. Die Repräsentation gegenüber den Besuchern als Kommunikatoren wie auch gegenüber der einheimischen Bevölkerung spielte seit jeher eine besondere Rolle.[47] Die Burg diente auch als Zeichen der Landesherrschaft des Ordens über das Marienland Preußen und schließlich auch des Hochmeisters und seiner Berater oder Ratgeber.

Der Hinweis auf die geistlichen Funktionen namentlich des Hochschlosses spricht nicht dagegen, dass im Laufe des 14. Jahrhunderts und zunehmend im 15. Jahrhundert eine sogenannte »Veradligung« des Ordens eingesetzt hatte. Die Marienburg war seitdem nicht mehr vorzüglich der geistliche Mittelpunkt des Ordens, sondern eher der einer Adelskorporation. Folglich nannten sich die Brüder hinfort »Herren«. Man sprach von einem »Aufenthalt des Adels deutscher Nation«. Der Wandel hatte den Orden erfasst und verändert, aber nicht grundsätzlich die hohe Stellung des Schlosses beeinträchtigt. Die Marienburg blieb auch nach dem Wandel der Mittelpunkt des Ordens mit seinen zahlreichen, auch geistlichen Funktionen.[48] Im Übrigen hat die »Veradligung« der Hochmeisterherrschaft schon im 14. Jahrhundert eingesetzt, wie schon angedeutet worden ist.

Auffallend ist, dass einzelne Adlige Knaben oder Knappen zur Ausbildung am Hof des Hochmeisters zurückließen, auch um Deutsch zu lernen.[49] An anderen Höfen nannte man diese Personen oft Pagen, die in das höfische Leben eingeführt werden, in der Marienburg aber vorzüglich die Verwaltung und die Herrschaft des Ordens im Preußenland kennen lernen sollten. Für das frühe 14. Jahrhundert sind nur wenige Personen bekannt. Erst seit dem Hochmeister Winrich von Kniprode (1352-1382) aus dem Rheinland mehren sich die Nachrichten über solche Laien am Hofe der Hochmeister. Adlige suchten auch nach der Schlacht bei Tannenberg 1410 weiterhin die hochmeisterliche Umgebung auf, um dort zu lernen.

Diese Praxis, junge Adlige den Hochmeistern und dessen Hof anzuvertrauen, schloss sich an die Übung im Orden selbst an, indem der Hochmeister jeweils einen Oberen und einen Unteren Kumpan in seinem Gefolge hatte. Diese Kumpane sollten an die Verwaltungs- und sonstigen Aufgaben im Orden heran- und in die Herrschaft über Preußen eingeführt werden.[50] Sie sollten Verwaltung und Politik im Preußenland lernen. Nebenbei wurde ihnen von ihren Vorgesetzten auch manches adlige Vergnügen bereitet, wie etwa die Jagd mit anschließendem Mahl, obwohl die Ordensregel das eigentlich verbot.

Schon vor der Schlacht bei Tannenberg im Jahr 1410, aber besonders nach ihr fiel der Stern der Marienburg in den Augen des westeuropäischen Adels. Die Litauerreisen gingen rapide zurück und damit auch die Propaganda zugunsten des Deutschen Ordens und seiner Zentrale in der Marienburg. Besonders nachdem Papst Martin V. 1420 einen Kreuzzug gegen die Hussiten ausgerufen hatte, verloren die Litauerreisen beim westeuropäischen Adel an Bedeutung und Reiz. Die Marienburg selbst blieb zwar in alter Größe bestehen, bis sie 1457 an den polnischen König abgetreten wurde, verlor aber spätestens seit 1420 ihren Nimbus, der sicherlich auch auf Übertreibungen der westeuropäischen Adligen beruhte. Schon allein wegen der seit 1410 offen zu Tage tretenden Finanznot des Ordens konnte der zentrale Herrschaftssitz des Hochmeisters seinen alten Glanz und seine Anziehungskraft auf den Adel nicht mehr aufrechterhalten. Es wird nicht als Zufall zu deuten sein, dass die Burg von vom Orden angeworbenen Söldnern verkauft wurde, weil der Orden ihnen den fälligen Sold nicht mehr zahlen und daher die Burg verpfänden musste, jedoch nicht mehr einlösen konnte.[51]

Anmerkungen

1 Preußisches Urkundenbuch, Bd. I, 2, Nr. 909.
2 Vgl. auch Długogęcki, Weichselwerder, S. 305-328.
3 Arnold, Akkon, S. 73.
4 Militzer, Übersiedlung, S. 47-61.
5 Preußisches Urkundenbuch, Bd. I, 2, Nr. 909.
6 Nieß, Hochmeister; Conrad, Karl von Trier, S. 56-60.
7 Jóźwiak / Trupinda, Organizacja, S. 174-177, scheinen eine Frühdatierung zu bevorzugen, wie sie auch die ältere Forschung vielfach angenommen hat, vgl. Jähnig, Organisation, S. 120-125. Diese Ansicht kann ich aus historischen Gründen nicht nachvollziehen. Die architektonischen oder archäologischen Hinweise scheinen mir für eine Frühdatierung nicht überzeugend genug zu sein.
8 Conrad, Werner von Orseln, S. 60-65.
9 Vgl. Helms, Luther von Braunschweig, S. 28-31.
10 Ebd., S. 99-102.
11 Bumke, Kultur, Bd. 2, S. 666, zählt den Braunschweiger Hof zu den Zentren der Dichtung der zweiten Hälfte des 13. Jahrhunderts.
12 Helms, Luther von Braunschweig, S. 118-121; Boockmann, Geschichtsschreibung, S. 454-455.
13 Neitmann, Hochmeister.
14 Maschke, Schäffer, S. 69-103; Sarnowsky, Wirtschaftsführung, S. 86-99; Link / Sarnowsky, Schuldbücher; Jóźwiak / Trupinda, Organizacja, S. 257-261.
15 Vgl. die zahlreichen Nachweise in Joachim, Treßlerbuch. Dazu Długogęcka / Długogęcki, The sumptuous use, S. 107-126.
16 Militzer, Wein, S. 143-155.
17 Jóźwiak / Trupinda, Organisacja, S. 210-211, 382-391.
18 Trupinda, O pomieszczeniach, S. 255-273; Jóźwiak / Trupinda, Organisacja, S. 203-221.
19 Jóźwiak / Trupinda, Organisacja, S. 241-250.
20 Ebd., S. 233-241.
21 Probst, Orden, S. 126 nennt um die Mitte des 15. Jahrhunderts 88 Brüder, darunter 23 Priesterbrüder. Jähnig, Organisation, S. 134 spricht von 80 Ordensbrüdern und mehreren hundert Leuten auf der Burg. Jóźwiak / Trupinda, Organisacja, S. 291-292 scheinen eine niedrigere Zahl zu bevorzugen.
22 Paravicini, Preußenreisen Bd. 1, S. 266-272.
23 Joachim, Treßlerbuch, S. 475, 478.
24 Militzer, Jagd, S. 340-344.
25 Paravicini, Preußenreisen, Bd. 1, S. 266-267; Boockmann, Spielleute, S. 217-227.
26 Schedel, Weltchronik, Faksimile, S. CCXr; vgl. auch die Schilderungen bei Paravicini, Preußenreisen, Bd. 1, S. 267.
27 Vgl. vor allem Torbus, Architektur, S. 59-69.
28 Paravicini, Preußenreisen, Bd. 1, S. 267, 269.
29 Jahnke / Zimmermann, Postwege. Dazu die kritischen Anmerkungen von Rotter, Organisation, S. 23-26; Boockmann, Briefe, S. 103-111.
30 Vgl. die Veröffentlichung: Forstreuter / Koeppen, Berichte.
31 Vgl. ebd., Bd. 2, passim. Wenngleich keine weiteren Konzepte erhalten sein sollten, wird man doch davon ausgehen können, dass es sie schon früher gegeben hat.
32 Vgl. Boockmann, Deutsche Orden, S. 183-189.
33 Brandtner / Vogelsang, Post, S. 11-16; Vercamer, Verwaltungsgeschichte, S. 294-295.
34 Arnold, Schriftlichkeit, S. 7-38; Militzer, Visitationsreise, S. 110. Vgl. auch die dreibändige Publikation Biskup / Janosz-Biskupowa, Visitationen.
35 Schwarz, Wahlen, S. 453-468; Neitmann, Grafschaft Mark, S. 57-160.
36 Jóźwiak / Trupinda, Organisacja, S. 138-145; anschaulich Sarnowsky, Quellen, S. 352-353.
37 Pelech, Heinrich von Plauen, S. 114-117.

[38] Jähnig, Ludwig von Erlichshausen, S. 131-138.
[39] Jóźwiak / Trupinda, Organisacja, S. 345-351.
[40] Czacharowski / Czaja, Malbork / Marienburg.
[41] Jóźwiak / Trupinda, Organisacja, S. 386-391.
[42] Ebd., S. 442-445.
[43] Allerdings ist nicht bekannt, wo die Brüder begraben worden sind. In Analogie zu Danzig ist möglicherweise anzunehmen, dass sie im Bereich der Burg ihre letzte Ruhestätte gefunden haben; vgl. Boockmann, Ostpreußen, S. 126.
[44] Paravicini, Preußenreisen, Bd. 1, S. 266-272.
[45] Pospieszny, Verteidigungssystem, S. 91-92 mit weiterer Literatur; vgl. allgemein Militzer, Geschichte, S. 105; Arszyński, Deutschordensburg, S. 147-164.
[46] Militzer, Von Akkon, S. 102-104.
[47] Jóźwiak / Trupinda, Organisacja, S. 109-121. Dazu der einschlägige Sammelband Eimer / Gierlich / Müller / Pospieszny, Terra mit den einschlägigen Abhandlungen von Arnold, Patronin, Rozynkowski, Marienkult, Pospieszny, Marienburg.
[48] Militzer, Geschichte, S. 179-183; vgl. auch Maschke, Wandlungen, S. 47-59.
[49] Paravicini, Preußenreisen, Bd. 1, S. 267; Jähnig, Edelleute, S. 208-227.
[50] Jähnig, Winrich, S. 68-69 und besonders S. 86-87.
[51] Schumacher, Geschichte, S. 137; Biskup / Labuda, Geschichte, S. 443.

Literaturverzeichnis

a) Quellen

Forstreuter, Kurt / Koeppen, Hans (Hg.): Die Berichte der Generalprokuratoren des Deutschen Ordens an der Kurie, 4 Bde. Göttingen 1960-1973 (= Veröffentlichungen der niedersächsischen Archivverwaltung 12, 13, 21, 32).

Joachim, Erich (Hg.): Das Marienburger Treßlerbuch der Jahre 1399-1409. Königsberg 1896.

Link, Christina / Sarnowsky, Jürgen (Hg.): Schuldbücher und Rechnungen der Großschäffer und Lieger des Deutschen Ordens in Preußen. Bd. 3: Großschäfferei Marienburg. Köln / Weimar / Wien 2008 (= Veröffentlichungen aus den Archiven Preußischer Kulturbesitz 62,3 – Quellen und Darstellungen zur hansischen Geschichte NF 59,3).

Philippi, Rudolf / Woelky, Carl Paul / Seraphim, August / Hein, Max / Maschke, Erich / Koeppen, Hans / Conrad, Klaus (Hg.): Preußisches Urkudenbuch. 6 Bde. Königsberg und Marburg 1882-1976.

Schedel, Hartmann: Weltchronik Nürnberg 1493. Faksimile. Lahnstein 2010.

a) Forschungsliteratur

Arnold, Udo: Akkon – Venedig – Marienburg. Der Deutsche Orden vom Mittelmeer bis zum Ostseeraum. In: Tommasi, Francesco (Hg.): Acri 1291. La fine della presenza degli ordini militari in Terra Santa e i nuovi orientamenti nel XIV secolo. Perugia 1996, S. 69-74.

Arnold, Udo: Die Schriftlichkeit des Deutschen Ordens am Beispiel der Visitationen. In: Czaja, Roman / Sarnowsky, Jürgen (Hg.): Die Rolle der Schriftlichkeit in den geistlichen Ritterorden des Mittelalters. Toruń 2009 (= Ordines militares – Colloquia Torunensia Historica 15), S. 7-38.

Arnold, Udo: Maria als Patronin des Deutschen Ordens im Mittelalter. In: Eimer, Gerhard / Gierlich, Ernst / Müller, Matthias / Pospieszny, Kazimierz (Hg.): Terra Sanctae Mariae. Bonn 2009 (= Kunsthistorische Arbeiten der Kulturstiftung der Deutschen Vertriebenen 7), S. 29-56.

Arszyński, Marian: Die Deutschordensburg als Klosterbau. In: Nowak, Zenon Hubert (Hg.): Die Spiritualität der Ritterorden im Mittelalter. Toruń 1993 (= Ordines militares – Colloquia Torunensia Historica 7), S. 147-164.

Biskup, Marian / Janosz-Biskupowa, Irena (Hg.): Visitationen im Deutschen Orden im Mittelalter. 3 Bde. Marburg 2002-2008 (= Quellen und Studien zur Geschichte des Deutschen Ordens 50 – Veröffentlichungen der Internationalen Historischen Kommission zur Erforschung des Deutschen Ordens 10).

Biskup, Marian / Labuda, Gerard: Die Geschichte des Deutschen Ordens in Preußen. Osnabrück 2000 (= Klio in Polen 6).

Boockmann, Hartmut: Der Deutsche Orden in der Kommunikation zwischen Nord und Süd. In: Rachewiltz, Siegfried de / Riedmann, Josef (Hg.): Kommunikation und Mobilität im Mittelalter. Sigmaringen 1995, S. 179-189.

Boockmann, Hartmut, Die Briefe des Deutschordenshochmeisters. In: Heimann, Heinz-Dieter / Hlaváček, Ivan (Hg.): Kommunikationspraxis und Korrespondenzwesen im Mittelalter und in der Renaissance. Paderborn 1997, S. 103-111.

Boockmann, Hartmut: Die Geschichtsschreibung des Deutschen Ordens. In: Patze, Hans (Hg.): Geschichtsschreibung und Geschichtsbewusstsein im späten Mittelalter. Sigmaringen 1987 (= Vorträge und Forschungen 31), S. 447-469.

Boockmann, Hartmut: Ostpreußen und Westpreußen. Berlin 1992 (= Deutsche Geschichte im Osten Europas 1).

Boockmann, Hartmut: Spielleute und Gaukler in den Rechnungen des Deutschordens-Hochmeisters. In: Altenburg, Detlef / Jarnut, Jörg / Steinhoff, Hans-Hugo (Hg.): Feste und Feiern im Mittelalter. Sigmaringen 1991, S. 217-227.

Brandtner, Gerhard / Vogelsang, Ernst: Die Post in Ostpreußen. Ihre Geschichte von den Anfängen bis ins 20. Jahrhundert. Lüneburg 2000 (= Einzelschriften der Historischen Kommission für ost- und westpreußische Landesforschung 19).

Bumke, Joachim: Höfische Kultur, 2 Bde. München [2]1986.

Conrad, Klaus: Karl von Trier. In: Arnold, Udo (Hg.): Die Hochmeister des Deutschen Ordens 1190-1994. Marburg 1998 (= Quellen und Studien zur Geschichte des Deutschen Ordens 40 – Veröffentlichungen der Internationalen Historischen Kommission zur Erforschung des Deutschen Ordens 6), S. 56-60.

Conrad, Klaus: Werner von Orseln. In: Arnold, Udo (Hg.): Die Hochmeister des Deutschen Ordens 1190-1994. Marburg 1998 (= Quellen und Studien zur Geschichte des Deutschen Ordens 40 – Veröffentlichungen der Internationalen Historischen Kommission zur Erforschung des Deutschen Ordens 6), S. 60-65.

Czacharowski, Antoni / Czaja, Roman (Hg.): Malbork / Marienburg, Atlas historyczny miast Polskich I,5. Toruń 2002.

Długogęcki, Wiesław: Die Weichselwerder in der Politik des Königs Kasimir IV. Jagiellonicus. In: Quaestinones Medii Aevi Novae 15 (2010), S. 305-328.

Długogęcka, Olga / Długogęcki, Wiesław: The sumptuous use of food at the castle Marienburg (Malbork) at the start of the fifteenth century. In: Acta Poloniae Historica 102 (2010), S. 101-126.

Eimer, Gerhard / Gierlich, Ernst / Müller, Matthias / Pospieszny, Kazmierz (Hg.): Terra sanctae Mariae. Bonn 2009 (= Kunsthistorische Arbeiten der Kulturstiftung der deutschen Vertriebenen 7).

Helms, Simon: Luther von Braunschweig. Marburg 2009 (= Quellen und Studien zur Geschichte des Deutschen Ordens 67).

Jähnig, Bernhart: Junge Edelleute am Hof des Hochmeisters in Marienburg um 1400. In: Jähnig, Bernhart (Hg.): Vorträge und Forschungen zur Geschichte des Preußenlandes und des Deutschen Ordens im Mittelalter. Münster 2011 (= Quellen und Darstellungen zur Geschichte Westpreußens 34), S. 207-232.

Jähnig, Bernhart: Ludwig von Erlichshausen (Ellrichshausen). In: Arnold, Udo (Hg.): Die Hochmeister des Deutschen Ordens 1190-1994. Marburg 1998 (= Quellen und Studien zur Geschichte des Deutschen Ordens 40 – Veröffentlichungen der Internationalen Historischen Kommission zur Erforschung des Deutschen Ordens 6), S. 131-138.

Jähnig, Bernhart: Organisation und Sachkultur der Deutschordensresidenz Marienburg. In: Jähnig, Bernhart (Hg.): Vorträge und Forschungen zur Geschichte des Preußenlandes und des Deutschen Ordens im Mittelalter. Münster 2011 (= Quellen und Darstellungen zur Geschichte Westpreußens 34), S. 113-149.

Jähnig, Bernhart: Winrich von Kniprode – Hochmeister des Deutschen Ordens 1352-1382. In: Jähnig, Bernhart (Hg.): Vorträge und Forschungen zur Geschichte des Preußenlandes und des Deutschen Ordens im Mittelalter. Münster 2011 (= Quellen und Darstellungen zur Geschichte Westpreußens 34), S. 67-89.

Jahnke, Jürgen / Zimmermann, Heinz: Die Postwege des Deutschen Ordens. In: Mortensen, Hans / Mortensen, Gertrud / Wenskus, Reinhard (Hg.): Historisch-Geographischer Atlas des Preußenlandes Lieferung 1, Wiesbaden 1968 (ohne Paginierung).

Jóźwiak, Sławomir / Trupinda, Janusz: Organizacja życia na zamku krzyżackim w Malborku w czasach wielkich mistrzów (1309-1457). Malbork 2007.

Maschke, Erich: Die inneren Wandlungen des deutschen Ritterordens. In: Maschke, Erich (Hg.): Domus Hospitalis Theutonicorum. Bonn-Bad Godesberg 1970 (= Quellen und Studien zur Geschichte des Deutschen Ordens 10), S. 35-59.

Maschke, Erich: Die Schäffer und Lieger des Deutschen Ordens in Preußen. In: Maschke, Erich (Hg.): Domus Hospitalis Theutonicorum. Bonn-Bad Godesberg 1970 (= Quellen und Studien zur Geschichte des Deutschen Ordens 10), S. 69-103.

Militzer, Klaus: Der Wein des Meisters. Die Weinversorgung des Hochmeisters des Deutschen Ordens in Preußen. In: Zwischen Lübeck und Nowgorod. Wirtschaft und Kultur im Ostseeraum vom frühen Mittelalter bis ins 20. Jahrhundert. Norbert Angermann zum 60. Geburtstag. Lüneburg 1996, S. 143-155.

Militzer, Klaus: Die Geschichte des Deutschen Ordens. Stuttgart 2005.

Militzer, Klaus: Die Übersiedlung Siegfrieds von Feuchtwangen in die Marienburg. In: Czaja, Roman / Sarnowsky, Jürgen (Hg.): Die Ritterorden in Umbruchs- und Krisenzeiten. Toruń 2011 (= Ordines militares – Colloquia Torunensia Historica 16), S. 47-61.

Militzer, Klaus: Eine Visitationsreise aus dem Jahr 1451/52. In: Jähnig, Bernhart / Michels, Georg (Hg.): Das Preußenland als Forschungsaufgabe. Festschrift für Udo Arnold zum 60. Geburtstag. Lüneburg 2000 (= Einzelschriften der Historischen Kommission für ost- und westpreußische Landesforschung 20), S. 109-124.

Militzer, Klaus: Jagd und Deutscher Orden. In: Rösener, Werner (Hg.): Jagd und höfische Kultur im Mittelalter. Göttingen 1997 (= Veröffentlichungen des Max-Planck-Instituts für Geschichte 135), S. 325-363.

Militzer, Klaus: Von Akkon zur Marienburg. Marburg 1999 (= Quellen und Studien zur Geschichte des Deutschen Ordens 56 – Veröffentlichungen der Internationalen Historischen Kommission zur Erforschung des Deutschen Ordens 9).

Neitmann, Klaus: Der Hochmeister des Deutschen Ordens in Preußen – ein Residenzherrscher unterwegs. Köln / Wien 1990 (= Veröffentlichungen aus den Archiven Preußischer Kulturbesitz 30).

Neitmann, Sonja: Von der Grafschaft Mark nach Livland. Köln / Weimar Wien 1993 (= Veröffentlichungen aus den Archiven Preußischer Kulturbesitz, Beiheft 3).

Nieß, Ulrich: Hochmeister Karl von Trier (1311-1324). Stationen einer Karriere im Deutschen Orden. Marburg 1990 (= Quellen und Studien zur Geschichte des Deutschen Ordens 47).

Paravicini, Werner: Die Preußenreisen des europäischen Adels. 2 Bde. Sigmaringen 1989-1995 (= Beihefte der Francia 18).

Pelech, Markian: Heinrich von Plauen. In: Arnold, Udo (Hg.): Die Hochmeister des Deutschen Ordens 1190-1994. Marburg 1998 (= Quellen und Studien zur Geschichte des Deutschen Ordens 40 – Veröffentlichungen der Internationalen Historischen Kommission zur Erforschung des Deutschen Ordens 6), S. 114-117.

Pospieszny, Kazimierz: Das Verteidigungssystem der ersten Marienburg (Preußen) und seine Änderung unter dem Einfluss der Stilprinzipien der Gotik im 14. Jahrhundert. In: Eimer, Gerhard / Gierlich, Ernst (Hg.): Echte Wehrhaftigkeit oder martialische Wirkung. Köln 2000 (= Kunsthistorische Arbeiten der Kulturstiftung der deutschen Vertriebenen 3), S. 91-100.

Pospieszny, Kazimierz: Marienburg – castrum et civitas unter Mariens Schutzmantel. In: Eimer, Gerhard / Gierlich, Ernst / Müller, Matthias / Pospieszny, Kazimierz (Hg.): Terra Sanctae Mariae. Bonn 2009 (= Kunsthistorische Arbeiten der Kulturstiftung der Deutschen Vertriebenen 7), S. 71-80.

Probst, Christian: Der Deutsche Orden und sein Medizinalwesen in Preußen. Bad Godesberg 1969 (= Quellen und Studien zur Geschichte des Deutschen Ordens 29).

Rotter, Ekkehart: Die Organisation des Briefverkehrs beim Deutschen Orden. In: Lotz, Wolfgang (Hg.): Deutsche Postgeschichte. Berlin 1989, S. 23-41.

Rozynkowski, Waldemar; Der Marienkult in den Kapellen der Deutschordenshäuser in Preußen im Lichte der Inventarbücher. In: Eimer, Gerhard / Gierlich,

Ernst / Müller, Matthias / Pospieszny, Kazimierz (Hg.): Terra Sanctae Mariae. Bonn 2009 (= Kunsthistorische Arbeiten der Kulturstiftung der Deutschen Vertriebenen 7), S. 57-67.

Sarnowsky, Jürgen: Die Quellen für die angebliche Münzstätte des Deutschen Ordens auf der Marienburg in der Zeit um 1400. In: Zeitschrift für Ostforschung 38 (1989), S. 337-363.

Sarnowsky, Jürgen: Die Wirtschaftsführung des Deutschen Ordens in Preußen (1382-1454). Köln / Weimar / Wien 1993 (= Veröffentlichungen aus den Archiven Preußischer Kulturbesitz 34).

Schumacher, Bruno: Geschichte Ost- und Westpreußens. Würzburg [4]1959.

Schwarz, Philipp: Über die Wahlen der livländischen Ordensmeister. In: Mitteilungen aus dem Gebiete der Geschichte Liv-, Esth- und Kurlands 13 (1886), S. 453-468.

Torbus, Tomasz: Architektur als Machtdemonstration? Zur Wehrhaftigkeit der Kastelle des Deutschordenslandes Preußen. In: Eimer, Gerhard / Gierlich, Ernst (Hg.): Echte Wehrhaftigkeit oder martialische Wirkung. Köln 2000 (= Kunsthistorische Arbeiten der Kulturstiftung der deutschen Vertriebenen 3), S. 59-69.

Trupinda, Janusz: O pomieszczeniach kancelarii i archiwum Wielkiego Mistrza w Malborku na podstawie źródeł pisanych w XIV i XV wieku. In: Trupinda, Janusz (Hg.): Kancelarie krzyżackie. Malbork 2002, S. 255-273.

Vercamer, Grischa: Siedlungs-, Sozial- und Verwaltungsgeschichte der Komturei Königsberg in Preußen (13.-16. Jahrhundert). Marburg 2010 (= Einzelschriften der Historischen Kommission für ost- und westpreußische Landesforschung 29).

Die Marienburg im Spiegel des Burgenbauprogramms und der Symbolik des Deutschen Ordens

BERND ULRICH HUCKER

1. Der staufische Weltherrschaftsgedanke und ein neuer *ordo militaris*, ein »kaiserlicher« Ritterorden von 1190

Akkon war 1190 von den Kreuzfahrern aus muslimischer Hand zurückerobert worden. Die von Bremer und Lübecker Kaufleuten gestiftete Spitalbrüderschaft signalisierte durch ihren Namen den Jerusalem-Anspruch der staufischen Herrscher. Seit ihrem Zusammenschluss bildeten die »Brüder« bzw. »Herren des Hauses der Heiligen Maria der Deutschen zu Jerusalem« (*domini domui hospitalis sancte Marie Theutonicorum Ierosolymitanorum*) recht eigentlich einen *ordo militaris* der Kaiser, dessen Privilegierung sich bereits der Staufer Heinrich VI. angelegen sein ließ. Volksläufig kennen wir die Ordensritter unter der Bezeichnung »Deutschordensritter« oder »Deutschherren«, womit der universelle, imperiale Charakter der Gründung verkannt zu werden droht.

Das universale Kaisertum, hier das des Staufers Friedrich II., beschreibt die Arenga der sog. Goldbulle von Rimini für den Orden wie folgt:

> Dazu hat Gott unser Kaisertum hoch über die Könige des Erdkreises gestellt und die Grenzen unserer Herrschaft über verschiedene Zonen der Welt (mundi climata) ausgedehnt, damit unsere mühevolle Sorgfalt sich auf die Verherrlichung seines Namens in dieser Welt und auf die Verbreitung des Glaubens unter den Heiden richte.[1]

Damit ist die Verbindung des Kreuzzugsgedankens mit dem kaiserlichen Amt klar zum Ausdruck gebracht, galt doch der Kaiser als Bannerträger des christlichen Glaubens (*significer Christiane religioni*).[2] Das Imperium beanspruchte vor allem dort seine Oberhoheit, wo Kreuzfahrer Länder und Völker unterwarfen – und das war seit 1226 auch in Preußen der Fall[3].

Fundament eines solchen, allenfalls nur rudimentär durchgesetzten Weltherrschaftsanspruchs war die Königsherrschaft in Italien und die römische Kaiserkrönung. »Rom beherrschte nicht mehr den Erdkreis, aber um ihn zu beherrschen, mußte man Macht über Rom haben.«[4] Für die Zeitgenossen der Kaiser und sicherlich auch für sie selbst galt das Kaiserreich als unmittelbare Fortsetzung des antiken Römerreichs. »In der Berufung auf das Römische lag der Anspruch auf die weltweite Geltung beschlossen. Das Machtgebiet des mittelalterlichen Kaisers erstreckte sich dem Anspruch nach auf die gesamte Christenheit.«[5]

Die Quellenlage zur Erforschung der Kaiseridee ist ungünstig – es existieren nur verstreute urkundliche Zeugnisse und gelegentliche Hinweise in der erzählenden Geschichtsliteratur. Deshalb sind die Aussagen von Herrschaftssymbolik wie auch die Wahl von Patrozinien besonders sorgfältig abzuhorchen.

Begeben wir uns zunächst zu dem ersten Schauplatz des »Heidenkampfes«, den sich die Ordensritter außerhalb der Heiligen Stätten wählten, in das ungarische Burzenland. Der ab 1202 regierende ungarische König Andreas II. war mit Gertrud von Andechs-Meranien[6] verheiratet, die die königliche Politik stark beeinflusste und erstmals viele Deutsche nach Ungarn holte. Die gleichzeitige Ansiedlung des Deutschen Ordens im Burzenland am Fuße der Karpaten wird im Sinne der imperialen Idee und der Kreuzzugspolitik Kaiser Ottos IV. erfolgt sein. Gestützt wird das durch die Tatsache, dass der Deutsche Orden sich dafür in all diesen Jahren um keinerlei päpstliche Unterstützung bemühte.[7] Den ersten Schenkungsakt der *terra Burza* nahm König Andreas im Mai 1211 vor.[8] Der Meister des Ordens, Hermann von Salza, der sich am 25. August 1211 in Acco der Gesandtschaft Ottos IV. anschloß, wird hier schwerlich ohne Wissen und Willen des Kaisers verhandelt haben. 1212 folgte ein weiteres Privileg des Königs[9] – damals war Hermann wohl schon von der Gesandtschaftsreise durch die christlichen Königreiche im Orient zurückgekehrt. Ziel war der »Heidenkampf« gegen die halbnomadischen Kumanen, Anhänger des Schamanismus.

2. Burgenbauten und -namen als Programm

Der Orden errichtete alsbald fünf Burgen – deren Namen wie Marienburg *(castrum sancte Marie)*, Kreuzburg (*castrum Cruceburg*) und Kronstadt sind Programm: Das Heilige Kreuz und Maria stehen für die Kreuzzugsidee; ob die »Krone« der zentralen Stadt im Burgenviereck Marienburg-Kreuzburg-Schwarzburg-Rosenau sich auf die Königs- oder Kaiserkrone oder gar auf die Marienkrönung bezieht, ist schwer zu entscheiden. Es hat den Anschein, als ob der Kaiser sich hinsichtlich der überkommenen Lehnshoheit über Ungarn darauf beschränkte, seine Politik als Sachwalter des Kreuzzugsgedankens in den Grenzgebieten des Königreichs geltend zu machen. Ebenso ambivalent ist die Bedeutung der Rose als Mariensymbol und Zeichen der Rittergesellschaften Kaiser Ottos IV.[10] Jedenfalls könnte man die Politik der Namensgebung wohl so interpretieren, dass Maria gegenüber den Burgennamen im Königreich Jerusalem mehr Gewicht erhält. Dort besaß der Orden die Burgen *Mons regis*, *Castrum novum* und *Toron*. Mit dem 1219/28 erworbenen *Castellum regis*, das der Ordensmeister Hermann von Salza dann *Montfort*, also »Starkenberg« nannte und das sich auf militärische Stärke schlechthin bezieht, schuf man sich ein Zentrum von beeindruckender Stärke. Der *rex*, auf den in zweien dieser Namen Bezug genommen wird, ist der von Jerusalem. Ab 1225, als Friedrich II. wegen seiner Heirat mit Isabella von Brienne, der Königin von Jerusalem, den Titel *rex Hierusalemitani* angenommen und sich von den Großen des Königreichs hatte huldigen lassen, bekamen »Königsberg« und »Königsburg« den zusätzlichen Bezug zum Imperium. Doch trotz seines Kreuzzuges von 1229 sollte es dem Staufer nicht gelingen, dieses Reich enger mit seiner Herrschaft zu verbinden. Die Stadt Jerusalem sollte außerdem 1244 schon wieder in die Hände des Sultans von Ägypten fallen. Wir merken uns aber schon einmal die Namen *Mons regis*, *Montfort* und *Toron* vor.

Die gegen die paganen Pruzzen im Norden Polens gerichteten Aktivitäten setzten das ungarische Engagement fort. Aus den polnischen Herzogtümern kamen schon 1208 »herliche boten«[11] zu Otto sowie 1209 solche aus Schlesien[12] – überhaupt waren hier die Beziehungen westeuropäischer Missionare und Ritter zu den einheimischen Herrschern weniger sensibel als in Ungarn. Der Ritterorden von Dobrin (*milites Christi de Prussia*, auch *milites Christi de Livonia contra Prutenos*), der wohl 1209/10 seine Tätigkeit in Preußen begonnen hat, mag ebenso wie die Brüder des kastilischen Ordens von Calatrava, die auf der Höhe von Thymau bei Mewe an der unteren Weichsel ihren Sitz hatten, kaiserlicherseits gefördert worden sein. Die Ritter von Dobrin standen unter dem Einfluss des Morimonder Zweiges der Zisterzienser.[13] Nachdem der Deutsche Orden 1225 aus dem Burzenland vertrieben worden war[14], trat er im Kulmerland ab 1226 die Nachfolge der beiden kleinen Orden an.

Bereits im März 1224 hatte Friedrich II. sich vorbehalten, dass alle Gebiete der Heiden in Livland, Estland, Preussen und Semgallen, also das gesamte Gebiet zwischen Weichsel und Finnischem Meerbusen, dem Römischen Reich zustehe und dort keine weltlichen Fürsten bzw. »Könige, Herzöge, Fürsten, Grafen oder andere Magnaten«[15] die Herrschaft ausüben sollen. Damit war der theoretische Grund gelegt zu einem Herrschaftsaufbau durch die Ordensleute, zu geistlichen Territorien, wie sie indes im Heiligen Land aufgrund der herrschaftlichen Entscheidungen im Verfolg des Ersten Kreuzzuges völlig verhindert war. Mit der Goldenen Bulle von Rimini vom März 1226 hatte sich der Orden nicht nur den Besitz des ihm von Herzog Konrad von Masowien angebotenen Kulmerlandes bestätigen lassen, sondern auch alles künftig von den Heiden zu erobernde Land. Die Begründung, dass jenes Land zur Monarchie des Kaiserreichs gehört (»quod terra ipsa sub monarchia imperii est contenta«)[16], geht nachweislich auf die Vorlage der kaiserlichen Goldbulle zurück.

3. Jerusalem, die Kreuzzüge, Maria und der Deutsche Orden

Unmittelbar nach ihrer Ankunft in Preußen haben die Ordensritter sich sehr schnell in einer provisorischen Burg eingenistet (1226) – sie nannten sie *Vogelsang*, aber gewiß darf man sie sich nicht wie spätere Illustratoren als Baumhaus ansehen (Abb. 1), sondern eher wie eine Turmhügelburg (*Motte*), wie die Siegel der Neustadt Thorn und des Komturs von Thorn sie – und nicht etwa eine »Bake« – noch abbreviaturhaft gezeichnet bewahren (Abb. 2). Richtig dürfte an all diesen Darstellungen die anfängliche Befestigungsweise mit Holz, Flechtwerk und Palisaden sein.

Die strategische Planung der Deutschordensbrüder war eine andere als die des Dobriner Ordens. Dieser saß südlich der Drewenz und richtete sich so von Polen aus nach Norden. Der Deutsche Orden aber hat sehr geschickt die »Weichselzange zwischen Kulm und Thorn«, durch die seine Flanken im Norden und Süden gedeckt waren, »zur Basis seines Vormarsches nach Osten ausersehen«.[17] Schon 1231 konnte der Meister Hermann Balk Thorn gründen. Doch »die Lage des Ordens an der Drewenz wurde notwendig kritisch, sobald der Orden hier einmal zwischen Polen und Preußen kam«[18]. Von den Polen unabhängig machte sich der Orden durch einen anderen Vorstoß, der »über die Haffe, die ›Langen Wasser‹ der Preußen«[19] führte: vom Mittellauf der Weichsel nach Norden bis an das offene Meer, die Ostsee! Hier sind nacheinander die Gründungen der Ordensburgen Elbing (1237), Balga (1239), Braunsberg (1240), Lochstädt (1270) und Frauenburg (1270/80) zu verzeichnen. Letzteres, das *Castrum dominae nostrae*, war zwar eine Gründung des ermländischen Bischofs und Domkapitels, doch unterstanden diese der Hoheit des Ordens. Frauenburg ist gewissermaßen die »Marienburg« vor unserer Marienburg.

Die Annalisten verzeichnen die Erfolge beim Territorialausbau: »1231 Thorun edificatur« – »1232 Culmen edificatur« – »1233 Merginwerdir construitur« – so notieren die zeitgenössischen Jahrbücher (»Annales canonici Sambiensis«) nacheinander.[20] 1247 folgt Crisburg und 1253 Cruszeburg.[21] Schon Albert von Hofmann klassifizierte, »die Namen der Burgen sind altpreußisch oder wir finden Namen, welche für den christlichen Ritterorden typisch sind«.[22]

Abb. 1: Die Holzburg »Vogelsang« der ersten Deutschritterorden bei Thorn. Baumburg: Öl auf Leinwand um 1600, unsigniert. Aus: Kreuz und Schwert, S. 35.

Abb. 2: Siegel der Neustadt Thorn / Torun mit der Holzburg und Siegel des Komturs *De Thornvn*. Aus: Vossberg, Geschichte, Taf. 14 u. 20.

Marienwerder, lateinisch *Insula sanctae Mariae*, ist nicht der erste »politische« Name. Vorausgegangen war also Thorn (poln. *Torun*). Dass dies keine altpreußische Ortsbezeichnung, sondern ein an die sarazenische Feste *Toron* erinnernder Name ist, wurde früh erkannt (vgl. Abb. 2).[23] *Toron militum, Toron des chevaliers* (arab. *Qal'at Tibnîn*), französisch so viel wie »die Hervorragende«, »der [herausragende] Hügel« (heute im Süden des Libanon) hatte 1197/98 den Rittern des Kreuzzugs Kaiser Heinrichs VI. den Weg nach Jerusalem verlegt.[24] Es ist aber auch in Betracht gezogen worden, ob nicht der gleichnamige Hügel (arab. *Tel-el-Fukhar*) östlich vor Acco, auf dem sich dessen Belagerer 1190 unter König Guido von Jerusalem verschanzt hatten, namengebend gewesen sein kann[25] – ausgeschlossen ist auch das nicht, denn im Gegensatz zur Belagerung von Toron waren die Kreuzfahrer, wie erwähnt, im Falle Accos siegreich. Auch die Namensübertragung auf die meißnische Burg *Tharandt* (1216 *Toron*) kann sich sowohl auf 1190 als auch auf 1197 beziehen, da ihr Erbauer, Markgraf Dietrich von Meissen, an beiden Kreuzzügen beteiligt gewesen ist.[26] Bei der erfolglosen Belagerung der Burg Toron hatte sich Pfalzgraf Heinrich, der älteste Sohn Heinrichs des Löwen, hervorgetan, weshalb er nach seiner Heimkehr 1198 an der Mosel die Burg *Thurandt* erbauen ließ.[27] Diese Burg muss richtiger *Thuron* heissen.[28] Der Welfe Heinrich war 1198 zurückgekehrt, aber nicht vom »Kreuzzug Barbarossas«[29], wie angenommen worden ist, sondern von demjenigen Kaiser Heinrichs VI. »Ihr Name sollte ihn erinnern an seine Heldenthaten im fernen Morgenlande, an Mühseligkeiten und Beschwerden, die er bei der Belagerung der syrischen

Burg Turon erduldet hatte«,[30] so drückte es 1853 der Mediävist Julius Ficker aus.

Toron in Palästina war vor 1106 von dem flämischen Kreuzfahrer Hugo von Falkenberg erbaut worden und gehörte bis zur Schlacht bei Karnei Hittim (*Hattim*) dessen Erben. Später machte Graf Joscelin III. von Edessa Ansprüche geltend, die er auf seine Tochter Beatrix und deren Ehemann Graf Otto von Henneberg-Botenlauben – bekannt als Minnesänger – vererbte.[31] Das Grafenpaar trat seinen Besitz 1220 an den Deutschen Orden ab, so war die Feste kurzfristig (von 1225 bis 1229) im Besitz des Ordens.[32] Ob nun die Erinnerung an den Kreuzzug des Kaisers oder der Neuerwerb der berühmten Burg durch den Ordensmeister Hermann von Salza den Ausschlag für die Nachbenennung in Preußen gegeben hat, bleibt unklar – auf jeden Fall barg der Name einen Hinweis auf das Heilige Land.

Kreuzburg war uns schon als Deutschordensburg im Burzenland begegnet. *Marien*werder hingegen – und damit auch das spätere *Marien*burg – ist eine auffällige Neuerung. In Palästina hieß der Orden zwar *Ordo fratrum hospitalis sanctae Mariae Theutonicorum Ierosolymitanorum*, doch drückte sich das noch nicht in den dortigen Burgennamen aus.

Bereits Niels von Holst weist auf das Programmatische weiterer Namen von Deutschordensburgen hin: »Burgen erhielten oft Namen von besonderem Bedeutungsgehalt«[33] – Engelsburg, Christburg, Heilsberg, Friedland, Landshut, Neidenburg. Man kann typische Territorialherrschaftsabsichten (Friedland, Landshut) von religiösen Namen unterscheiden. Im 14. Jahrhundert entstand dann noch eine Burgenkette an der Memel: Marienburg, Christwerder, Christmemel, Bayerburg, und Marienwerder an der Memel; 1369 kam noch Gotteswerder hinzu.

Zwischen 1256 und 1272 sei Starkenberg an der Ossa vom Orden erbaut worden. Diese Namensgebung erfolgte sicherlich, was bisher gar nicht beachtet wurde, als Reaktion des Verlustes von Montfort im Heiligen Land 1271. Es bleibt noch zu erwähnen, dass Heilsburg und Christburg bereits pruzzische Burgen aufwiesen – Christburg sogar einen Bildstein des 10.-11. Jahrhunderts. Gilgenburg, einst Ilienburg, enthält mit *Ilien* die niederdeutsche Namensform von Aegidius.[34] Der aber war der Lokalheilige von Braunschweig, weshalb wohl mit welfischem Einfluss zu rechnen ist. Ihn können wir in der Person des bedeutenden Hochmeisters Luther von Braunschweig (um 1275-1335) fassen. Luther – eigentlich *Luder*, wie sein Vorfahre Lothar-Luder von Süpplingenburg –, war um 1300 in den Orden eingetreten, ab 1316 Komtur von Christburg und anderen Orten, bis er 1331 Hochmeister wurde.[35] *Johannisburg* hingegen wurde nach Johannes dem Täufer benannt.

Im Kleinen spiegeln sich diese Verhältnisse im livländischen Eroberungsgebiet des Schwertbrüderordens wider, der 1237 mit dem Deutschen Orden vereinigt worden war. In *Livonia* wurden durch den Orden die Marienburg (heute lett. *Aluksne*) 1342 erbaut, die Frauenburg 1342 (heute lett. *Saldus*)[36], die Jürgensburg vor 1437 (heute lett. *Jaunpils*).[37]

Die Ordensburg in Riga hieß *Georgsburg* bzw. *Jürgenshof*[38] – doch wird das noch auf die Verehrung des Ritter- und Kreuzzugsheiligen durch den Vorläufer, den Orden der Schwertbrüder, zurückgehen. Bischof Philipp von Ratzeburg gründete während seines Aufenthaltes als kaiserlicher Beauftragter 1211 die Burg Fredelant, doch setzte sich für sie der ursprüngliche Name Treiden durch (heute Turaida).[39] Der Rigaer Bischof ließ vor 1297 an der Düna die Kreuzburg (lett. *Krustpils*) errichten[40], und der Hochmeister Winrich von Kniprode baute 1368 gegen das estnische Fellin als Trutzfeste eine Marienburg.[41]

4. Die Verehrung Marias und anderer Heiliger

Die Verehrung Marias als Gottesmutter und Heilspenderin hatte in den Jahren vor und nach 1200 – auch noch befördert durch Marienwunder, -träume und -visionen – einen Höhepunkt erreicht. Die Anerkennung Palästinas als »Land des Herrn« und die Kreierung eines »Marienlandes«, einer *Terra Mariana* durch die Geistlichkeit des Baltikums ist aus diesem Grunde keineswegs nur ein Spiel mit Worten. Die Schaffung einer *Terra Mariana* unterfütterte in gewisser Weise die an das Heilige Land angelehnte Namengebung der Burgen. 1201/02 unterstellte Bischof Albert »tota Lyvonia beatissime Dei genitricis Marie honori deputavit«.[42] Dies bestätigt auch der Zisterzienser Caesarius in seinen Wundergeschichten.[43] Besonders hervorzuheben sind das des livländischen Marienbanners, des *vexillum beate Marie virginis*. Unter ihm kämpften Kreuzfahrer und livländische Schwertbrüder im Ostbaltikum (Abb. 3).[44]

An die Marienverehrung knüpft der Name des späteren Haupthauses an. Ludwig von Auer zeichnete 1824 eine »Sage« auf, wonach an der Örtlichkeit bereits eine von Kreuzfahrern errichtete Kapelle »der heiligen Jungfrau zu Ehren«[45] gestanden habe. Fest steht urkundlich die Erbauung der Marienburg (*castrum Sancte Marienburch*) durch den Landmeister Konrad von Thierenberg spätestens 1276.[46] Die freilich meist jüngere Annalistik verschiebt die Erbauungszeit in eines der Jahre zwischen 1279 bis 1282. »Merginburg edificatur«[47] behaupten die 1352 verfassten *Annales canonici Sambiensis* ganz entschieden zum Jahre 1279. Die bis 1340 reichenden *Annales terrae Prussicae* haben den Eintrag »Marienburgk translatum

Abb. 3: Marien- und Mauritiusbanner des Ordens, 1431 dem livländischen Landmarschall im Kampf genommen. Aus: Toll / Sachssendahl, Siegel, Taf. 7.

fuit de Gantis [d.i. Zantis]«[48] zum Jahre 1282; die wenig älteren *Annales Prussicae breves* abweichend zu 1281[49]. Möglich, dass diese Jahrbuchnotizen sich auf einen Aus- oder Umbau aus dem Material der vom Orden aufgegeben Burg Zantis am rechten Weichselufer beziehen.

Der alte Reim »Margenburg ex luto, Offen ex saxo, ex marmore Mailand«[50] ist doppeldeutig, da er sich im Mittellateinischen sowohl auf *luteus* (= *erdin rot*; *leymig*) als auch auf *lutum* (= *kot*; *dreck*; *leim*) beziehen kann[51]. In der Steigerung von »Ziegel« über »Stein« zu »Marmor« mag zugleich auf die Nebenbedeutung des lehmgeborenen Gebäudes im sumpfigen Umland verwiesen sein.

Der Marienburg war zunächst gar keine zentrale Stellung im werdenden »Staat« des Ordens zugedacht. Wenn 1309 ausgerechnet die Marienburg zum Sitz des Hochmeisters gewählt wurde, so hat das nicht unbedingt mit dem schon vorhandenen Namen zu tun. Das war, wenn überhaupt, eher ein Nebenaspekt. Der vormalige Sitz eines Gebietigers war nämlich in Elbing. Vielmehr gab wohl die neue, durch den Zuerwerb Pommerellens gewonnene Zentrallage den Ausschlag.[52]

Die Kirche des Hochschlosses wurde um 1340 mit einem acht Meter hohen Marienbild versehen, das weit in das Land schaute (Abb. 4).

Auffällig ist sodann die spätmittelalterliche Verehrung gerade von weiblichen Heiligen. »Angesippt« wurde Anna, die in der Bibel gar nicht vorkommende Mutter Marias, daneben Elisabeth, dann auch Katharina. Unter der Marienkirche des Marienburger Ordensschlosses wurde die St. Annen-Kapelle im 14. Jahrhundert als Begräbnisstätte der Hochmeister eingerichtet.[53] Der Hochmeister Luther von Braunschweig verfasste

Abb. 4: Die Mariendarstellung an der Hochmeisterkirche der Marienburg. Aus: Tumler/Arnold, Orden, Taf. 37.

Abb. 5: Adler- und Lilien-Grußformen aus Montfort. Aus: Benninghoven, Kreuz, S. 28.

eine Barbara-Dichtung.[54] In den Räumen des Hochmeisters auf der Marienburg waren seit dem 15. Jahrhundert Wandfresken der Heiligen Barbara, Dorothea, Katharina und Margareta angebracht.[55] Im Ordensland Livland spielten neben Maria noch Georg und Mauritius eine größere Rolle.[56]

Zum Schluss seien noch Bemerkungen zu den Symbolen Adler, Lilie und Kreuz gestattet, die Heraldik wie auch Bau- und Kunstformen des Deutschen Ordens durchziehen.

Eine Gussform aus der einstigen Ordenshauptburg Montfort vom zweiten oder dritten Viertel des 13. Jahrhundert beweist, dass der Adler, der das Imperium repräsentiert, sehr früh zusammen mit der heraldischen Lilie erscheint (Abb. 5).

Die Lilien im Deutschordenskreuz (nachweisbar erstmals 1419) werden von einer erst im 14. Jahrhundert greifbaren Tradition auf eine Begabung durch den König von Frankreich zurückgeführt. Das ist aber ebensowenig wahrscheinlich wie die ebenfalls angenommenen Wappenverleihungen durch Papst Cölestin IV., Kaiser Friedrich II. und dessen Sohn, den römisch-deutschen König Heinrich (VII.). Diese später auch gern bildlich dargestellte Überlieferung besagte, dass zunächst der Papst das schwarze Kreuz, dann Heinrich (VII.) als König von Jerusalem darüber das goldene Kreuz gelegt und der Kaiser den Reichsadler verliehen, wozu der Kapetinger die Lilien hinzugefügt habe (Abb. 6).

Abb. 6: Legendäre Wappenverleihungen an den Deutschen Orden, Kupferstiche von 1680, unsigniert in Johann Caspar Venator: Historischer Bericht von dem Marianisch-Teutschen Ritter-Orden. Nürnberg 1680. Aus: Arnold, 800 Jahre, S. 258.

Vielmehr ist die Lilie ein imperiales Symbol, zugleich aber ein Hinweis auf Maria und deren Reinheit. Eine gestückelte Wappenverleihung durch verschiedene Gewalten ist ganz undenkbar. Vielmehr wird sich das

Deutschordenswappen organisch aus den verschiedenen Elementen gebildet haben, wobei Adler und Kreuz von vornherein konstitutiv für einen geistlichen Ritterorden gewesen sein dürften, der sich als im Dienste des Imperiums stehend sah. Die Darstellungen auf dem Reliquienschrein der Deutschordenskommende Altshausen dokumentieren diesen frühen Entwicklungsstand.[57]

Das Kreuz ist ganz allgemein das Abzeichen eines jeden Jerusalempilgers, sei er nun bewaffnet oder nicht. Der Orden führte das Schwarze Kreuz auf silbernem (weißem) Grund von Anfang an als sein Ordensabzeichen, als Symbol auf der Kleidung seiner Mitglieder und auf seinen Feldbannern. Es wird – wenngleich ohne Tingierung – schon auf den ältesten Siegeln und Münzen verwendet. Mit der polnisch-litauischen Personalunion von 1385 und der Zusage Jagiełłos, Litauen zum Christum zu führen, war der eigentliche Zweck des Ordens in Preußen und Livland entfallen. Der »Staat« des Deutschen Ordens säkularisierte sich zunehmend; er wurde zu einer Adelsoligarchie, dessen Oberhaupt zudem 1457 als Vasall vom polnischen König in Anspruch genommen werden konnte. Pläne, den Orden für den »Heidenkampf« am mittleren Dnestr und oberen Bug einzusetzen, scheiterten zwar an den Rittern selbst, machen aber deutlich, dass der Kreuzzugsgedanke immer noch wirksam war. Der Endpunkt war 1525 erreicht, als die Ordensritter sich die Kreuze von den Gewändern rissen – ein Akt von großer Symbolik. Mit dem 1813 gestifteten *Eisernen Kreuz* lebte die alte Tradition noch einmal auf.[58]

Anmerkungen

1 Deutschordensprivileg, S. 404 u. 406: »Ad hoc Deus imperium nostrum pre regibus orbis terre sublime constituit et per diversa mundi climata nostre ditionis terminos ampliavit, ut ad magnificandum in seculis nomen eius et fidem in gentibus propagandam.«
2 Vgl. Schramm, Herrschaftszeichen, Bd. 2, S. 652, 679.
3 Vgl. Anders Stengel, Hochmeister, der das Deutschordensland einem »Deutschen Reich« zuweisen möchte, das es nicht gegeben hat (man beachte aber das Druckjahr seiner Studie!).
4 Schramm, Kaiser, Bd. 1, S. 21.
5 Springer, Magdeburg, S. 127.
6 Sie wurde am 27. September 1213 von magyarischen Adligen ermordet.
7 Am 19. April 1218 bestätigte Honorius eine Zehntschenkung, vgl. Presutti, Regesta Nr. 1243; bedeutendere, das Ordensterritorium betreffende Papstprivilegien setzen erst 1223/24 ein, vgl. Potthast, Regesta Nr. 46918, 7115 u. 7231f.
8 Vgl. Urkundenbuch z. Geschichte Siebenbürgens, Bd. 1, Nr. 10.
9 Vgl. ebd., Nr. 12.
10 Vgl. Hucker, Gesellschaften, S. 225.
11 Braunschweigische Reimchronik (V. 6367f.), S. 538.
12 So deute ich die Gesandten der Cisnenses bzw. Zilisenses bei Arnold, Chronica VII,16, denn solche aus der Bischofsstadt Zeitz widersprächen dem Kontext, der Völker und keine Städte nennt, vgl. Hucker, Kaiser Otto IV., S. 230.
13 Vgl. Boockmann, Marienburg, Sp. 289 mit unrichtiger Gründungszeit »1230« (1217 genehmigt Honorius III. dem Preußenbischof Christian den Kreuzzug, und 1228 existiert der Orden schon lange, vgl. Potthast, Regesta 5481 u. 8272).
14 Vgl. Caspar, Hermann von Salza, S. 9.
15 Ebd., S. 29.
16 Vgl. Weise, Interpretation, S. 40.
17 Hofmann, Land, Bd. 3, S. 394f.
18 Ebd., S. 397.
19 Ebd., S. 398.
20 Annales canonici, S. 701, Z. 4-6.
21 Vgl. ebd., Z. 10 u. 12.
22 Hofmann, Land Bd. 3, S. 399.
23 Beispielsweise Prutz, Ritterorden, S. 68; Ficker, Engelbert, S. 69 u. 234, Anm. 4.
24 Vgl. Naumann, Kreuzzug, S. 189f.
25 Vgl. Ficker, Engelbert, S. 234, Anm. 4 (zu S. 69); zur Lage von Turon vgl. Runciman, Kingdom, S. 23 u. Karte S. 24.
26 Vgl. Hucker, Kreuzzugsbewegung, S. 35; Röhricht, Deutschen, S. 67f.
27 Vgl. Gesta Treverorum, S. 390 (*Toron*); in weiteren Quellen *Thuron, Turun, Turunch*, Oesterley, Wörterbuch S. 686; vgl. dazu Ficker, Engelbert, S. 69 mit Anm. 3-4 auf S. 234.
28 Vgl. Gesta Treverorum c. 101, S. 390.
29 A[llmers] / Mathar, Burg Thurant, S. 8.
30 Ficker, Engelbert, S. 69.
31 Vgl. Hucker, Botenlauben, S. 93.
32 Vgl. Tumler, Orden, S. 63f. u. 65 Anm. 8.
33 Holst, Ritterorden, S. 83.
34 Vgl. Wimmer / Melzer, Lexikon, S. 117.
35 Vgl. Sarnowsky, Orden, S. 83f.
36 Vgl. Hermanni de Wartberge, S. 78; vgl. Caune / Ose, leksikons S. 71 u. 452.
37 Vgl. Tuulse, Burgen, S. 243; Caune / Ose, leksikons, S. 71 u. 220.
38 Vgl. ebd., S. 398-400.
39 Vgl. ebd., S. 520.
40 Vgl. ebd., S. 104; Caune / Ose, leksikons, S. 269.

41 Hermanni de Wartberge, S. 108.
42 Henrici Chronicon Livoniae, S. 17, Z. 16f.: [...] *cum tota Lyvonia beatissime Dei genitricis Marie honori deputavit.*
43 Vgl. Caesarius, Dialogus, Bd. 1, S. 159f.
44 Vgl. Henrici Chronicon Livoniae, S. 54, Z. 18f.
45 Auer, Denkwürdigkeiten, S. 35.
46 Vgl. ebd., S. 36.
47 Annales canonici, S. 701, Z. 18.
48 Ebd., S. 692.
49 Vgl. ebd., S. 695.
50 Auer, Denkwürdigkeiten, S. 52.
51 Vgl. Diefenbach, Glossarium, S. 340.
52 Vgl. zur Frage der Wahl des Hochmeistersitzes den Beitrag von Klaus Militzer in diesem Band.
53 Vgl. Tumler, Orden, S. 543f., 546.
54 Vgl. ebd., S. 518f.
55 Vgl. Imagines Potestatis, S. 358.
56 Vgl. Hucker, Gesellschaft, S. 219; vgl. auch Gursch, Silberschatz.
57 Vgl. Junghans, Kästchen S. 167f.
58 Vgl. den Beitrag von Eugen Kotte in diesem Band.

Abkürzungen

MGH = Monumenta Germaniae historica.
MGH SS = Monumenta Germaniae historica – Scriptores.
MGH SS rer. Germ. = Monumenta Germaniae historica – Scriptores rerum Germanicarum in usum scholarum.

Literaturverzeichnis

a) Quellen

Annales canonici Sambiensis. Ed. W. Arndt. In: MGH SS, Bd. 19, S. 697-708.

Braunschweigische Reimchronik. Ed. Ludwig Weiland. In: MGH Deutsche Chroniken, Bd. 2, S. 430-587.

Caesarius von Heisterbach: Dialogus miraculorum. Ed. J. Strange. 2 Bde. Bonn 1851.

Das Deutschordensprivileg – Goldene Bulle von Rimini (März 1226). In: Weinrich, Lorenz (Hg.): Quellen zur deutschen Verfassungs-, Wirtschafts- und Sozialgeschichte bis 1250 (= Ausgewählte Quellen zur deutschen Geschichte des Mittelalters – Freiherr vom Stein Gedächtnisausgabe 32), Darmstadt 1977, S. 404-411 (Nr. 104).

Gesta Treverorum Continuata. Ed. G.Waitz. In: MGH SS, Bd. 24. Hannover 1879, S. 368-488.

Henrici Chronicon Livoniae [d.i. Henricus Lettus bzw. Heinrich der Lettenpriester]. MGH SS rer. Germ.31. Ed. L. Arbusow / A. Bauer. Hannover 1955.

Hermanni de Wartberge Chronicon Livoniae. Translationem paravit, praefationem conscripsit et textum interpretatus est [per] E. Mugurevics. Riga 2005.

Lübeck von, Arnold: Chronica Slavorum et. I.M. Lappenberg. MGH SS rer. Germ., Bd. 14. Hannover 1868.

Potthast, August: Regesta pontificum Romanorum inde a. post Christum natum 1198 ad a. 1304. Bd. 1. Berlin 1874.

Presutti, Petrus: Regesta Honorii papae III., ex Vaticanis archetypus aliisque fontibus edidit. 2 Bde. Rom 1885-1895 (Neudr. Hildesheim / New York 1978).

Toll, Robert von / Sachssendahl, Johannes (Hg.): Siegel und Münzen der weltlichen und geistlichen Gebietiger über Liv-, Est- und Curland bis zum Jahre 1561. Reval 1887 (= Est- und Livländische Brieflade 4).

Urkundenbuch zur Geschichte Siebenbürgens. Bd. 1. Hg. von Georg Daniel Teutsch / Friedrich Firnhaber. Wien 1857 (Neudr. Graz 1971).

Vossberg, Friedrich August: Geschichte der preußischen Münzen und Siegel von frühester Zeit bis zum Ende der Herrschaft des Deutschen Ordens. Berlin 1843 (Neudr. Leipzig 1970).

b) Forschungsliteratur

A[llmers], R[obert] / Mathar, Ludwig: Burg Thurant und Umgebung. Ein Führer für wanderfrohe Menschen. Varel o. J. [1930] (Neudr. Varel 1994).

Arnold, Udo (Red.): 800 Jahre Deutscher Orden. Ausstellung des Germanischen Nationalmuseums Nürnberg in Zusammenarbeit mit der Internationalen Historischen Kommission zur Erforschung des Deutschen Ordens. Gütersloh/München 1990.

Auer, Ludwig von: Kriegsgeschichtliche Denkwürdigkeiten des Ordens-Haupthauses und der Stadt Marienburg in Westpreußen. Zum Besten des Wiederherstellungsbaus der hochmeisterlichen Burg. Danzig 1824 (Neudr. Wolfenbüttel 2009).

Benninghoven, Friedrich (Bearb.): Unter Kreuz und Adler. Der Deutsche Orden im Mittelalter. Ausstellung des Geheimen Staatsarchivs Preußischer Kulturbesitz anläßlich des 800jährigen Bestehens des Deutschen Ordens. Berlin 1990.

Boockmann, Hartmut: Marienburg (poln. Malbork). In: Lexikon des Mittelalters. Bd. 6 (1993), Sp. 289.

Caspar, Erich: Hermann von Salza und die Gründung des Deutschordensstaates. Tübingen 1924.

Caune, Andris / Ose, Ieva: Latvijas 12. gadsimta beigu – 17. gadsimta vacu pilu leksikons. Riga 2004 (= Latvijas viduslaiku pilis IV).

Diefenbach, Lorenz: Glossarium Latino-Germanicum mediae et infimae aetatis. Frankfurt a.M. 1857 (Neudr. Darmstadt 1997).

Ficker, Julius: Engelbert der Heilige. Erzbischof von Köln und Reichsverweser. Köln 1853.

Gursch, Dietrich A.: Der Silberschatz der »Compagnie der Schwarzenhäupter« aus Riga im Roselius-Haus Bremen. Bremen 1987.

Hofmann, Albert von: Das deutsche Land und die deutsche Geschichte. 3 Bde. Stuttgart / Berlin 1930.
Holst, Niels von: Der Deutsche Ritterorden und seine Bauten von Jerusalem bis Sevilla, von Thorn bis Narwa. 2. Aufl., Berlin 1989.
Hucker, Bernd Ulrich: Die ›Große Gesellschaft‹ Ottos IV. und der Gedanke der Tafelrunde des Königs Artus. In: Hucker, Bernd Ulrich / Hahn, Stefanie / Derda, Hans-Jürgen (Hg.): Otto IV. – Traum vom welfischen Kaisertum. Herausgegeben vom Braunschweigischen Landesmuseum (Niedersächsische Landesmuseen Braunschweig). Petersberg 2009, S. 219-226.
Hucker, Bernd Ulrich: Die deutsche Kreuzzugsbewegung und das Grafenpaar Beatrix und Otto von Botenlauben. In: Kotzur, Hans-Jürgen (Hg.): Kein Krieg ist heilig – Die Kreuzzüge. Mainz 2004, S. 22-47.
Hucker, Bernd Ulrich: Kaiser Otto IV. Hannover 1990 (= Monumenta Germaniae historica – Schriften 34).
Hucker, Bernd Ulrich: Otto Graf von Henneberg-Botenlauben und die imperiale Politik in Europa und Outremer (1196-1234). In: Weidisch, Peter (Hg.): Otto von Botenlauben. Minnesänger – Kreuzfahrer – Klostergründer. Würzburg 1994 (= Bad Kissinger Archiv-Schriften 1), S. 89-116.
Imagines Potestatis. Insignien und Herrschaftszeichen im Königreich Polen und im Deutschen Orden. Katalog der Ausstellung im Schlossmuseum in Marienburg 8. Juni – 30. September 2007. Redaktion: Janusz Trupinda. Malbork 2007.
Junghans, Martina: Kästchen für Fingerreliquie der Heiligen Katharina. In: Aufbruch in die Gotik. Der Magdeburger Dom und die späte Stauferzeit. Bd. 2: Katalog. Hg. vom Kulturhistorischen Museum Magdeburg. Mainz 2009, S. 167-169.
Kreuz und Schwert. Der Deutsche Orden in Südwestdeutschland, in der Schweiz und im Elsass. Redaktion Udo Arnold unter Mitarbeit von B. Leipold [und] A. Soffner. Mainau 1991.
Naumann, Claudia: Der Kreuzzug Kaiser Heinrichs VI. Frankfurt a.M / Berlin 1994.
Oesterley, Hermann: Historisch-geographisches Wörterbuch des deutschen Mittelalters. Gotha 1883 (Neudr. Aalen 1962).
Prutz, Hans: Die Geistlichen Ritterorden. Ihre Stellung zur kirchlichen, politischen, gesellschaftlichen und wirtschaftlichen Entwicklung des Mittelalters. Berlin 1908 (Neudr. Berlin 1977).
Röhricht, Reinhold: Die Deutschen im Heiligen Lande. Chronologisches Verzeichnis derjenigen Deutschen, welche als Jerusalempilger und Kreuzfahrer sicher nachzuweisen oder wahrscheinlich anzusehen sind (für ca. 650-1291). Innsbruck 1894 (Neudr. Aalen 1968).
Runciman, Steven: Kingdom of Acre. Cambridge 1954 (= A History of the Crusades 3).
Sarnowsky, Jürgen: Der Deutsche Orden. München 2007.
Schramm, Percy Ernst: Herrschaftszeichen und Staatssymbolik. 3 Bde. Hannover 1954-1956 (= Monumenta Germaniae historica – Schriften 13).

Schramm, Percy Ernst: Kaiser, Rom und Renovatio. Studien zur Geschichte des römischen Erneuerungsgedankens vom Ende des karolingischen Reiches bis zum Investiturstreit. Bd. 1. Darmstadt [3]1962.

Springer, Matthias: Magdeburg, das Heilige Römische Reich und die Kaiser im Mittelalter. In: Puhle, Matthias / Hasse, Claus-Peter (Hg.): Heiliges Römisches Reich Deutscher Nation 962-1806. Dresden 2006, S. 125-136.

Stengel, Edmund E.: Hochmeister und Reich. Die Grundlagen der staatsrechtlichen Stellung des Deutschordenslandes. In: Zeitschrift der Savigny-Stiftung für Rechtsgeschichte, Germanistische Abteilung 58 (1938), S. 178-213.

Tumler, Marian / Arnold, Udo: Der Deutsche Orden von seinem Ursprung bis zur Gegenwart. Bad Münstereifel 1992 [5. erweiterte u. veränderte Auflage von Tumlers Werk von 1955].

Tuulse, Armin: Die Burgen des Deutschen Ritterordens in Lettland und Estland. Dorpat 1941 (Neudr. Wolfenbüttel 2008).

Weise, Erich: Interpretation der Goldenen Bulle von Rimini (März 1226) nach dem kanonischen Recht. In: Wieser, Klaus (Hg.): Acht Jahrhunderte Deutscher Orden in Einzeldarstellungen. Bad Godesberg 1967 (= Quellen und Studien zur Geschichte des Deutschen Ordens 1), S. 15-47.

Wimmer, Otto / Melzer, Hartmann: Lexikon der Namen und Heiligen. Hamburg 2002.

Das religiöse Leben in Marienburg (Malbork) in den Jahren 1525-1772

ANDRZEJ KOPICZKO

Einführung

Marienburg (Malbork) ist vor allem wegen der gewaltigen Burg des Deutschen Ordens bekannt. Kein Wunder also, dass fast alle Veröffentlichungen von dieser gotischen Festung handeln. Verhältnismäßig selten wurde aber über die Kirchen geschrieben. Außer den kleinen deutschen Bearbeitungen und Beiträgen polnischer Autoren ist bis jetzt noch keine gründliche Monographie erschienen. Über das religiöse Leben in dieser Stadt hat zuletzt Mieczysław Józefczyk geschrieben, wobei seine Ausarbeitung über die pomesanischen Pfarrgemeinden sowie die Publikation der Protokolle von den Kirchenvisitationen in der Region aus dem 17. Jahrhundert besonders beachtenswert sind.

Kraft des Zweiten Friedens von Thorn im Jahre 1466 wurde Marienburg (Malbork) an Polen angeschlossen und zum Sitz der Woiwodschaft, die ein Teil des Königlichen Preußens war. Dies hat zu dem Aufstieg der politischen und wirtschaftlichen Bedeutung der Stadt beigetragen. Hier hat man auch das Amt des Ökonoms des polnischen Königs untergebracht, der sowohl die Verwaltungs- als auch die richterliche Gewalt ausübte.[1] Aus kirchlicher Sicht hing das steigende Ansehen von Marienburg (Malbork) mit der Einrichtung des Offizialats Pomesanien (1601) zusammen, das die Macht im Auftrag des Bischofs von Kulm ausübte, dem die Diözese Pomesanien nach der Einführung der Reformation untergeordnet wurde. Das Amt des Offizials erfüllte in der Regel der Pfarrer von Marienburg (Malbork), obwohl es auch Abweichungen von dieser Regel gab. Wir kennen die Namen von Geistlichen, die mit dieser Aufgabe betraut waren. In den Jahren 1601 bis1772 übten dieses Amt 21 Priester aus, durchschnittlich je acht Jahre lang. Hermann Weiher beispielweise bekleidete dieses Amt jedoch 25 Jahre, Kazimierz Jan Krefft 29 und Józef Jan Nepomuk Rembowski 19 Jahre.[2]

Die St. Johannes-Pfarrkirche

Die Struktur der Marienburger Pfarreien wurde bereits in der Zeit des Deutschen Ordens geschaffen. Die Pfarrkirche wurde am Ende des 13. Jahrhunderts errichtet; ihr Hauptstifter war der Deutsche Orden. Der erste bekannte Pfarrer war Gerardus[3], der 1276 verzeichnet ist. Jedoch wurde während des Dreizehnjährigen Krieges im Jahre 1457 das Gotteshaus zerstört[4]. Der Wiederaufbau begann bereits ein Jahr nach der Unterzeichnung des Zweiten Thorner Friedens (1466), aber er dauerte mehr als 50 Jahre lang. Die genaue Beschreibung des Wiederaufbaus kennen wir erst aus der Zeit der Visitation im Jahre 1787.[5] Das Patronat über die Kirche hatte zunächst der Deutsche Orden inne, jedoch nach der Übernahme der Stadt Marienburg (Malbork) durch Polen fiel es an den polnischen König. Im Rahmen der diözesanen Organisation gehörte die Pfarrei ursprünglich der Diözese Pomesanien und nach deren Säkularisierung der Diözese Kulm an. Im Jahre 1570 lebten in Marienburg (Malbork) etwa 2300 Erwachsene, und zusammen mit Kindern waren es wohl etwas über 3000 Einwohner. Es überwogen Personen mit deutschem Bewusstsein, aber in den Vororten und der Burg selbst waren in damaliger Zeit fast ausschließlich Polen.[6]

Während der Reformation erschienen in Marienburg (Malbork) lutherische Prediger mit Jakub Knade aus Danzig an der Spitze. Die ersten evangelischen Predigten hielt er schon 1522, aber bald darauf (1525) verbot der polnische König Sigismund I. dem Stadtrat die Verbreitung von religiösen Neuigkeiten[7]. Dennoch wurde den Lutheranern im Jahre 1527 von der Stadtbehörde die auf dem südlichen Stadtrand stehende St. Georg-Kirche zur Verfügung gestellt, die ein Teil der ehemaligen ordensritterlichen Krankenhausbebauung war[8]. Doch in der ersten Zeit der Reformation, als Folge der geringen Aktivität der katholischen Pfarrer, wurde auch die Pfarrkirche für den evangelischen Kultus genutzt. Gegen diese Praxis trat der Pfarrer und Offizial Mikołaj Łączyński im Jahre 1571 auf.[9] Damals unterzeichnete er mit dem Magistrat eine Vereinbarung, dass in der Hauptkirche katholische Andachten an bestimmten Feiertagen abgehalten werden konnten, die in diesem Dokument aufgelistet wurden.[10] Erst am 3. Juni 1594 – dank der Bemühungen des Kulmer Bischofs Piotr Tylicki und des Marienburger Pfarrers Tomasz Baudt[11] – entzog König Sigismund III. Wasa den Lutheranern ihre Berechtigungen und stellte – als Herr der Pfarrkirche – den katholischen Gottesdienst wieder her. Es dauerte jedoch ein paar Jahre, bis sich die katholische Seelsorge etablierte. Von großer Bedeutung war auch die Verordnung des Bischofs von Kulm (und zugleich von Pomesanien) Piotr Gembicki vom Juli 1603, in der er den lokalen Pfarrer anwies, die legitime Lehre der Kirche zu bewahren, die Gläubigen an ihre Pflicht zu erinnern, an Gottesdiensten teilzunehmen und die Sakramente zu empfangen sowie den Religionsunterricht am Sonntag zu erteilen. Darüber hinaus bestimmte er, für den Kirchendienst u. a. einen Organisten und einen Messner zu engagieren.[12] Aus dieser Zeit haben wir auch eine wichtige Information über die Verpflichtung zur Predigt in polnischer und deutscher Sprache, was von der Zweisprachigkeit der Bevölkerung in dieser Pfarrgemeinde zeugt, obwohl nicht bekannt ist, wie viel Prozent davon Polen und wie viel Deutsche ausmachten.[13]

Zu der Aufgabe des nächsten, sehr bekannten Pfarrers Hermann Weiher (1605-1636), der ebenfalls ein Offizial von Pomesanien war, gehörten die Anstellung von zwei Kaplänen und einem Lehrer in der Schule sowie der Austausch des Hauptaltars. Der neue Altar war nicht mehr so prachtvoll und im gotischen Stil ausgeführt. Zu damaliger Zeit hatten viele Kirchen bereits eine barocke Einrichtung, die voller Prunk und ansprechender für die Menschen war. Hier ist zu bemerken, dass es ebenfalls beabsichtigt war, die Altäre in anderen Kapellen in Marienburg (Malbork) zu ersetzen – u. a. in der Kapelle über dem Stadttor und in der Spitalkapelle.[14]

Dieser kurze Zeitraum der Wiederherstellung des Katholizismus in Marienburg (Malbork) wurde durch den ersten schwedisch-polnischen Krieg in den Jahren 1626-1630 unterbrochen, der große Sachschäden, darunter auch Schäden an den Sakralbauten, anrichtete. Allgemein bekannt ist die Tatsache, dass König Gustav Adolf die Eingangstür zur Pfarrkirche ausgebrochen hat. Dies bedeutete nichts anderes als die Übergabe dieser Hauptkirche wieder an die Gläubigen des Luthertums[15]. Aber wie sich herausstellte, waren sich die Protestanten der Unbeständigkeit des Schicksals bewusst und nahmen die Gelegenheit, die Kirche zu übernehmen, nicht in Anspruch. So versammelten sie sich weiterhin in der St. Georg-Kirche.[16]

Zu jener Zeit kam es auch zur Rivalität zwischen den lutherischen Predigern und den Anhängern von Johann Calvins Lehre, den Reformierten. Zu der letzteren Konfessionsgruppe gehörten die neu angekommenen Holländer und Schotten. Um das Jahr 1600 gewannen sie auch Oberhand im Stadtrat.[17] Nach 1629 erhielten sie zusätzliche Unterstützung, als die Stadt von einem Anhänger des Calvinismus, vom Kurfürsten von Brandenburg Georg Wilhelm, besetzt wurde (sein Vater Johann Sigismund wurde im Jahr 1613 Calvinist).

Während des ersten schwedisch-polnischen Krieges verfiel die Pfarrkirche[18]. Die Renovierungs- und zugleich die Seelsorgearbeit nahm diesmal der Pfarrer Jan Schmak (Johann Schmak) auf. Es unterstützte ihn nicht nur der Bischof von Kulm, sondern auch König Władysław IV., der anordnete, dass »die katholische Religion erneut aufblühe«.[19] Er erinnerte daran, dass die Stadt Marienburg (Malbork) selbst durch ihren Namen die Mutter Gottes verehrte. Die Pflicht der Bürger sei es – im Lichte dieses Schreibens –, für den Zustand der katholischen Kirchen zu sorgen sowie den Katholiken zu ermöglichen, die Religionspraktiken einschließlich der

Prozessionen mit dem Allerheiligsten Sakrament (insbesondere an Fronleichnam) und der Krankenkommunion auszuüben[20]. Es ist jedoch zu beachten, dass König Władysław IV. bereits im Jahre 1633 ähnliche Rechte den Marienburger Lutheranern zuwies. Komplett ignorierte er dagegen die Calvinisten, wobei den Baptisten und Arianern alle Rechte entzogen wurden[21].

Die erste bischöfliche Visitation nach dem schwedisch-polnischen Krieg wurde in Marienburg (Malbork) im Jahre 1637 durchgeführt. Bekannt ist uns nur eine rudimentäre Version des Berichts[22]. Aus dem Protokoll erfahren wir, dass sich die Pfarrkirche in einem beklagenswerten Zustand befand: rissige Wände, zerstörte Altäre und eingeschlagene Fenster. Natürlich begann man damals bereits mit den Sanierungsarbeiten, und es gelang, wenigstens die Fenster zu verglasen und den Hauptaltar instand zu setzen, damit Gottesdienste abgehalten werden konnten[23].

Zwecks Bereicherung des religiösen Lebens der Gläubigen nahm der Pfarrer Jan Schmak Kontakt mit dem Provinzial der polnischen Dominikaner auf, der den Prior des Danziger Konvents Jacek Ginczevius (Ginczewski) bei der Marienburger Kirche eine Rosenkranzbruderschaft gründen ließ. Ein entsprechendes Dokument wurde im Jahr 1637 unterzeichnet[24].

Wichtige Informationen hängen wieder mit dem 1655 begonnenen zweiten schwedisch-polnischen Krieg zusammen. Die Stadt und die umliegenden Dörfer waren auch dieses Mal stark betroffen. Nach einigen Wochen Beschuss wurde Marienburg (Malbork) am 12. März 1656 dem Eroberer übergeben, was einerseits weitere Zerstörungen verhinderte, andererseits aber auch eine lange schwedische Besatzung bedeutete. Der Krieg endete erst im Jahre 1660. Aus dieser Zeit sind keine Informationen über das religiöse Leben vorhanden, obwohl bekannt ist, dass die Lutheraner die Gelegenheit nutzten und anfingen, ihre Gottesdienste in den besetzten Kirchen abzuhalten. Allerdings wurde diese Praxis nach dem Abzug der Schweden verboten, und die Kirche fiel wieder an die Katholiken zurück[25].

Im Jahre 1669 wurde eine erneute Visitation der Pfarrei durchgeführt. Zum ersten Mal wurde man auf einige Details am Hauptaltar aufmerksam, der vor dem zweiten schwedisch-polnischen Krieg gebaut wurde. Aus diesem Protokoll geht hervor, dass der Altar mit zwei Bildern geschmückt war, die den gekreuzigten Christus und die Madonna mit dem Kind (vermutlich aus der Kapelle über dem Stadttor hierher verbracht) darstellten[26].

Im Jahre 1707 wurde eine weitere Renovierung der Kirche vorgenommen und – was ganz wichtig erscheint – die Katholiken erhielten damals Unterstützung von den Gemeinderäten, die Protestanten waren. Der Pfarrer Augustyn Tadeusz Klinski erneuerte den St. Nikolaus-Altar. Wahrscheinlich aber waren diese Reparaturen nicht ausreichend, denn im Jahre 1788 bezeichnete man die St. Johannes-Kirche als *»ruinosa«*[27].

Das liturgische Leben in der St. Johannes-Pfarrkirche gestaltete sich nach den damaligen Regeln. In den Visitationsprotokollen aus dem 17. Jahrhundert sind keine detaillierten Aufzeichnungen zu diesem Thema aufzufinden. 1643 verzeichnete man nur, dass dort durch die Stifter geförderte Messen gelesen wurden. Der Bischof von Kulm beschloss jedoch, diese zu reduzieren und an die neuen Realien anzupassen. Einige Messen wurden an den Altären der Muttergottes, des St. Nikolaus und des Festes Fronleichnam gelesen. Manche Gottesdienste wurden für Verstorbene abgehalten. Der Pfarrer der St. Johannes-Pfarrei sollte sich auch um die Kapelle der Muttergottes über dem Stadttor kümmern und dort vier Messen in jedem Quartal feiern, er konnte aber die Gläubigen von der Predigt und dem Gottesdienst in der Hauptkirche nicht abbringen. Ebenso umfasste die Seelsorge die St. Marien-Kirche in der hohen Burg, die St. Laurentius-Kirche sowie die Kirche des Heiligen Geistes[28]. Im Jahre 1654 wurde die Feierlichkeit der Kircheneinweihung erwähnt, die am Sonntag nach dem Tag des Erzengels St. Michael begangen wurde, sowie die Fronleichnamsprozession durch die Straßen der Stadt zu vier Altären, an denen das Evangelium gesungen wurde. Es gibt auch Informationen über die heiligen Messen für die Deutschen, die an Sonn- und Feiertagen am Altar der Himmelfahrt der Gottesmutter und der heiligen Rosalie abgehalten wurden[29].

Wie aber die Liturgie in dieser Kirche tatsächlich aussah, erfahren wir erst aus einem Dokument aus dem Jahre 1761. An Sonn- und Feiertagen fingen die Gottesdienste bereits mit dem morgendlichen *matutinum* an. Dann hielt man eine rezitierte Messe ab, nach der eine Predigt in deutscher Sprache und ein Gottesdienst mit der Predigt in polnischer Sprache folgten. Am Nachmittag sang die Rosenkranzbruderschaft das Rosenkranzgebet, nach dem ebenfalls eine Predigt in polnischer Sprache und in einigen Perioden des liturgischen Jahres eine Katechese stattfand. Dieser Teil endete mit dem Singen der Vesper.

In diesem Dokument finden wir auch eine genaue Beschreibung aller anderen Gottesdienste während des Jahres[30].

Die Kirchenbücher von Marienburg (Malbork) sind leider erst nach dem Jahr 1700 erhalten. Auf Grund dieser Register kann geschätzt werden, dass jedes Jahr etwa 240 Kinder getauft wurden. Im Jahresverlauf wurden zwischen 50 und 150 Trauungen vollzogen. Ab der zweiten Hälfte des 18. Jahrhunderts kommen oft Einträge zu Trauungen der Lutheraner in der katholischen Kirche vor, auch wenn die beiden Eheleute keine

Katholiken waren. Aus dem Konversionsbuch erfahren wir, dass im Jahre 1743 zehn Menschen vom Protestantismus zum Katholizismus konvertierten, im Jahre 1744 sechs, 1745 dreizehn, 1746 und 1747 je neun Personen, 1748 zwölf und 1749 sechs Personen; insgesamt verzeichnete man in den Jahren 1743 bis 1750 67 Konvertierte. Sie waren in unterschiedlichem Alter, wobei aber Personen in der Altersspanne von 18 bis 30 Jahren überwogen[31].

In der Frühen Neuzeit waren in den Pfarreien religiöse Bruderschaften weit verbreitet. In Marienburg (Malbork) war dies aber anders. Außer der Rosenkranzbruderschaft war wohl nur noch – mit Unterbrechung – die Schützenbruderschaft tätig. Gegründet wurde sie möglicherweise in der Mitte des 14. Jahrhunderts, vielleicht aber auch exakt im Jahre 1404, weil man im Jahre 1904 das 500. Jubiläum ihres Bestehens feierte[32]. Neben den Schießübungen verfolgte die Bruderschaft das Ziel, Frömmigkeit, Disziplin und Tradition zu pflegen[33]. Die Bruderschaftsmitglieder nahmen regelmäßig an den Gottesdiensten teil. In der Kirche hatten sie ihren eigenen Altar, an dem heilige Messen für die Verstorbenen gefeiert wurden. Georg Matern erwähnt im Buch *Die kirchlichen Bruderschaften in der Diözese Ermland* auch die Bruderschaft der heiligen Anna sowie die Priester- und Beerdigungsbruderschaften, die aber höchstwahrscheinlich nur im Mittelalter aktiv waren[34].

Wir kennen alle Pfarrer und Kapläne der Pfarrkirche St. Johannes aus dem behandelten Zeitraum. In der Zeit von 1525 bis 1772 gab es 21 Pfarrer, die die Pfarrei durchschnittlich je ca. 12 Jahre lang verwalteten, doch übte beispielsweise Hermann Weiher sein Amt 31 Jahre (1605-1636) und Kazimierz Jan Krefft 25 Jahre lang aus (1700-1725). Hilfsdienste leisteten auch Kapläne und Prediger. Im Jahr 1709 verzeichnete man in der Seelsorge den ersten Jesuiten – Jan Riccius, der ebenfalls ein deutscher Prediger war. Insgesamt ist jedoch festzustellen, dass es in der St. Johannes-Kirche nicht allzu viele Kapläne gab; im 17. Jahrhundert (1654) waren es nur elf. Von 1709 bis 1772 arbeiteten als Kapläne (und manchmal auch als Prediger) 16 Geistliche, darunter waren acht Jesuiten.[35] Fast alle diese Geistlichen kamen aus Gegenden außerhalb Pomesaniens und wechselten häufig ihren Arbeitsplatz, indem sie auch in die benachbarten Diözesen – Kulm, Ermland und Wloclawek – ausreisten[36].

Eine Eigentümlichkeit der katholischen St. Johannes-Pfarrei war der Besitz von Kirchen und Filialkapellen. Auf dem Gebiet Pomesaniens, zu dem Marienburg (Malbork) gehörte, war dies nicht häufig der Fall. Ähnlich war es nur in Neuteich (Nowy Staw) und Christburg (Dzierzgoń). In Marienburg gab es außer der Pfarrkirche noch drei weitere Kirchen, die Propsteikirchen genannt wurden: St. Marien im Hochschloss, St. Lorenz in der Vorburg sowie die Hospitalkirche des Heiligen Geistes im Krankenhaus unter dem gleichen Namen im Vortor des Frauentors mit der Kapelle und mit dem Sandtor.

Die Schlosskirche der Marienkapelle

Eine besondere Rolle spielte die Schlosskirche.[37] Während der behandelten Zeit beschäftigte man dort einen Schlossprediger. Die größte Sorge trug jedoch der Pfarrer der Hauptkirche des heiligen Johannes.[38] Während des ersten schwedisch-polnischen Krieges (1626-1630) zerstörten die Stadtbesatzer in der Kirche ein Lebensmittellager; die Altäre, Glocken Orgelpfeifen und die liturgischen Paramente wurden geraubt. Die Liturgie wurde erst in der zweiten Hälfte der dreißiger Jahre des 17. Jahrhunderts wiederhergestellt[39].

1652, nachdem man den Jesuiten die Rechte auf die Kapelle über dem Stadttor und den Schlossgarten entzogen hatte, wies ihnen König Jan Kazimierz die Schlosskirche und die dazugehörende St. Anna-Kapelle zu.[40] Etwas später wurden ihnen die dieser Kirche zugehörigen Wohnungen sowie die Kapelle und die Krypta der heiligen Anna zurückgegeben, in denen sich die Grabmäler der Hochmeister befinden. Danach wurde dorthin das Wunderbild der Gottesmutter von der Kapelle über dem Stadttor übertragen. Die Seelsorge in dieser Kirche wurde bis 1772, d. h. bis zur Übernahme der Burg durch den preußischen Staat, beibehalten[41].

Die Sankt Marien Kapelle über dem Stadttor und andere Kapellen in der Burg

Die Burg war unmittelbar mit anderen religiösen Bauten verbunden. Die wohl bekannteste Kapelle war die Sankt Marien-Kapelle über dem Stadttor[42], die für das Bild der Muttergottes berühmt war, das bereits seit dem 13. Jahrhundert verehrt wurde[43]. Dieser Kult entwickelte sich nach der Schlacht von Grunwald (Tannenberg) immer stärker. In der Kapelle arbeitete ein Kaplan. Die Ausübung des Gottesdienstes in der Kapelle gehörte zu seinen Pflichten, vor allem an den Festtagen der Heiligen Jungfrau Maria sowie an Samstagen. Das Patronatsrecht übte der Marienburger Magistrat aus.[44] In Folge der Reformation kam es jedoch zu zahlreichen Vernachlässigungen bei der Betreuung des Bildes, und einige Zeit lang kümmerte sich um das Gemälde sogar eine Person, die sich zum lutherischen Glauben bekannte. Im Jahre 1599 ordnete das königliche Gericht die Rückgabe der Kapelle an die Katholiken an, wobei aber der Magistrat sich mit der Vollstreckung dieses Urteils nicht besonders beeilte[45].

Weitere harte Jahre für die Kapelle kamen während des ersten schwedisch-polnischen Krieges, als die Eroberer im Jahre 1626 das Bild zerstörten. Seine Renovierung verdanken wir dem Sekretär der Königlichen Admiralität Peter Stenon (Schwede, aber Katholik), der diese Arbeiten im Jahre 1639 finanzierte[46].

An die Notwendigkeit, die Kapelle von einem örtlichen Pfarrer beaufsichtigen zu lassen, erinnerten auch die Visitatoren im Jahre 1654[47], doch der in Marienburg (Malbork) allgemein bekannte Jesuit Jan Gasparides blieb in der Kapelle und übte die Seelsorge weiterhin aus, so dass er sogar 360 Lutheraner bekehrte. Er gewann auch große Sympathie unter den Menschen, die sich um den Unterhalt der Kapelle kümmerten[48].

Die Kapelle wurde von Schweden besetzt, die eine solche Verwüstung anrichteten, dass sie zur Ruine wurde und in diesem Zustand bis zum Anfang des 19. Jahrhunderts blieb. Dies bedeutete auch, dass dort keine Gottesdienste mehr abgehalten wurden. Das Marienbild wurde hingegen in die Pfarrkirche verbracht.[49]

In der Marienburg gab es noch weitere Kapellen. Die St. Bartholomäus- und die St. Adalbert-Kapelle befanden sich neben dem Winterrefektorium und hatten fast keine Ausstattung. Zur Kreuzritterzeit wurde sie ausschließlich von Schlossgästen besucht.[50] Gegenüber dem Brunnen der mittleren Burg befand sich die Kapelle der heiligen Barbara (später der heiligen Katharina), in der aber keine Gottesdienste abgehalten wurden. Es gab auch eine Kapelle der heiligen Ursula, die im 17. Jahrhundert in eine Bierbrauerei umgewandelt wurde[51]. Ebenso wurde die Kapelle der heiligen Anna vernachlässigt, die als Beerdigungskapelle diente und in der elf Hochmeister bestattet wurden[52].

Die St. Lorenz-Kirche

Auf dem Gelände der Vorburg gelegen, war die St. Lorenz-Kirche für den Ordensdienst bestimmt. Bekannt sind uns mehrere Geistliche dieser Kirche aus der Wende des 16. und 17. Jahrhunderts.[53] Während der ersten schwedischen Besatzung wurde die Kirche als Getreidespeicher genutzt, so dass sie in einen beklagenswerten Zustand geriet. Nach 1630 sollte sich der Pfarrer von Marienburg (Malbork) um die Renovierung und die Beschäftigung eines Seelsorgers kümmern. Ähnliche Renovierungen wurden auch Ende des 17. Jahrhunderts und im Jahr 1745 durchgeführt. Vierzig Jahre später (1785) bezeichnete man den Zustand der Kirche als stabil. Man merkte ebenfalls an, dass neben der Kirche ein Haus stand, in dem der Organist wohnte.[54]

Die Spitalkirche des Heiligen Geistes und Pfarrschule

Außer der Pfarrkirche und den Kapellen auf dem Burggelände besaß die katholische Kirchengemeinschaft in Marienburg (Malbork) ein eigenes Krankenhaus des Heiligen Geistes sowie eine eigene Kirche unter demselben Namen. Beide Gebäude wurden in der Mitte des 14. Jahrhunderts außerhalb der Stadtmauer gebaut[55], aber im Jahre 1643 waren beide Gebäude zu Ruinen heruntergekommen. Die Visitatoren bestimmten deshalb, sie wiederaufzubauen. Allerdings wurde das Krankenhaus erst im Jahre 1688 aus Mitteln der Marienburger Schatzkammer renoviert. Im Jahre 1785 wurde es von zehn Personen bewohnt[56].

Am Ende des 13. Jahrhunderts gab es in Marienburg ein Infektionskrankenhaus, d. h. ein Leprosorium mit der St. Georg-Kirche. Zunächst war sie katholisch, aber dann wurde sie von den Protestanten übernommen und Anfang des 18. Jahrhunderts ausgebaut.[57]

Es wurde ebenfalls ein Jerusalem-Krankenhaus in den Akten verzeichnet, das wohl im 14. Jahrhundert entstand. Aufgrund seines Verfalls während des ersten schwedisch-polnischen Krieges wurde es dann mit dem St. Georg-Krankenhaus zusammengeschlossen, obwohl die separaten Namen beibehalten wurden[58].

Im Mittelalter bestand wohl noch ein Krankenhaus St. Elisabeth, aber leider liegen uns keine weiteren Informationen hierzu vor[59].

Die St. Johannes-Pfarrei in Marienburg (Malbork) hatte eine eigene Schule sowie die »lateinische Schule«. Die letztere übernahmen später die Protestanten. Die erstere existierte aber die ganze Zeit, obwohl sie keine große Rolle spielte[60].

Die Jesuiten

Eine wichtige Rolle in der Marienburger Seelsorge der Neuzeit spielten die Jesuiten[61]. Sie kamen mit der Zustimmung von König Zygmunt (Sigismund) III. Vasa auf Bitte des Bischofs von Kulm und Pomesanien, Jan Kuczborski, im Jahre 1618. Zunächst waren es zwei Patres, die in einem Haus neben der Pfarrkirche untergebracht wurden, das zuvor eine Schule beherbergt hatte. Für seinen Ausbau brachte der Ökonom von Marienburg (Malbork), Melchior Weiher, 1000 Florins auf; daneben wurden die

Bauarbeiten auch von anderen Klerikern und Gläubigen finanziell unterstützt[62].

Während des ersten schwedisch-polnischen Krieges verließen die Jesuiten die Stadt, und ihre Residenz brannte im Juni 1628 bei einem Feuer ab, das sogar die Wände der Kirche gefährdete. Aber nach der Okkupation bemühte man sich um den Wiederaufbau des Hauses und die Rückkehr der Jesuiten. In bezug auf den Widerstand der Protestanten (und ebenso der Stadtverwaltung) sowie auf wirtschaftliche Schwierigkeiten war dies gar nicht so einfach, da auch Bischof Kasper Działyński den Jesuiten abgeneigt war. Trotzdem kamen sie im Jahre 1636 wieder zurück. Elf Jahre später wurden von der preußischen Ständeversammlung Anstrengungen unternommen, um die Erlaubnis des polnischen Parlaments zur Gründung eines Jesuitenkollegiums in Marienburg (Malbork) zu bekommen[63], doch kurz danach kam es zum zweiten schwedisch-polnischen Krieg. Damals plünderten die Eroberer das Jesuitenlandgut Kościeleczki und beschlagnahmten die Bibliothek, die Getreidevorräte und Utensilien.[64] Dies hatte zur Folge, dass die Jesuiten erneut Marienburg (Malbork) verließen und nach Danzig ausreisten. Sie kehrten erst im Jahr 1661 nach dem Abschluss des Oliwa-Friedens zurück. Da ihre Residenz zerstört war, fanden zwei Ordenspriester Gastfreundschaft bei einem der Bürger. 1664 wies man ihnen die Schlosskirche der heiligen Jungfrau Maria mit den Kammern der ehemaligen Kapläne des Deutschen Ordens und mit einigen Zimmern bei dem Innenhof des Hochschlosses zu. In dieser Kirche brachten sie das Gnadenbild der heiligen Maria an und bezogen 1667 dort ihren Sitz. Bei der Seelsorgetätigkeit halfen sie vor allem in der St. Johannes der Evangelist-Pfarrkirche. Sie lasen Messen, nahmen Beichten ab und hielten polnische Predigten. Später schloss sich ihnen ein Prediger an, der Predigten in deutscher Sprache hielt. Sie trugen ebenfalls zur Bereicherung von Fronleichnamsprozessionen und anderen religiösen Kundgebungen bei, wie etwa zu Darstellungen der Passion oder zu Feierlichkeiten anlässlich der Heiligsprechung von Stanislaw Kostka im Jahre 1672[65]. Sie verehrten auch das Bild der heiligen Jungfrau Maria in der Burg und organisierten die Pilgerreisen zu den nahe liegenden Sanktuarien. Kraft des königlichen Privilegs von 1662 versorgten sie die Gottesmutter-Kapelle über dem Stadttor, die jedoch wegen des Widerspruchs der Stadt nicht in ihren Besitz überging[66].

In den siebziger Jahren des 17. Jahrhunderts gelang es ihnen – dank verschiedener Stiftungen –, Land in benachbarten Ortschaften zu erwerben sowie neue Geldspenden zu erlangen. Dank dieser Mittel konnten sie ihre Missionen in den benachbarten pomesanischen Pfarreien fortsetzen. Das Ergebnis dieses eifrigen Dienstes waren zahlreiche Beichtabnahmen,

Taufen und Eheschließungen. Allerdings hatten sie ziemlich ernsthafte Schwierigkeiten mit den Mennoniten, die mit ihrem Seelsorgedienst in der menonitischen Gesellschaft und mit der Errichtung von Kapellen nicht einverstanden waren[67].

Im Jahre 1687 richteten die Marienburger Jesuiten eine Schule in einem renovierten Gebäude in der Nähe der St. Johannes der Täufer-Kirche ein, in der zwei Patres unterrichteten. Zehn Jahre später widersetzten sich einige Schüler, indem sie den Lehrern Misshandlung vorwarfen. Danach wurden die Schulgebäude durch die sächsische Armee besetzt. Trotzdem riefen die Jesuiten die Schule wieder ins Leben, jedoch mit nur einem Lehrer. Einige Jahre später gab es rund 100 Schüler. Sie wurden auf öffentliche Auftritte und Feierlichkeiten vorbereitet, aber diese Schule erreichte das Niveau des akademischen Gymnasiums nie, obwohl dort Poetik und Rhetorik unterrichtet wurden[68].

Während der Stadtbesetzung durch die sächsische Armee zu Beginn des 18. Jahrhunderts zeigten die Jesuiten große Wohltätigkeit, indem sie die Armen, unabhängig von deren Religion, unterstützten[69]. Sie hatten eine umfangreiche Bibliothek, die zum Zeitpunkt der schwedischen Kriege von dem Arzt des Königs, Karol Gustaw Jan Lagercrona, in Besitz genommen wurde[70]. Ihre Mission endete im Jahre 1780, nachdem die Gesellschaft Jesu in Preußen aufgelöst wurde.

Andere religiöse Gemeinschaften

Die Reformation kam sehr schnell in die Stadt. Es wurde festgestellt, dass die örtliche evangelische Gemeinde eine der ältesten in Preußen war.[71] Sie wurde vom Bischof von Pomesanien, Erhard von Queiß, gefördert, der sich dieser Konfession bald anschloss. Nicht ganz klar war die Haltung der polnischen Könige, weil sie einerseits den Katholizismus verteidigten, andererseits aber die Entwicklung einer neuen Lehre zuließen. Die entscheidende Bedeutung aber kam der Haltung des Stadtrates zu, der nach 1525 vorwiegend aus Lutheranern bestand und dem sich später auch die Anhänger des Calvinismus angeschlossen haben.

Es ist schwierig, genaue Zahlen über die Fortschritte der Reformation in Marienburg (Malbork) zu nennen. Von Anfang an hatten die Lutheraner ihre eigene Kirche, die St. Georg-Kirche, die von den Katholiken im Jahre 1526 übernommen wurde. Sie gehörte zu dem Komplex der ehemaligen ordensritterlichen Krankenhausgebäude. Dort waren bereits im Jahre 1520 die ersten Predigten durch den Lutheraner Jakub Knade gehalten worden[72].

Als sich zu Beginn des 18. Jahrhunderts zeigte, dass die St. Georg-Kirche viel zu klein war, fing man im Jahre 1707 an, eine neue Kirche zu bauen, die sieben Jahre später fertiggestellt wurde.[73]

Den Notizen von 1702 ist zu entnehmen, dass in Marienburg (Malbork) zunächst zwei lutherische Pastoren arbeiteten, die auch Predigten in polnischer Sprache hielten. Erst nach dem zweiten schwedisch-polnischen Krieg kam 1660 ein dritter hinzu, der sich in erster Linie um die polnische Bevölkerung kümmern sollte. Dieser Zustand blieb bis zum Ende des 18. Jahrhunderts bestehen.[74] Wir wissen aber nicht, wie viele Protestanten es gab. Gustav Berg nennt in seinem Buch »Geschichte der Stadt Marienburg«[75] die Zahl von 4.000, gibt aber keinen präzisen Zeitraum an. Wahrscheinlich bezog sich die Angabe auf das Ende des 18. Jahrhunderts, als die katholische Gemeinde bereits ca. 3.400 Menschen zählte[76].

Die protestantische Liturgie wurde nach damaliger Sitte organisiert. Die Gottesdienste wurden vor allem an Sonn- und Feiertagen, aber auch an Donnerstagen gelesen. Gefeiert wurden unter anderem das Fest der Offenbarung Christi, Mariä Reinigung, Mariä Verkündigung und Mariä Heimsuchung, Pauli Bekehrung, das St. Johann- und das St. Michael-Fest sowie der Gedenktag der Heiligen. Jedes Jahr, am Freitag nach dem Gedenktag von St. Michael, feierte man den Fasten-, Buß- und Bettag. Jeden Sonntag wurden in der St. Georg-Kirche zwei Predigten in polnischer und zwei in deutscher Sprache gehalten. Am Nachmittag gab es Katechismusunterricht. Zweimal in der Woche hielten die Pfarrer eine Bibelstunde ab, die der Lektüre der Heiligen Schrift und deren Erklärung bestand[77].

Am Ende des 16. Jahrhunderts kamen holländische und schottische Calvinisten nach Marienburg (Malbork) und wurden vom Stadtrat positiv empfangen. Die meisten von ihnen beschäftigten sich mit dem Handel. Sie waren aber sowohl den Katholiken als auch Lutheranern nicht besonders willkommen, so dass die meisten nach Danzig gingen. In Marienburg hatten sie ihren Gebetsraum[78]. In der ersten Hälfte des 17. Jahrhunderts gab es auch zwei calvinistische Prädikanten, die im Haus eines Bürgers lebten[79]. Ihre Bedeutung stieg während des ersten schwedisch-polnischen Krieges an, danach spielten sie aber nur eine geringe Rolle.

Eine viel größere Gemeinschaft bildeten die Mennoniten, die als die zahlenmäßig drittgrößte religiöse Gruppe zu betrachten sind. In der zweiten Hälfte des 16. Jahrhunderts begannen sie, nach Schwemmland (Żuławy) zu kommen. Zu damaliger Zeit siedelten sie sich auch auf den in der Nähe von Marienburg liegenden Weiden und Wiesen an. Nach der Volkszählung von 1776 lebten in Marienburg (Malbork) und Kałdowo 185 Mennoniten. Gemäß den damals geltenden Regelungen durften sie keine eigenen religiösen Gemeinschaften bilden, und aus diesem Grunde waren sie in das katholische Pfarreisystem integriert. Sie mussten auch Sachleistungen für die katholische und lutherische Geistlichkeit erbringen. Sehr selten kam es zu Konversionen der Mennoniten zu anderen Glaubensgemeinschaften.[80]

Im behandelten Zeitraum gab es wohl keine Juden in Marienburg (Malbork); sie kamen – wie in anderen Teilen Ostpreußens – erst zu Beginn des 19. Jahrhunderts in diese Stadt.

Im Jahre 1772 – nach der ersten Teilung Polens – billigten die preußischen Behörden, die die Stadt übernahmen, das Bestehen von nur zwei Kirchen in Marienburg (Malbork) – der lutherischen St. Georg- und der katholischen Johannes-Kirche. Andere Konfessionen, darunter die Calvinisten und Mennoniten, durften ihre religiösen Praktiken offiziell nicht ausüben. Nach 1808 – infolge der Niederlage im Krieg gegen Napoleon – schafften die neuen preußischen Behörden viele Religionseinschränkungen ab. Damals erweiterte man die Toleranz auch auf die Baptisten, Mennoniten und Juden. Allerdings verfügten die Katholiken weiterhin über die Johannes-Kirche, und den Protestanten gehörte die St. Georg-Kirche. Dieser Zustand blieb bis 1945 bestehen[81].

Anmerkungen

1 Das Marienburger Schloss war der Sitz polnischer Zentralämter. Es amtierten und wohnten dort u. a. der Schatzmeister von Preußen, der Landrat, der Vogt (Richter in Schwemmland), der Burggraf, Schriftsteller und Verwalter. Vgl. Górski, Malborka, S. 130-134; Kirchliche Altertümer von Marienburg, Pastoralblatt für die Diözese Ermland (im Folgenden PDE), (1906), S. 14.

2 Das Verzeichnis ist enthalten in: Zawadzki, Duchowieństwo katolickie, S. 24-25.

3 PDE (1906), S. 66. Über seine Architektur und Umbauten vgl. Górny, Kościoły, S. 202-203.

4 Ebd., S. 68.

5 Archiwum Diecezjalne w Pelplinie (im Folgenden ADP), C 72, k. 49nn (hier die genaue Beschreibung in polnischer Sprache); PDE (1906), S. 91-93.

6 Górski, Dzieje Malborka, S. 133, 146.

7 Ebd., S. 155.

8 Berg, Geschichte, S. 42-44. Zurzeit ist dies die Kirche der Mutter Gottes von der Immerwährenden Hilfe.

9 PDE (1906), S. 69; Zawadzki, Duchowieństwo katolickie, S. 152.

10 PDE (1906), S. 69.

11 Kopiczko, Duchowieństwo katolickie, S. 15.

12 Archiwum Diecezji Pelplińskiej (im Folgenden; ADP), C 3, k. 118v. Zum Beispiel im Jahre 1785 war Józef Trebkowski Organist, Kantor war Franz Böhm und Glöckner Antoni Pytkowski. Ebd., C 67, S. 312-313.

13 Józefczyk, Z dziejów, t. 1: Synteza dziejów, S. 108-109.

14 Ebd., S. 109-110.

15 Zawadzki, Duchowieństwo katolickie,S. 243; Górski, Dzieje Malborka, S. 175.

16 Józefczyk, Z dziejów, t. 1: Synteza dziejów, S. 110.

17 Górski, Dzieje Malborka, S. 156.

18 Allgemeine Informationen hierzu in PDE (1906), S. 66ff.

19 Józefczyk, Z dziejów, t. 1: Synteza dziejów, S. 94.

20 Ebd.; ADP, C 12, k. 44, 93nn.

21 Józefczyk, Z dziejów, t. 1: Synteza dziejów, S. 112.

22 Die Protokolle wurden veröffentlicht in PDE (1906), S. 80.

23 Ebd.

24 Zawadzki, Duchowieństwo katolickie S. 131; PDE (1906), S. 81.

25 Józefczyk, Z dziejów, t. 1: Synteza dziejów, S. 118; Górski, Dzieje Malborka, S. 182-186.

26 PDE (1906), S. 31.

27 Wiśniewski, Kościoły, S. 263; ADP, C 67, S. 312.

28 ADP, C 13, k. 605-606v.

29 Józefczyk, Z dziejów, t. 2: Źródła, S. 345-347.

30 Die Gottesdienstordnung in den Kirchen Marienburgs von 1761. In: PDE (1906), S. 3-5; Zawadzki, Duchowieństwo katolickie, S. 146-149. Aus Platzgründen wird auf Details verzichtet.

31 Errechnet nach Kirchenbüchern, die im Archiv der Diözese Elbląg aufbewahrt werden.

32 Berg, Geschichte, S. 97.

33 Ebd., S. 105.

34 Matern, Bruderschaften, S. 87, 118.

35 Ein vollständiges Verzeichnis der Pfarrer, Kommendatare, Vikare und Prediger ist enthalten in Zawadzki, Duchowieństwo katolickie, S. 350-351. Der Autor dieser Publikation gibt an, dass es in den Jahren 1600-1821 in der St. Johannes Pfarrei 29 Pfarrer gab. Die bedeutet, dass sie die Pfarrei im Durchschnitt je 7,6 Jahre lang verwalteten. Bis 1821 stellte er 37 Kommendatare und 49 Vikare fest. Ebd., S. 35-36.

36 Ebd., S. 47.

37 Schmid, Bau- und Kunstdenkmäler, S. 97nn; vgl. Górny, Kościoły, S. 203-204.

38 PDE (1907), S. 94-95.

39 Józefczyk, Z dziejów, t. 1: Synteza dziejów, S. 105; Zawadzki, Duchowieństwo katolickie, S. 287; Archiwum Archidiecezji Warmińskiej w Olsztynie (im Folgenden AAWO), Varia nr 7; PDE (1907), S. 122.

40 AAWO, Malbork 49, Jesuitica Marienburgensia, k. 2.

41 In der Jesuitenchronik wurde geschrieben, dass die Burgkirche nichts Gemeinsames mit der Pfarrei hatte, weil die Großmeister hier ursprünglich ihre eigenen Seelsorger hatten, und nachdem Malbork in die polnische Herrschaft überging, beschäftigten die im Namen der Könige regierenden Ökonomen ebenfalls ihre eigenen Seelsorger. AAWO, Malbork 49, S. 2, 22; Józefczyk, t. 1: Synteza dziejów, S. 126; PDE (1908), S. 46.

42 Einige Bestandsverzeichnisse aus dem 17. Jh. befinden sich in PDE (1906), S. 66.

43 Ebd., S. 5.

44 Ebd. S. 5-6.

45 Ebd., S. 40 (wie Anm. 1), 42.

46 Ebd., S. 13, 83; PDE (1907), S. 151.

47 PDE (1906), S. 17, 51.

48 Zawadzki, Duchowieństwo katolickie, S. 319-320; Encyklopedia wiedzy o jezuitach, S. 173.

49 PDE (1906), S. 6, 83.

50 PDE (1907), S. 125; vgl. Górny, Kościoły, S. 204.

51 PDE (1907), S. 125.

52 Józefczyk, Z dziejów, t. 1: Synteza dziejów, S. 136; PDE (1907), S. 122 (wie Anm. 1), 125; Schmid, Bau- und Kunstdenkmäler, S. 104; vgl. Górny, Kościoły, S. 204.

53 Zawadzki, Duchowieństwo katolickie, S. 273, 194; Józefczyk, op. cit., t. 1, S. 113; ADP, C 3, k. 48, 85, 134-158. 1594 war der Präpositus Mikołaj Iwanowicz, danach hatten dieses Amt Wojciech aus Poniec (1601-1602) und Mikołaj Wolstynek (1603-1605) inne.

54 PDE (1907), S. 122-126; 150-153; AAWO, Malbork 49, Jesuitica Marienburgensia, k. 24; Ebd. 1801 wurde die St. Lorenz-Kirche verkauft und dann dem Landesgericht übergeben. Schmid, Bau- und Kunstdenkmäler, S. 125. Obok tego kościoła stała kaplica św. Mikołaja. Ebd., S. 118; ADP, C 67, S. 312-313.

55 Józefczyk, Z dziejów, t. 1: Synteza dziejów, S. 127; Matern, Hospitäler, S. 76; Długokęcki, Malbork, kol. 951nn; vgl. ADP, C 67, S. 312-313.

56 Zawadzki, Duchowieństwo katolickie, S. 169; Józefczyk, t. 1: Synteza dziejów, S. 130; ADP, C 54, k. 832-845.

57 Zawadzki, Duchowieństwo katolickie, S. 167; Berg, Geschichte, S. 201.

58 Ebd., S. 200-201; Zawadzki, Duchowieństwo katolickie, S. 167 (er gibt an, dass es in den Jahren 1527-1528 entstanden ist).

59 Berg, Geschichte, S. 204.

60 PDE (1907), S. 13.

61 Vgl. Encyklopedia wiedzy o jezuitach, S. 173.

62 Józefczyk, Z dziejów, t. 1: Synteza dziejów, S. 137; AAWO, Malbork 49, Jesuitica Marienburgensia, k. 20v; ADP, C 3, k. 60; C 8, k. 61.

63 AAWO, Malbork 49, k. 9v, 10v, 10,

64 Schwere Verluste erlitten auch die Marienburger Jesuiten während des Nordischen Krieges; vgl. Załęski, Jezuici, S. 1197-1199.

65 Józefczyk, Z dziejów, t. 1: Synteza dziejów, S. 135-141; AAWO, Malbork 49, k. 21.

66 Józefczyk, Z dziejów, t. 1: Synteza dziejów, S. 135-140; AAWO, Malbork 49, k. 12v, 13; Encyklopedia wiedzy o jezuitach, S. 402.

67 Józefczyk, Z dziejów, t. 1: Synteza dziejów, S. 141-142.

68 Zawadzki, Duchowieństwo katolickie, S. 268.

69 Józefczyk, Z dziejów, t. 1: Synteza dziejów, S. 142; AAWO, Malbork 49, k. 29v-37; PDE (1908), S. 6.

70 Encyklopedia wiedzy o jezuitach, S. 402.

71 Berg, Geschichte, S. 42.

72 Zawadzki, Archiwum ewangelickiej, S. 61.

73 Ebd., S. 62; Berg, Geschichte, S. 122-124.

74 Ebd., S. 125.

75 Vgl. Berg, Geschichte, S. 126.
76 Zawadzki, Duchowieństwo katolickie S. 33. Aus dem Protokoll von 1785 geht jedoch hervor, dass auf dem Gebiet der Pfarrei Malbork (Marienburg) 2000 Katholiken und 1900 Protestanten lebten; ADP, C 67, S. 313.
77 Berg, Geschichte, S. 126-130.
78 Zawadzki, Duchowieństwo katolickie, S. 261; Berg, Geschichte, S. 180.
79 Józefczyk, Z dziejów, t. 1: Synteza dziejów, S. 136; t. 2, S. 316.
80 Zawadzki, Duchowieństwo katolickie S. 257-258; Berg, Geschichte, S. 181.
81 Zawadzki, Archiwum ewangelickiej, S. 61; vgl. auch Berg, Geschichte, S. 125ff.; Wolff / Zacharias, Geschichte, S. 378ff.

Literaturverzeichnis

a) Quellen

Archiwum Archidiecezji Warmińskiej w Olsztynie:
Varia Nr. 7
Malbork 49, Jesuitica Marienburgensia, k. 2, 9v, 10v, 10, 12v, 13, 20v, 21, 24, 29v-37
Malbork 49, S. 2 und 22.

Archiwum Diecezjalne w Pelplinie:
C 3, k. 48, 60, 85, 118v., 134-158
C 12, k. 44, 93nn.
C 13, k. 605-606v.
C 54, k. 832-845.
C 67, S. 312-313.
C 72, k. 49nn.

Die Gottesdienstordnung in den Kirchen Marienburgs von 1761 (1906). In: Kirchliche Altertümer von Marienburg. Pastoralblatt für die Diözese Ermland (1906-1908), S. 3-5.

b) Forschungsliteratur

Berg, Gustav: Geschichte der Stadt Marienburg (Westpreußen). Marienburg 1921.
Długokęcki, Wiesław: Malbork. In: Encyklopedia Katolicka. Bd. 11. Lublin 2006, Sp. 951.
Górny, Jan: Kościoły i kaplice Malborka. In: Warmińskie Wiadomości Diecezjalne 5 (1967), S. 202-203.
Górski, Karol: Dzieje Malborka. Gdańsk 1973.
Grzebień, Ludwik (Hg.): Encyklopedia wiedzy o jezuitach na ziemiach polski i litwy 1564-1995. Wrzesień 2004.
Józefczyk, Mieczysław: Z dziejów religijnych Poomezanii w XVII wieku. Bd. 2: Źródła do dziejów XVII-wiecznej Pomezanii. Malbork 2012.

Józefczyk, Mieczysław: Z dziejów religijnych Poomezanii w XVII wieku. Bd. 1: Synteza dziejów. Malbork 2012.

Kopiczko, Andrzej: Duchowieństwo katolickie diecezji warmińskiej w latach 1525-1821. Teil 2: Słownik. Olsztyn 2000.

Matern, Georg: Die kirchlichen Bruderschaften in der Diözese Ermland. Braunsberg 1920.

Matern, Georg: Die Hospitäler im Ermland. In: Zeitschrift für die Geschichte und Altertumskunde Ermlands 16 (1907), S. 73-157.

Schmid, Bernhard: Die Bau- und Kunstdenkmäler des Kreises Marienburg. Danzig 1919.

Wiśniewski, Jan: Kościoły i kaplice na terenie byłej diecezji pomezańskiej 1243-1821 (1992). Elbląg 1999.

Wolff, Emma / Zacharias, Rainer: Zur Geschichte der evangelischen St. Georgengemeinde. In: Neues Marienburger Heimatbuch. Im Auftrage des Heimatkreises Marienburg / Westpreußen herausgegeben von Rainer Zacharias. Herford 1967, S. 378-386.

Załęski, Stanisław: Jezuici w Polsce. Bd. 4, Teil 3. Kraków 1905.

Zawadzki, Wojciech: Duchowieństwo katolickie oficjalatu pomezańskiego w latach 1525-1821. Bd. 1: Studium prozopograficzne. Elbląg 2009.

Zawadzki, Wojciech: Duchowieństwo katolickie oficjalatu pomezańskiego w latach 1525-1821. Bd. 2: Słownik. Elbląg 2009.

Zawadzki, Wojciech: Archiwum ewangelickiej superintendentury i parafii malborskiej. Próba analizy wstępnej. Bd. 2: Studia Elbląskie. Elbląg 2000.

Die Marienburg in der Geschichtskultur des Königlichen Preußens

CHRISTINE VOGEL

Die Vorgeschichte eines nationalen Symbols als gedächtnistheoretisches Problem

Wer sich mit Symbolik und Repräsentationen der Marienburg in der Frühen Neuzeit beschäftigen und dabei die Leitfragen dieses Sammelbandes nach der Entstehung, den Konjunkturen und den Funktionen eines nationalen Symbols berücksichtigen will, der steht zunächst einmal vor einem Grundsatzproblem theoretischer Natur, genauer gedächtnistheoretischer Natur: Wie nämlich lässt sich die Vorgeschichte eines solchen nationalen Symbols gedächtnistheoretisch überhaupt fassen? Ist es möglich, die frühneuzeitliche Repräsentationsgeschichte der Marienburg einfach als eine Art Inkubationszeit des nationalen Symbols zu begreifen? Etwa indem man in der deutschsprachigen Publizistik des 16. bis 18. Jahrhunderts nach frühen Spuren einer nationalen Indienstnahme der Marienburg sucht? Das Problem erscheint nur auf den ersten Blick trivial, denn wenn von einem nationalen Symbol die Rede ist, dann impliziert dies den Bezug auf eine Gemeinschaft, die sich über ein solches historisch aufgeladenes Symbol eine gemeinsame Identität verschafft. Anders gesagt: Die Geschichte eines nationalen Symbols ist immer auf die Geschichte einer Nation bezogen. Man kann also die Geschichte der Marienburg als nationales Symbol nicht ohne weiteres bis in die Frühe Neuzeit zurückverlagern, ohne damit implizit wiederum genau jene vermeintliche nationale Kontinuität zwischen dem alten Königlichen Preußen und dem deutschen Nationalstaat vorauszusetzen, die von der neueren Forschung in kritischer Auseinandersetzung mit den völkisch-nationalistischen Traditionen des 19. Jahrhunderts sowie der »deutschen Ostforschung« mühsam dekonstruiert worden ist.[1] Wenn die Marienburg in der Frühen Neuzeit eine symbolische Funktion erfüllte, dann wäre diese jedenfalls nicht auf eine »deutsche Nation« bezogen, wie sie erst im 19. und 20. Jahrhundert imaginiert und formiert wurde, und kann insofern nicht als Vorgeschichte des deutschen Nationaldenkmals begriffen werden. Vielmehr gilt es, hier im Anschluss an die neuere Forschung die Vielschichtigkeit und spezifische Gemengelage miteinander konkurrierender zeitgenössischer Erinnerungskulturen in Ostmitteleuropa, und hier insbesondere im Königlichen Preußen, in den Blick zu nehmen und nach deren Funktionen und Indienstnahmen nicht nur durch ethnische, sondern auch durch soziale, konfessionelle und politische (ständische) Gruppen zu fragen.[2]

Allerdings ließe sich das Problem der Entstehung des nationalen Symbols »Marienburg« gedächtnistheoretisch auch noch anders formulieren, nämlich als die Frage, wie aus einem bedeutungsneutralen Element der Erinnerung ein bedeutungsgeladenes[3] werden konnte. Hierfür hat die Gedächtnisforschung, zumindest soweit ich sehe, noch keine wirklich befriedigende Antwort gefunden, obwohl diese Fragestellung durchaus thematisiert wird. Aleida Assmann z.B. behandelt sie im Zusammenhang mit der Diskussion um verschiedene Modi der Erinnerung. In ihrer Terminologie wäre das Problem mit dem Begriffspaar Funktionsgedächtnis und Speichergedächtnis zu umschreiben.[4] Das Funktionsgedächtnis, als das »bewohnte« Gruppengedächtnis, könnte demnach über gesellschaftlich kommunizierte Zeichen und Symbole Werte vermitteln und Identität stiften. Die Marienburg wäre ein solches zentrales Symbol im Funktionsgedächtnis der deutschen Nation im 19. Jahrhundert. Das Funktionsgedächtnis ist gekennzeichnet durch Gruppenbezug, Selektivität, Wertbindung und Zukunftsorientierung. Es setzt aber eine weitere Dimension oder Perspektive, einen weiteren Modus der Erinnerung voraus, den Aleida Assmann als »Speichergedächtnis« bezeichnet. Dieser Begriff ist weitaus problematischer, denn er soll eine Art indifferentes Korrektiv des Funktionsgedächtnisses beschreiben, geknüpft an Medien und Institutionen, die vermeintlich neutral sind und Aleida Assmann zufolge eine »besondere Lizenz [besitzen], die in der Entlastung von unmittelbaren sozialen Gebrauchsfunktionen besteht«[5]. Paradigmatisches Speichermedium für noch nicht oder nicht mehr gebrauchte Erinnerungen wäre die Schrift. Aleida Assmann umschreibt das Speichergedächtnis mit einer Reihe von Metaphern, zum Beispiel als »amorphe Masse« als »Hof ungebrauchter, nicht-amalgamierter Erinnerungen, der das Funktionsgedächtnis umgibt« oder auch als »Außenhorizont, von dem aus die verengten Perspektiven auf die Vergangenheit relativiert, kritisiert, und nicht zuletzt: verändert werden können«[6].

Die Frage nach der Entstehung eines nationalen Symbols könnte in dieser Gedächtniskonzeption also beschrieben werden als Aktualisierung einer unbelebten Erinnerung, als das Hervortreten eines Gedächtniselements vom Hintergrund in den Vordergrund oder auch, mit einem Bild von Aleida Assmann, als Eintreten einer Erinnerung in »das Magnetfeld einer bestimmten Sinnstruktur«[7]. Für die Marienburg ließe sich demnach formulieren: Die zunehmende Mittelalterfaszination seit dem späten 18. Jahrhundert sowie die gleichzeitig in der deutschsprachigen Historiographie und Belletristik stattfindende positive Neubewertung der Geschichte des Deutschen Ordens[8] bildeten die Sinnstruktur oder das Magnetfeld, in dem die Marienburg als zentrales Symbol aktualisiert werden konnte, was letztlich ihren Ausbau zum deutschen Nationaldenkmal ermöglichte.

Doch was in den Vordergrund eintritt, aktualisiert oder belebt wird, das muss zuvor irgendeine Art von Existenz im Hintergrund, passiv und unbelebt, gehabt haben. Für meine Ausgangsfrage würde dies bedeuten, dass eine Untersuchung der »Vorgeschichte« des nationalen Symbols »Marienburg« die Suche nach einer unbelebten Erinnerung wäre und quasi einen Blick in das frühneuzeitliche Speichergedächtnis erforderlich machen würde. Spätestens hier offenbart sich denn auch die Problematik dieser gedächtnistheoretischen Konzeption: Wir finden nämlich niemals die amorphe, nicht-amalgamierte Masse nicht-gebrauchter Erinnerungen vor oder auch das »obsolet und fremd Gewordene, das neutrale, identitätsabstrakte Sachwissen«[9]. Statt dessen stoßen wir im Archiv oder in der Bibliothek immer nur auf schon Geformtes, und zwar auf sinnstiftende Narrative, Bilder oder Praktiken – denn, und dies wird häufig übersehen, nicht nur sprachliche oder visuelle Zeugnisse, sondern auch symbolische Praktiken stellen sinnstiftende Strukturen dar, wobei für uns als Historiker/innen vergangene symbolische Praktiken wiederum nur in ihren verschriftlichten oder verbildlichten Niederschlägen greifbar werden.

Suchen wir also nach frühneuzeitlichen Repräsentationen der Marienburg, dann werden wir uns zwangsläufig mit sinnstiftenden Narrativen, Bildern und Praktiken auseinanderzusetzen haben, die in ihrem jeweiligen Entstehungskontext zu betrachten sind. Freilich kann ein Element wie die Marienburg in solchen sinnstiftenden Strukturen eine eher zentrale oder eher marginale Rolle spielen. Es kann, um dann doch wieder eine Begrifflichkeit von Aleida Assmann aufzugreifen, eher im Vordergrund oder eher im Hintergrund stehen. Es wird jedoch immer, anders als Aleida Assmann meint, eine Funktion innerhalb eines zeitgenössischen Sinnbildungsprozesses haben, ist also stets ein mehr oder weniger wichtiges Element der politischen Kultur und der Geschichtskultur einer historischen Gemeinschaft.

Die Gemeinschaft und diejenige politische Kultur, die hier ins Zentrum der Betrachtung rücken soll, ist die des frühneuzeitlichen Preußens. Genauer gesagt soll nach dem Stellenwert der Marienburg in der Geschichtskultur des Königlichen Preußens und damit in einem frühneuzeitlichen »landständischen, vielleicht auch protonationalen Sonderbewusstsein«[10] der Preußen gefragt werden. Auf diese Weise kann die Tradierung des Gedächtnisses der Marienburg in der Frühen Neuzeit nachgezeichnet werden, ohne zugleich zwangsläufig eine Kontinuität der Funktionsgedächtnisse und mithin der durch diese fundierten nationalen Identitäten zu postulieren. Oder anders ausgedrückt: Ein frühneuzeitliches preußisches Identitätsbewusstsein muss als Phänomen *sui generis* betrachtet werden, nicht als Vorform des späteren preußisch-deutschen Nationalismus. Nur dann werden die fundamentalen Unterschiede, ja Gegensätze beider Traditionen wirklich deutlich.

Marginalisierung oder Symbolisierung? Die Marienburg in der Frühen Neuzeit

Die Marienburg hatte in der Frühen Neuzeit eine ganze Reihe handfester Funktionen. Sie war Sitz des Starosten und des Schatzmeisters des Königlichen Preußens sowie des königlichen Ökonomen und Pächters der Marienburger Ökonomie. Sie war Hauptstadt der gleichnamigen Wojewodschaft, obgleich der Wojewode dort nur zeitweise residierte. Ganz zweifellos haben die polnischen Könige zudem bei Ausbau- und Renovierungsarbeiten im Bildprogramm des Gebäudes Akzente gesetzt und ikonographische oder architektonische Erinnerungen an die früheren Burgherrn entfernt – Teile des Gebäudes wurden immerhin zur Königsresidenz ausgebaut.[11] Die Marienburg war also einerseits das Zentrum der königlich-polnischen Verwaltung in Preußen. Andererseits dienten Teile der Burg aber auch regelmäßig als Versammlungsort für die Landtage (*Sejmiki*) der Wojewodschaft Marienburg sowie, im Wechsel mit Graudenz, für den Preußischen Generallandtag, das höchste politische Landesorgan.[12] Insofern kann die Marienburg in der Frühen Neuzeit auch als ein Zentrum der landständischen politischen Kultur im Königlichen Preußen gelten. Als religions- bzw. konfessionsgeschichtlich bedeutsam können darüber hinaus der Einzug der Jesuiten in die Marienburg zu Beginn des 17. Jahrhunderts sowie der Bau eines Kollegiumsgebäudes der Gesellschaft Jesu Mitte des 18. Jahrhunderts gelten.[13] Nicht zuletzt kam der Marienburg eine militärstrategische Bedeutung als Festung und Arsenal und zeitweise als Sitz der polnischen Admiralität zu. Sie galt allerdings, anders als noch zu Zeiten des Deutschen Ordens, nicht mehr als uneinnehmbar – wurde sie doch im 17. Jahrhundert gleich zweimal von den Schweden besetzt, nämlich 1626 bis 1629 und 1655 bis 1660.

Vor diesem Hintergrund erscheint die Frage legitim, ob die Marienburg eine zentrale Rolle nicht nur für die praktische Herrschaftsausübung des Königs und der Stände gespielt haben könnte, sondern auch für die symbolische Inszenierung der polnischen Königsherrschaft in Preußen oder auch für das politische Selbstverständnis der preußischen Stände[14]. Es wäre somit zu fragen, ob der Marienburg eine besondere Funktion im Spannungsfeld von monarchischer Herrschaftsrepräsentation und ständischem Selbstbewusstsein im Königlichen Preußen zukam oder ob dies eben nicht der Fall war. Im ersten Fall wäre dann in der Tat ein Anknüpfungspunkt für eine Geschichte des Symbols »Marienburg« gegeben, die damit durchaus nicht erst im 19. Jahrhundert beginnen würde, sondern schon eine Vorgeschichte in der Frühen Neuzeit hätte. Im zweiten Fall bliebe immerhin die Frage zu klären, weshalb die Marienburg eine solche zentrale geschichtskulturelle Funktion im frühneuzeitlichen Preußen nicht erfüllen konnte. Im Rahmen dieses Aufsatzes kann der skizzierte Fragenkomplex freilich bestenfalls im Ansatz untersucht werden, zumal die monarchische Tradition Polen-Litauens in der Frühen Neuzeit im Vergleich zur Stände- und Adelsgeschichte traditionell weniger intensiv erforscht ist.[15] Anhand eines Fallbeispiels aus dem späten 17. Jahrhundert soll deshalb die Frage nach der Bedeutung der Marienburg in der frühneuzeitlichen preußischen Geschichtskultur zumindest punktuell und schlaglichtartig erhellt werden.

Fallbeispiel Festkultur: Der Einzug Augusts II. in Danzig 1698

Dass Herrschaft, damit sie funktionieren kann, nicht nur einer halbwegs funktionsfähigen Bürokratie und eines militärischen Durchsetzungsapparats bedarf, sondern auch symbolischer Inszenierung, das ist in der Forschung zur politischen Kultur Europas in der Vormoderne inzwischen zu einem Allgemeinplatz geworden.[16] Längst wird die vormoderne Vorliebe für alle möglichen Arten von Zeremoniell, für höfische Feste und aufwändig inszenierte herrschaftliche Prachtentfaltung nicht mehr als barocke Geschmacksverirrung und Ressourcenverschwendung abgetan. Zeremoniell und Ritual werden vielmehr als zentrale Medien einer politischen Kultur begriffen, die noch ganz überwiegend als Präsenzkultur funktionierte, also als Kommunikation unter Anwesenden.[17] Symbolische Kommunikationsformen spielten dabei auf allen Ebenen politischer Herrschaft eine zentrale Rolle – nicht nur bei der Inszenierung absoluter Monarchien wie in Frankreich, sondern auch in einer *monarchia mixta* wie dem polnisch-litauischen Unionsstaat. Dabei ist es wichtig, solche symbolischen Kommunikationsprozesse nicht als Einbahnstraßen zu betrachten: Es handelte sich nicht darum, eine Zeremonie »vor dem Volke« aufzuführen, dessen Funktion sich in der Rolle der passiven Zuschauer erschöpfen würde. Im Gegenteil: Alle Anwesenden hatten ihren aktiven Part, und sei es auch nur den der Akklamation. Die konnte nämlich auch ausbleiben, was auf den Verlauf und die Wirkung einer Zeremonie einen erheblichen Einfluss hatte.[18] In politischen Zeremonien wurden also Herrschaftsverhältnisse symbolisch zur Aufführung gebracht und dadurch erneuert und gemeinschaftlich bestätigt.

Wie die polnische Königsherrschaft in Preußen symbolisch inszeniert wurde, lässt sich am Beispiel des Einzugs Augusts II. in Danzig zeigen, der wenige Monate nach seiner Wahl und Krönung im Frühjahr 1698 stattfand. Offiziell ging es bei der Reise des Wettiners nach Danzig darum, die Huldigung und den Treueid der Danziger Untertanen entgegenzunehmen. Obgleich die rechtsbindende Funktion ritueller Huldigungen auch in der Frühen Neuzeit noch lange Zeit ungebrochen war[19], hatte nicht jeder polnische König diesem Ritual persönlich beigewohnt. Władysław IV. etwa hatte lediglich Kommissare nach Preußen geschickt, die die Huldigung stellvertretend entgegen nahmen.[20] August II. entschied sich anders; beide Könige ließen jedoch die Huldigung an demselben Ort stattfinden, und das war eben nicht die Marienburg, sondern Danzig, die sowohl ökonomisch als auch politisch und vermutlich sogar militärisch bedeutendste Stadt des Königlichen Preußens. Darin liegt bereits ein erster und entscheidender Hinweis darauf, dass die polnischen Könige der Marienburg keine zentrale Rolle bei ihrer Herrschaftsinszenierung in Preußen zumaßen. Im Falle Augusts II. mag dies auch mit der besonderen Bedeutung Danzigs bei der Durchsetzung seines nicht unumstrittenen Herrschaftsanspruchs gegen den französischen Kandidaten François Louis de Bourbon, den Prinzen von Conti, zusammenhängen, denn immerhin hatten die Danziger die sächsischen Truppen im Herbst 1697 tatkräftig bei der Vertreibung der französischen Flotte aus Polen unterstützt[21]. Jedenfalls war die Marienburg für den Wettiner auf dem Weg nach Danzig lediglich eine Etappe von zwar zentraler, allerdings nur logistischer Bedeutung, sie war eben nur Residenz im Sinne von Unterkunft. Die eigentlich bedeutsame Symbolhandlung fand im realen preußischen Machtzentrum Danzig statt.

Da August II. sich mehr als drei Wochen lang, vom 18. März bis zum 10. April 1698, in Danzig aufhielt, war die eigentliche Huldigung eingebettet in eine ganze Kette von Herrschaftszeremonien und Ritualen, wobei insbesondere dem Einzug des Königs in die Stadt eine zentrale Bedeutung zukam. Während des Aufenthaltes Augusts II. in Danzig war jedoch keine seiner Handlungen und Tätigkeiten ohne Bedeutung: Wen er traf, was er aß und mit wem, wo der erst jüngst zum Katholizismus konvertierte Wettiner die Messe hörte – all das wurde genauestens registriert und akribisch aufgezeichnet. Die eigentliche Huldigung, den Treueeid des Rats und der Bürgerschaft, nahm dann übrigens trotzdem wieder ein Stellvertreter, der

Kanzler Jerzy Albrecht Denhoff[22], ab: Auch das kann als deutliches symbolisches Zugeständnis an die Danziger verstanden werden, denn so wurde die Huldigungszeremonie in ihrer Bedeutung doch recht stark abgewertet, vor allem gegenüber dem feierlichen Einzug des Königs in die Stadt, der so klar zum wichtigsten und zentralen symbolischen Ereignis wurde und dessen Regie zum allergrößten Teil bei der Stadt selbst lag.[23]

Der Einzug sowie das gesamte Geschehen in Danzig während des Aufenthalts des Königs sind in zahlreichen zeitgenössischen Flugschriften dokumentiert.[24] Dies ist der Tatsache geschuldet, dass die gedruckten Beschreibungen solcher Herrschaftszeremonien zwei zentrale Funktionen erfüllten. Zunächst dienten sie der räumlichen und zeitlichen Entgrenzung des Rituals; in einer durch Anwesenheitskommunikation strukturierten Gesellschaft war dies von zentraler Bedeutung, um auch die Abwesenden in das zeremonielle Geschehen und die darin verhandelten Ordnungsvorstellungen einzubeziehen. Es handelt sich also bei den weit verbreiteten Zeremonialbeschreibungen um »affirmative Verstärkermedien«[25]. Zweitens dienten die Zeremonialberichte dazu, die »Lesbarkeit« des symbolischen Geschehens zu garantieren, also sicherzustellen, dass der in der Symbolhandlung transportierte Sinn auch wirklich verstanden wurde und der Nachwelt erhalten blieb, denn die in der Zeremonie zum Ausdruck kommenden Herrschaftsverhältnisse und Rangordnungen konnten rechtsverbindlichen Charakter beanspruchen. Insofern schafften solche Fest- und Zeremonialbeschreibungen eine Eindeutigkeit, die die synästhetische symbolische Interaktion per se gar nicht hatte.[26] Zeremonialbeschreibungen setzten damit aber auch bestimmte Deutungen durch, konnten einige Elemente der Interaktion herunterspielen und andere betonen oder Konflikte verschweigen. Entscheidend ist dabei, dass die Zeremonialbeschreibungen ein ganz überwiegend idealisiertes Geschehen schildern, von dem das reale möglicherweise mehr oder weniger stark abwich.

Medientheoretisch gesprochen können bei einem Herrschereinzug zwei wesentliche Elemente voneinander unterschieden werden: die symbolische Interaktion selbst sowie das Bildprogramm der Festarchitektur. Man begnügte sich nämlich nicht damit, alle beteiligten Akteure, die Bürgerschaft, den Rat und die Bevölkerung auf der einen Seite sowie die königlichen Soldaten, Beamten und adligen Begleiter des Königs auf der anderen Seite möglichst festlich bekleidet in eine bestimmte räumliche Anordnung zu bringen und Symbolhandlungen aufführen zu lassen, wie zum Beispiel die Übergabe der Schlüssel der Stadt, Festansprachen, den eigentlichen Einritt in einer bestimmten Reihenfolge, die auch eine Rangfolge war, sowie ein gemeinsames Bankett. Eine wesentliche Dimension der Zeremonie war vielmehr die hierbei zu passierende Festarchitektur.

Dabei handelte es sich um ephemere, zumeist aus Holz gefertigte und kunstvoll bemalte Bauwerke wie Triumphbögen, Obelisken und Säulen, die mit Inschriften, Emblemen, Bildern und Skulpturen reich verziert waren und die nach der Abreise des Königs wieder abgebaut wurden. Sie stifteten mit ihrem Bildprogramm gleichsam den sinnhaften Rahmen für den Einzug, aber auch für den gesamten Aufenthalt des Königs in der Stadt. Es ist deshalb nur folgerichtig, dass die Festarchitektur in den Quellen zum Einzug Augusts des Starken in Danzig im Detail beschrieben wird. Dank ihres Bildprogramms verrät sie denn auch einiges über das Herrschaftsverständnis der beteiligten Akteure, über die Geschichtskultur und auch das ständisch geprägte, proto-nationale Identitätbewusstsein der Preußen – und nicht zuletzt auch über den Stellenwert der Marienburg in diesem Kontext.

Das Hauptmonument war eine Ehrenpforte, die an zentraler Stelle in der Stadt, nämlich auf dem Marktplatz gegenüber der Unterkunft des Königs, in west-östlicher Richtung aufgestellt war. Der König durchfuhr diese Ehrenpforte bei seinem Einzug von Westen nach Osten in einer Kutsche. Nicht ohne Stolz berichtet die umfangreichste Danziger Quelle, dass diese große Mittelpforte »wegen ihrer Invention, Structur, denen besten Triumph-Bogen / will nicht sagen allein im Königreich Polen / sondern fast ganz Europa, fast nichts nachgeben wird«[27].

Die so gerühmte »Invention«, also das Bildprogramm der Hauptpforte, bestand im Wesentlichen aus einer Repräsentation königlich-polnischer Herrschaft, so wie die preußischen Untertanen sie verstanden. Dabei kamen nicht nur die auch aus anderen frühneuzeitlichen Herrschaftsrepräsentationen sattsam bekannten Allegorien zum Einsatz, die klassische und damit letztlich austauschbare Herrschertugenden versinnbildlichten, wie etwa Frömmigkeit, Gerechtigkeit usw. oder auch sinnbildliche Darstellungen des funktionierenden Gemeinwesens, wie Eintracht und Treue. All dies war nur der zierende Rahmen für den eigentlichen Kern des Bildprogramms, der eine historische Narration, eine sinnstiftende Erzählung, über polnische Königsherrschaft in Preußen beinhaltete.

Vier Könige waren zwischen den Säulen des Triumphbogens abgebildet und mit lateinischen Sinnsprüchen versehen, die vier »glorwürdigsten Könige in Pohlen«[28], wie ein Zeitgenosse präzisiert. Und die Auswahl dieser Könige war selbstverständlich alles andere als zufällig. Auf der rechten, nach Westen weisenden Seite befand sich eine lebensgroße Darstellung Władysławs II. Jagiełłos. Der ihm zugedachte lateinische Sinnspruch wird in der ausführlichsten zeitgenössischen Festbeschreibung nicht nur übersetzt, sondern auch gleich unter Angabe der nötigen historischen Erzählung für die Leserschaft gedeutet:

> Ich der Litthauer Fürst hab mit der Krohn der Pohlen
> Mein Land und Volck vereint / zu Christo mich gewandt;
> Wie Sieghafft ich gewest / der Welt ist unverhohlen /
> Da Deutscher / Tarter / Türck von mir ward übermannt.

Und zur Erklärung heißt es dann:

> Womit angedeutet wird / daß wie dieser Groß-Fürst in Litthauen Jagello nach Absterben Königes Ludovici in Pohlen und Ungarn / jetzt-gemeldeten Königes Fräulein Tochter Hedwig heyrathen wollen / Er zuforderst An. 1386 mit seinen Brüdern und allen seinen Leuten das Heydenthum verlassen [...]. Wie dieser König Vladislaus Jagello in der grossen Schlacht beym Tannenberg ohnweit Grunwald in Preussen Anno 1410. den 15. Julii die Creutz-Herren gedemüthiget / daß von 140.000 so Vladislaus, und 83.000 Mann / welche die Creutz-Herren ins Feld gebracht / 50.000 auf der Wahlstadt nebst ihrem Hohemeister Ulrich von Jungingen / geblieben [...].[29]

Das zweite Königsbildnis auf der Westseite links war auf analoge Weise eingerahmt von Sinnsprüchen, die im Text historisch erläutert werden. Es zeigt König Kazimierz IV. Jagiellończyk und erinnert in diesem Zusammenhang nicht nur an den Dreizehnjährigen Krieg, sondern vor allem auch an den Beitrag und die Leiden der Danziger Bevölkerung. Die Treue und die hohen Kosten der Danziger habe König Kazimierz dann, wie es im Text heißt, »mit herrlichen Privilegiis und Freyheiten compensiren und selbe damit zu begaben gnädigst beliebet [...].«[30]

Auf dem Sockel des Bildnisses dieses Königs ist schließlich das Banner Preußens zu sehen, das

> im gelben Felde einen schwartzen Adler [zeigt] / umb den Hals mit einer Krohne gezieret / mit einem Arm / so ein Schwerdt führet / auf dem Horizont das Schloß Marienburg in Preussen / als welches nebst der Stadt / wie auch andern Städten und Schlössern / König Casimirus vor 436.000 Gulden von des Ordens Söldnern An. 1456 erkauffet.[31]

Dass August II. bei seinem Einzug in Danzig als erstes gerade diese beiden Jagiellonenkönige zu passieren hatte, entspricht der zentralen Rolle, die beiden Herrschern im Rahmen der preußischen Erinnerungskultur traditionell zugewiesen wurde.[32] So stand Władysław II. Jagiełło für die Begründung der polnisch-litauischen Personalunion und den Kampf gegen den Deutschen Orden, während Kazimierz IV. im Kontext der preußischen Geschichte vor allem für die Unterstützung der Widerstandsbewegung der Landstände gegen den Orden in den Jahren 1454-1466 gerühmt wurde. Die »herrlichen Privilegiis und Freyheiten«, von denen in der Quelle die Rede ist, bezeichnen das Inkorporationsprivileg von 1454, das in der Lesart der preußischen Stände die verfassungsrechtliche Sonderstellung Preußens innerhalb des Königreichs begründete. Beide Ereignisse, der erfolgreiche Widerstand gegen den Orden und der Inkorporationsakt von 1454, hatten im frühneuzeitlichen preußischen Geschichtsdenken die Funktion von »*événements fondateurs*«[33]: Sie hatten ihren festen Ort in der zeitgenössischen Erinnerungskultur und wurden regelmäßig mit Jahrestagen, Gelegenheitsdichtungen, Theaterstücken und populären Darstellungen gefeiert.[34] Dass diese Elemente der Festarchitektur somit als fest etablierter Bestandteil der zeitgenössischen Erinnerungskultur im Königlichen Preußen für jeden in ihrer Bedeutung verständlich gewesen sein dürften, zeigt sich nicht zuletzt darin, dass der Rat der Stadt Danzig hier einfach Teile einer »vor 52. Jahren in diesem Seculo damahls aufgerichtete / mit höchstem Fleiß aber bewahrete Ehren-Pforte«[35] wiederverwenden konnte. Die Marienburg erscheint in diesem erinnerungskulturellen Kontext im wörtlichen wie im übertragenden Sinne lediglich im Hintergrund: Sie hat ihren Ort am Horizont des preußischen Banners und steht damit als Sinnbild für den Sieg über den Deutschen Orden.

Die beiden anderen Könige, die im Bildprogramm der Festarchitektur auf der weniger prominenten Ostseite repräsentiert wurden, sind Zygmunt I. und Zygmunt III. Über den ersten wird unter anderem berichtet, dass in seiner Regierungszeit der damalige Hochmeister des Deutschen Ordens Albrecht von Brandenburg-Ansbach das Ordensland Preußen säkularisiert und vom polnischen König als Herzogtum zum Lehen genommen habe. Für das preußische Identitätsbewusstsein ist dies insofern ein einschneidendes Ereignis, als das bis dahin noch bestehende Zusammengehörigkeitsgefühl der beiden Teile des ehemaligen Ordenslands sich von diesem Zeitpunkt an nachhaltig auseinander entwickelte. Deutlich wird dies beispielsweise daran, dass Adlige aus dem Herzogtum schon zu Beginn des 17. Jahrhunderts nicht mehr als Indigene im Königlichen Preußen anerkannt wurden.[36] Das Herzogtum bildete unter der Herrschaft der Hohenzollern zudem eine andere politische Kultur aus, die für das ständekonstitutionelle Selbstverständnis der königlich-preußischen Eliten keine Anknüpfungspunkte mehr bot.[37] Zygmunt III. schließlich wird vor allem für seine Kriegserfolge gerühmt – die schwedisch-polnischen Kriege hatten die Preußen und vor allem auch die Stadt Danzig unmittelbar tangiert und lagen erst zwei bis drei Generationen zurück, so dass die Erinnerung daran noch recht lebendig gewesen sein dürfte.

Im Zentrum des Monuments stand schließlich ein lebensgroßes Bildnis Augusts II., eingerahmt von allegorischen Darstellungen der öffentlichen Freude, der Einigkeit, der Tugend und des Ruhms. Der neue König wurde im Rahmen der Festarchitektur somit symbolisch in eine Traditionslinie mit den »glorwürdigsten« polnischen Königen gestellt und zugleich symbolisch darauf verpflichtet, deren Herrschaftsauffassung in Bezug auf Preußen – wie die preußischen Untertanen sie interpretierten – fortzuführen.

In diesem Zusammenhang ist es bezeichnend, dass in der Galerie illustrer Vorgänger des Wettiners ausgerechnet jener König fehlte, auf den sich Kurfürst Friedrich August bei seiner Namenswahl als August II. in programmatischer Weise bezogen hatte[38]: Zygmunt II. August, der letzte Jagiellone, unter dem 1569 die Personalunion zwischen Polen und Litauen in eine Realunion umgewandelt worden war. In diesem Kontext war de facto auch die verfassungsrechtliche Sonderstellung des Königlichen Preußen aufgehoben und das Land stärker in den Unionsstaat integriert worden. In der zeitgenössischen Historiographie des Königlichen Preußen indes wurde die Lubliner Union traditionell, wenn nicht verschwiegen, so doch in ihrer staatsrechtlichen Bedeutung heruntergespielt. Stattdessen berief man sich lieber auf das Inkorporationsedikt von 1454, das als eigentliche Grundlage der polnischen Königsherrschaft in Preußen betrachtet wurde und aus dem nach preußischer Lesart folgte, die »Landstände hätten das Land freiwillig der Herrschaft des polnischen Königs unterstellt und besäßen dementsprechend ein Mitspracherecht in allen wichtigen Fragen«[39]. Die Ehrenpforte für August II. repetierte dieses Verschweigen und transportierte insofern mit seinem historischen Bildprogramm die implizite Aufforderung der preußischen Untertanen an ihren neuen König, ihre überkommenen Freiheiten zu respektieren und zu schützen.

Fazit

Die Auswahl der in der Festarchitektur zum Einzug Augusts II. in Danzig repräsentierten Könige und historischen Ereignisse kann als repräsentativ für eine zeitgenössische Geschichtskultur angesehen werden, die ein spezifisches Identitätsbewusstsein im Königlichen Preußen fundierte. Die Danziger Festarchitektur und die zugehörige Publizistik können in diesem Kontext als Belege dafür gelten, dass das frühneuzeitliche preußische Landesbewusstsein nicht nur eine Sache des ständischen Rechtsdiskurses oder der gelehrten Historiographie war, sondern auch in der zeitgenössischen Festkultur verankert war und damit eine große soziale Reichweite besaß. Es hatte allerdings keinerlei positive Anknüpfungspunkte zur Tradition des Deutschen Ordens, sondern speiste sich im Gegenteil aus der Erinnerung an die Rebellion gegen die Ordensritter. Ein besonderes Charakteristikum des frühneuzeitlichen preußischen Landesbewusstseins war, wie vor allem Karen Friedrich gezeigt hat, eine spezifische Konzeption preußischer Freiheit, deren mythische Ursprünge man zunächst bei den Sarmaten, seit dem frühen 17. Jahrhundert dann bei den freiheitsliebenden Pruzzen suchte und fand. Die Pruzzen übernahmen in der preußischen Geschichtsmythologie dieser Zeit eine ähnliche Funktion wie die Bataver in den Niederlanden des 16. Jahrhunderts: Ein traditioneller ständischer und kommunaler Freiheitsbegriff wurde durch diese mythische Überhöhung zur Grundlage einer gemeinsamen nationalen Identität, die über die Grenzen der Konfessionen, Sprachen und Kulturen hinweg innerhalb Preußens integrierend wirkte, eine preußische »Nation« im Sinne des frühneuzeitlichen Nationenbegriffs schuf und zugleich eine Sonderstellung Preußens innerhalb der polnischen Adelsrepublik begründen sollte.[40] Diese geschichtsmythologisch fundierte Freiheitskonzeption führte aber auch zur Abgrenzung vom herzoglichen Preußen, das unter den Hohenzollern zunehmend zu einem *dominium absolutum* ausgebaut wurde. Im Gegensatz zu den Hohenzollern wurden die polnischen Könige denn auch als Garanten der in einer mythischen Vergangenheit wurzelnden preußischen Freiheiten gesehen – was sich auch in der Danziger Festarchitektur widerspiegelt. Die Deutschordensritter hatten diese Freiheiten bedroht, entsprechend tauchten sie sowohl in der zeitgenössischen preußischen Historiographie als auch in der breiteren Geschichtskultur, z.B. in der Festkultur, nur als Feindbild und als Bedrohung der preußischen Freiheit auf. Gefeiert wurden 1698 in Danzig vielmehr jene polnischen Könige, die den Orden bekämpft und schließlich besiegt hatten und unter denen die Integration Preußens in das polnische Königreich unter Beibehaltung der überkommenen preußischen Freiheiten stattgefunden hatte.

Der Marienburg konnte in diesem geschichtskulturellen Kontext nur eine marginale Bedeutung zukommen. Sie taucht im Bildprogramm der Festarchitektur zwar auf, aber nur am Rande, ebenso wie sie in der zeitgenössischen Historiographie zumeist recht kurz beschrieben wird. Den völligen Mangel an symbolischem Mehrwert der Marienburg illustriert paradigmatisch eine weitere Publikation, die aus Anlass des Einzugs Augusts II. in Danzig erschien und die schon auf dem Titelblatt nebst der eigentlichen Festbeschreibung auch eine »Beschreibung der Stadt Marienburg« verspricht. Was dann folgt, ist aber nichts als die sehr kurzgefasste Baugeschichte unter dem Deutschen Orden, sodann sehr ausführlich die Legenden, die sich um den Bau des sogenannten Buttermilchturms rankten, schließlich die Nachricht, dass die Marienburg 1644 zu großen Teilen abgebrannt sei.[41]

Dass der Preußenkönig Friedrich II. nach der Annexion des Königlichen Preußens im Zuge der Ersten Polnischen Teilung am 27. September

1772 nun ausgerechnet in der Marienburg die Huldigung der Preußischen Stände entgegen nahm, passt dabei wunderbar ins Bild.[42] Die – freilich nur punktuelle – symbolische Indienstnahme der alten Ordensburg durch den autokratisch regierenden Hohenzollern illustriert besonders eindringlich, dass hier ein klarer Bruch mit dem frühneuzeitlichen preußischen Nationalbewusstsein stattfand und nicht etwa die »Wiedervereinigung« einer geteilten Nation. Für dieses Nationalbewusstsein, das sich auf überkommene »preußische« Freiheiten bezog und sich politisch vollkommen mit der polnischen Monarchie identifiziert hatte, gab es im preußischen Obrigkeitsstaat keine Zukunft – war es doch gerade nicht, wie eine nationalistische Historiographie borussisch-deutscher Färbung es bis weit ins 20. Jahrhundert hinein glauben machen wollte, ethnisch und konfessionell fundiert, also deutsch und protestantisch in Abgrenzung zu polnisch und katholisch, sondern politisch. Hier musste in der Bevölkerung der nun Westpreußen genannten Region zunächst ein grundlegender und tiefgreifender Mentalitätswandel stattfinden.

Anmerkungen

1 Die neuere Forschung hat sich vor allem kritisch mit den frühen Arbeiten Theodor Schieders auseinandergesetzt, insbesondere mit seiner 1940 erschienenen Habilitationsschrift *Deutscher Geist und ständische Freiheit im Weichsellande*; vgl. auch Schieder, Verfassung. Vgl. hierzu den Forschungsüberblick bei Müller, Bilder; Hackmann, Editorial sowie die kritische Auseinandersetzung und Neubewertung der Quellen bei Friedrich, The Other Prussia und Friedrich, Landesbewusstsein.

2 Vgl. Bahlcke / Strohmeyer, Einführung, insbes. S. 9-10, sowie das Themenheft des Nordost-Archivs über Pommerellen.

3 Zu dieser im Anschluss an Maurice Halbwachs geprägten Terminologie vgl. Assmann, Erinnerungsräume, S. 135.

4 Ebd., S. 130-142.

5 Ebd., S. 140.

6 Ebd., S. 136, 141.

7 Ebd., S. 135.

8 Vgl. die Beiträge von Eugen Kotte und Jan Werquet in diesem Band.

9 Assmann, Erinnerungsräume, S. 137.

10 Müller, Städtische Geschichtsschreibung, S. 266. Zur Forschungsdiskussion um ein preußisches Sonder-, Landes- bzw. Nationalbewusstsein; auch Bömelburg, Landesbewusstsein; Friedrich, Prussia; Friedrich, Landesbewusstsein; Řezník, Identität; Małłek, Entstehung.

11 Vgl. Mierzwiński, Marienburg, S. 23-30.

12 Bömelburg, Ständegesellschaft, S. 124-126.

13 Vgl. Mierzwiński, Marienburg, S. 23-30.

14 Zum ständisch-vorparlamentarischen System in Preußen vgl. Bömelburg, Ständegesellschaft; Bömelburg, Forschungen.

15 Vgl. Bömelburg, Forschungstendenzen, insbes. S. 8.

16 Vgl. die Forschungsüberblicke bei Stollberg-Rilinger, Zeremoniell; Stollberg-Rillinger, Kommunikation.

17 Programmatisch hierzu Schlögl, Kommunikation.

18 Vgl. hierzu Gestrich, Absolutismus.

19 Vgl. Bojcov, Eid.

20 Vgl. [Anonymus], Bericht.

21 Vgl. Piltz, August, S. 65; Piwarski, Interregnum, S. 43-44.

22 [Lange, B.], Allerdurchläuchtigsten, Teil 2, S. 23.

23 Zur Geschichte des Herrschereinzugs in Europa sowie zu seiner Bedeutung für die Herstellung und Bestätigung der (Rechts-) Beziehung des Herrschers zu einer Stadtgemeinde s. Bojcov, Ephemerität, insbes. S. 90-91; Tenfelde, Adventus; Dotzauer, Ankunft; Roy / Kobler, Festaufzug.

24 Vgl. z.B. [Anonymus], Erzehlung; [Anonymus], Beschreibung; [Anonymus], Einzug; [Lange, B.], Allerdurchläuchtigsten.

25 Bauer, Gesellschaft, S. 30; auch Rahn, Festbeschreibung.

26 Vgl. Schenk, Einzugsordnungen; Rahn, Festbeschreibung; Rahn, Fortsetzung; Rahn, Sinnbild.

27 [Lange, B.], Allerdurchläuchtigsten, Teil 1, S. 5.

28 Ebd., S. 6.

29 Ebd., S. 7-8.

30 Ebd., S. 9-10.

31 Ebd., S. 11.

32 Vgl. zum Folgenden Friedrich, Landesbewusstsein, S. 543-548; Bömelburg, Landesbewusstsein, S. 41-46; Małłek, Entstehung, S. 50-51.

33 Müller, Geschichtsschreibung, S. 269.

34 Vgl. Bömelburg, Landesbewusstsein, S. 42-44.

35 [Lange], Allerdurchläuchtigsten, Teil 1, S. 5.

36 Vgl. Małłek, Entstehung, S. 56-57.
37 Vgl. Friedrich, Prussia, S. 147-170. Zur zeitgenössischen historiographischen Fundierung eines spezifisch preußischen Konstitutionalismus im Königlichen Preußen vgl. Müller, Geschichtsschreibung.
38 Vgl. Piltz, August, S. 64.
39 Bömelburg, Landesbewusstsein, S. 44-45. Vgl. auch Friedrich, Landesbewusstsein, S. 546; Müller, Geschichtsschreibung, S. 269-270.
40 Friedrich, Prussia, insbes. S. 71-95; Friedrich, Landesbewusstsein, S. 556-564.
41 [Anonymus], Einzug.
42 Bömelburg, Ständegesellschaft, S. 238; Zur Regierungspraxis Friedrichs II. in Westpreußen nach 1772 s. neuerdings Bömelburg, Friedrich II., S. 89-107.

Literaturverzeichnis

a) Quellen

[Anonymus]: Ausführliche Erzehlung / Was bey dem höchst-prächtigen Ein- und Abzuge Des Durch. Großmächtigsten Königs und Herrn / Herrn Augusti II. Königes in Pohlen / Groß-Hertzogs in Litthauen [...] Den 18 Marty 1698. in die Stadt Dantzig geschehen / und was unter währender Zeit Ihr. Majest. Daseyn / biß Sie sich widerumb von dannen erhoben / Schrifftwürdiges passiret. Hamburg o. J. [1698].

[Anonymus]: Beschreibung Des sehr prachtigen Einzugs welchen Ihr. Königliche Maj. in Polen / etc. In die Stadt Dantzig gehalten. [Danzig] 1698.

[Anonymus]: Prächtiger EINZUG Welchen Ihre Königl. Majestät in Polen etc. AUGUSTUS Der II. &c. &c. &c. In Dantzig den 19. Martii st. n. Anno 1698. gehalten; Nebst einer Beschreibung der Stadt Marienburg und Dantzig. Danzig o. J. [1698].

[Lange, B.]: Des Allerdurchläuchtigsten / Großmächtigsten Fürsten und Herrn AUGUSTI II. Königes in Pohlen / Groß-Fürstens in Litthauen [...] Höchstprächtige Einzug den 18. Martii Anno 1698. in die Stadt Dantzig gehalten / In Zwey Theilen / Derer Erstere die Praeparatoria, der Andere den Königl. Einzug an sich / nebst dem was Zeit Königl. Majestät Anwesenheit vorgegangen / in sich hält. Ihrer Königl. Majestät zu Ehren unterthänigst aufgesetzet / Und auf vieler Freunde Begehren dem Druck übergeben / durch einen Ihr. Königl. Majestät getreuen Untersassen / Dessen Symbolum, BONIS LEGIBUS. Danzig o. J. [1698].

[Anonymus]: Eigentlicher Bericht / Was gestalt Dem Durchleuchtigsten und Großmächtigsten Fürsten und Herrn / Herrn Vladislao dem Vierdten / Von Gottes Gnaden Könige zu Pohlen / Groß-Fürsten in Littauen [...] in gegenwart Ihrer Königl. Maytt. [sic] hoch-ansehnlichen Herren Commissarien / die gebührende Huldigungs Pflicht von der Stadt Dantzig geleistet / und abgeleget worden. Danzig 1634.

b) Forschungsliteratur

Assmann Aleida: Erinnerungsräume. Formen und Wandlungen des kulturellen Gedächtnisses. Broschierte Sonderausgabe. München 2003.

Bahlcke, Joachim / Strohmeyer, Arno: Einführung. In: Bahlcke, Joachim / Strohmeyer (Hg.): Die Konstruktion der Vergangenheit. Geschichtsdenken, Traditionsbildung und Selbstdarstellung im frühneuzeitlichen Ostmitteleuropa. Berlin 2002 (= Zeitschrift für Historische Forschung, Beiheft 29), S. 7-18.

Bauer, Volker: Die höfische Gesellschaft in Deutschland von der Mitte des 17. bis zum Ausgang des 18. Jahrhunderts. Versuch einer Typologie. Tübingen 1993 (= Frühe Neuzeit 12).

Bojcov, Michail A.: Eid und Huldigung. In: Paravicini, Werner (Hg.): Höfe und Residenzen im spätmittelalterlichen Reich. Bd. 3: Hof und Schrift. Ostfildern 2007 (= Residenzenforschung 15.III), S. 252-259.

Bojcov, Michail A.: Ephemerität und Permanenz bei Herrschereinzügen im spätmittelalterlichen Deutschland. In: Marburger Jahrbuch für Kunstwissenschaft 24 (1997), S. 87-107.

Bömelburg, Hans-Jürgen: Das Landesbewusstsein im Preußen königlich polnischen Anteils in der Frühen Neuzeit. In: Beckmann, Sabine / Garber, Klaus (Hg.): Kulturgeschichte Preußens königlich polnischen Anteils in der Frühen Neuzeit. Tübingen 2005, S. 39-60.

Bömelburg, Hans-Jürgen: Forschungen zur Ständegeschichte des östlichen Europa. In: zeitenblicke 6 (2007), Nr. 2 [24.12.2007], URL: http://www.zeitenblicke.de/2007/2/boemelburg/index_html (02.08.2012).

Bömelburg, Hans-Jürgen: Forschungstendenzen und Quelleneditionen. In: Müller, Michael G. (Hg.): Polen in der europäischen Geschichte. Ein Handbuch in vier Bänden. Band 2: Der ständische Unionsstaat der Frühen Neuzeit. Hg. von Hans-Jürgen Bömelburg. Stuttgart 2011, S. 1-31.

Bömelburg, Hans-Jürgen: Friedrich II. zwischen Deutschland und Polen. Ereignis- und Erinnerungsgeschichte. Unter Mitarbeit von Matthias Barelkowski. Stuttgart 2011.

Bömelburg, Hans-Jürgen: Zwischen polnischer Ständegesellschaft und preußischem Obrigkeitsstaat. Vom Königlichen Preußen zu Westpreußen (1756-1806). München 1995.

Dotzauer, Winfried: Die Ankunft des Herrschers. Der fürstliche »Einzug« in die Stadt (bis zum Ende des Alten Reichs). In: Archiv für Kulturgeschichte 55 (1973), S. 245-188.

Friedrich, Karen: Politisches Landesbewusstsein und seine Trägerschichten im Königlichen Preußen. In: Nordost-Archiv N.F. 6,2 (1997). Themenheft Pommerellen – Preußen – Pomorze Gdańskie. Formen kollektiver Identität in einer deutsch-polnischen Region, S. 541-564.

Friedrich, Karin: The Other Prussia. Royal Prussia, Poland and Liberty, 1569-1772. Cambridge 2000.

Gestrich, Andreas: Absolutismus und Öffentlichkeit. Politische Kommunikation in Deutschland zu Beginn des 18. Jahrhunderts. Göttingen 1994 (= Kritische Studien zur Geschichtswissenschaft 103).

Hackmann, Jörg: Editorial. In: Nordost-Archiv N.F. 6,2 (1997). Themenheft Pommerellen – Preußen – Pomorze Gdańskie. Formen kollektiver Identität in einer deutsch-polnischen Region, S. 503-506.

Małek, Janusz: Die Entstehung und Entwicklung eines Sonderbewusstseins in Preußen. In: Zeitschrift für Ostforschung 31 (1982), S. 48-58.

Mierzwiński, Mariusz: Marienburg. Das Schloß des deutschen Ordens, o. O. o. J.

Müller, Michael G.: »Die auf feyerlichen Vergleich gegründete Landes-Einrichtung«. Städtische Geschichtsschreibung und landständische Identität im Königlichen Preußen im 17. und frühen 18. Jahrhundert. In: Bahlcke, Joachim / Strohmeyer, Arno (Hg.): Die Konstruktion der Vergangenheit. Geschichtsdenken, Traditionsbildung und Selbstdarstellung im frühneuzeitlichen Ostmitteleuropa. Berlin 2002 (= Zeitschrift für Historische Forschung, Beiheft 29), S. 265-280.

Müller, Michael G.: Bilder und Vorstellungen der Ostforschung von der Geschichte Polens in der Frühen Neuzeit. In: Zeitschrift für Ostmitteleuropa-Forschung 46 (1997), S. 376-391.

Müller, Michael G.: Zweite Reformation und städtische Autonomie im Königlichen Preußen. Danzig, Elbing und Thorn in der Epoche der Konfessionalisierung (1557-1660). Berlin 1997.

Piltz, Georg: August der Starke. Träume und Taten eines deutschen Fürsten. Berlin, 5., durchges. Aufl. 1994.

Piwarski, Kazimierz: Das Interregnum 1696/97 in Polen und die politische Lage in Europa. In: Kalisch, J. / Gierowski, J. (Hg.): Um die polnische Krone. Sachsen und Polen während des Nordischen Krieges 1700-1721. Berlin 1962, S. 9-44.

Rahn, Thomas: Festbeschreibung. Funktion und Topik einer Textsorte am Beispiel der Beschreibung höfischer Hochzeiten (1568-1794). Tübingen 2006 (= Frühe Neuzeit 108).

Rahn, Thomas: Fortsetzung des Festes mit anderen Mitteln. Gattungsbeobachtungen zu hessischen Hochzeitsberichten. In: Berns, Jörg J. / Ignasiak, Detlef (Hg.): Frühneuzeitliche Hofkultur in Hessen und Thüringen. Erlangen / Jena 1993, S. 233-247.

Rahn, Thomas: Sinnbild und Sinnlichkeit. Probleme der zeremoniellen Zeichenstrategie und ihre Bewältigung in der Festpublizistik. In: Rudolstädter Arbeitskreis zur Residenzkultur (Hg.): Zeichen und Raum. Ausstattung und höfisches Zeremoniell in den deutschen Schlössern der Frühen Neuzeit. München 2006 (= Rudolstädter Forschungen zur Residenzkultur 3), S. 39-48.

Řezník, Milos: Politische Identität im Königlichen Preußen im 18. Jahrhundert. In: Nordost-Archiv N.F. 6,2 (1997). Themenheft Pommerellen – Preußen – Pomorze Gdańskie. Formen kollektiver Identität in einer deutsch-polnischen Region, S. 585-605.

Roy, Rainer / Kobler, Friedrich: Festaufzug, Festeinzug. In: Reallexikon zur deutschen Kunstgeschichte. Bd. 8. München 1987, Sp. 1417-1520.

Schenk, Gerrit Jasper: (Reichsstädtische) Einzugsordnungen und Einzugsberichte. In: Paravicini, Werner (Hg.): Höfe und Residenzen im spätmittelalterlichen Reich. Bd. 3: Hof und Schrift. Ostfildern 2007 (= Residenzenforschung 15. III), S. 161-177.

Schieder, Theodor: Deutscher Geist und ständische Freiheit im Weichsellande. Politische Ideen und politisches Schrifttum in Westpreußen von der Lubliner Union bis zu den polnischen Teilungen (1569-1772/3). Königsberg 1940.

Schieder, Theodor: Landständische Verfassung, Volkstumspolitik und Volksbewusstsein. Eine Studie zur Verfassungsgeschichte ostdeutscher Volksgruppen. In: Aubin, Hermann (Hg.): Deutsche Ostforschung. Ergebnisse und Aufgaben seit dem ersten Weltkrieg. Bd. 2. Leipzig 1943, S. 257-288.

Schlögl, Rudolf: Kommunikation und Vergesellschaftung unter Anwesenden. Formen des Sozialen und ihre Transformationen in der Frühen Neuzeit. In: Geschichte und Gesellschaft 34 (2008), S. 155-224.

Stollberg-Rilinger, Barbara: Symbolische Kommunikation in der Vormoderne. Begriffe – Thesen – Forschungsperspektiven. In: Zeitschrift für Historische Forschung 31 (2004), S. 489-527.

Stollberg-Rilinger, Barbara: Zeremoniell, Ritual, Symbol. Neue Forschungen zur symbolischen Kommunikation in Spätmittelalter und Früher Neuzeit. In: Zeitschrift für historische Forschung 27 (2000), S. 389-405.

Tenfelde, Klaus: Adventus. Zur historischen Ikonologie des Festzugs. In: Historische Zeitschrift 235 (1982), S. 45-84.

Polnische Besucher auf dem Schloss Marienburg im 19. Jahrhundert. Motive – Eindrücke – Kommentare

Paweł Kosiński

> Ohne ihre Herren ruft die Burg in den Herzen keinen Hass hervor, und im Verstand erweckt sie eine Neugier, die auch reichlich [von ihr] belohnt wird. Wie eine Festung, ein Kloster, ein befestigtes und riesengroßes Räubernest zugleich sieht diese dunkle Mauermasse aus, aber sie sieht prächtig aus.[1]

Polnische Quellen bis zum Ende des 18. Jahrhunderts, genauer sogar bis zum Ende der napoleonischen Kriegswirren, enthielten nur lakonische und sachliche Erwähnungen über Marienburg in Form von Inventarangaben und technischen Notizen.[2] Die Burg wurde als eines von vielen öffentlichen Gebäuden auf dem Gebiet der Adelsrepublik behandelt. Die ersten gedruckten polnischen Darstellungen der Marienburg als ein touristisches Ziel sind ungefähr Mitte des 19. Jahrhunderts erschienen. Das geographische Lexikon von Baliński und Lipiński enthält eine Beschreibung des Königsappartements im Mittelschloss (ehemalige Wohnung des Hochmeisters) und des sog. Witold-Kellers auf dem Hochschloss (eine Stube zwischen der Bäckerei und der Küche, wahrscheinlich dieselbe, die später *als* Kiejstut-Zelle dem Publikum gezeigt wurde).[3] Ungefähr 20 Jahre später ist eine Schilderung der Marienburg vom polnischen Dichter und Publizisten Julian Ursyn Niemcewicz erschienen.[4] Zur gleichen Zeit wurde ein Bericht über »Eine Reise durchs alte Preussen« von Franciszek Salezy Dmochowski veröffentlicht. Der Autor, der auch in der Zeit des großen Wandels (unter anderem durch Eisenbahnbau) nach Marienburg gereist ist, hat dem ehemaligen Hauptsitz des Ordensstaates eine einseitige, sachliche, knappe und ziemlich uninteressante Darstellung gewidmet[5].

Im Winter 1882 ist in einem der Hefte des »Przegląd Polski« (»Polnische Revue«), eines Monatsblattes für Wissenschaft und Literatur, eine sehr detaillierte, literarische Darstellung der Marienburg von Stanisław Graf Tarnowski, einem berühmten polnischen Literaturhistoriker und damaligen Redakteur der genannten Zeitschrift, erschienen. Diese Erinnerung an die Reise vom Sommer des Vorjahres wurde innerhalb der nächsten 14 Jahre noch mindestens zweimal publiziert.[6] Ebenfalls zu Beginn der 1880er Jahre hat Mathias Berson, ein reicher jüdischer Unternehmer und gleichzeitig ambitionierter Amateurkunsthistoriker aus Warschau, in der sehr populären Warschauer illustrierten Wochenzeitschrift »Kłosy« (»Die

Ähren«), einen Aufsatz über die Marienburg publiziert[7]. In der gleichen Zeit hat der Ingenieur Architekt Maciej Adam Moraczewski, k. u. k.-Baurat, auf einer Sitzung der Polytechnischen Gesellschaft in Lemberg über die Marienburg vorgetragen. Sein Text wurde später in einer erweiterten Form in fünf aufeinander folgenden Nummern der Zeitschrift »Dźwignia« (»Der Hebel«) – Organ der Polytechnischen Gesellschaft in Lemberg (dessen Redakteur der Autor war) – sowie in einer deutschen Fassung in den »Mitteilungen des Westpreußischen Architekten- und Ingenieur-Vereins« und schließlich in Form eines Büchleins publiziert[8]. Unter historisch-künstlerischen Aspekten hat Moraczewski die Marienburg sehr hoch bewertet und als eine Perle der Architektur in den baltischen Staaten bezeichnet. Sein Aufsatz liefert viele konkrete, sachliche Informationen, zeigt jedoch, dass der Autor von den gerade begonnenen Rekonstruktionsarbeiten im Hochschloss nichts wusste. Auch das »Geographische Lexikon des Königreiches Polen und anderer slawischer Länder«, das gründlichste Kompendium über Polen des 19. Jahrhunderts, beinhaltet einen langen Aufsatz über die Marienburg. Der fünfzehnseitige Text des Priesters Romuald Frydrychowicz setzt sich aus sechs Teilen zusammen. Für uns sind die Burgbeschreibung, die Burggeschichte und »die Stadt« von insgesamt neun Seiten (d. h. in den einzelnen Teilen über vier, fast drei und zwei Seiten) interessant.[9]

Schon am Anfang des 20. Jahrhunderts wurde die »Historische Geographie der Länder des ehemaligen Polens« von Zygmund Gloger publiziert, die ebenfalls einen nicht ausführlichen Aufsatz über die Marienburg enthält[10]. Es wurden hier zwar die meist bereits gängigen Formulierungen wiederholt, eine Stelle hat jedoch für besondere Aufmerksamkeit bei den polnischen Lesern gesorgt. Der Autor hat nämlich in indirekter Annäherung an die Publikation von Baliński und Lipiński festgestellt, dass die Stube auf dem Mittelschloss, in der »früher der Hochmeister seinen Sitz hatte«[11], in der polnischen Zeit den gleichen Namen *Kurza Stopka* (»Hühnerfüßchen«) wie im Wawel getragen hat; es war die Wohnung des Königs und der Königin. Zur selben Zeit wurden die ersten modernen polnischen Reiseführer mit Beschreibungen Marienburgs veröffentlicht. Es waren: »Reiseführer durch Europa« des berühmten Tourismusförderers Mieczysław Orłowicz[12], »Reiseführer durch Kaschubei« von Zofia Harting[13] und »Illustrierter Reiseführer durch Danzig, Oliva, Zoppot und Marienburg« von einem unbekannten Autor[14].

Im 19. Jahrhundert gab es nur wenige polnische ikonographische Darstellungen der Marienburg. Wahrscheinlich noch am Ende des 18. Jahrhunderts wurde die Burg auf Anordnung des letzten polnischen Königs Stanisław August Poniatowski von Zygmunt Vogel gemalt. Dieser Künstler hat in den Jahren 1788 bis 1790 eine spezielle Reise durch Preußen unternommen, um dortige »Antiquitäten« zu zeichnen. Leider ist keine Darstellung der Marienburg in seinem Nachlass erhalten. In der ersten Hälfte des 19. Jahrhunderts hat Karol F. Ney die historischen Sehenswürdigkeiten an der ehemaligen polnischen Nordgrenze künstlerisch verewigt. Etwas später hat Napoleon Orda Bilder von preußischen Burgen gemalt. Die Marienburg gehörte auch zu einem von drei Werken, die im »Bildband von historischen Landschaften« publiziert wurden[15]. Der oben erwähnte Text von Maciej A. Moraczewski ist mit zahlreichen Bildern und technischen Zeichnungen geschmückt worden. Fotos gibt es im »Reiseführer durch Kaschubei« sowie im »Illustrierten Reiseführer durch Danzig, Oliva, Zoppot und Marienburg«.

Auf der Grundlage der vorhandenen, stark zersplitterten Quellenbeschreibung kann man festhalten, dass die polnischen Touristen auf der Marienburg im 19. Jahrhundert keine große Gruppe gebildet haben. Aber in der Anfangsphase, als die Burg noch eine Bauruine war und ein Teil der mittelalterlichen Bauten durch das Militär genutzt wurde[16], sind ziemlich viele Polen nach Marienburg gekommen. Darunter war eine Gruppe von internierten Soldaten und Offizieren der polnischen Armee, die nach der Niederlage im Novemberaufstand die preußische Grenze überquert hatten[17]. Seitdem eine Eisenbahnverbindung von Warschau nach Danzig über Preußisch Eylau eröffnet wurde, konnten nach Pommerellen (Zoppot) sowie Ostpommern (Kolberg) Reisende die Marienburg bewundern. Wenn man die nationale Herkunft der nach Marienburg kommenden Touristen betrachtet, kann man mit Sicherheit feststellen, dass die Polen die zweitgrößte Gruppe nach den Deutschen gebildet haben, die die Burg und die Stadt besucht haben.

Es gab verschiedene Motivationen für polnische Touristen, die im 19. Jahrhundert nach Marienburg kamen. So schrieb Julian U. Niemcewicz über seine Reise im Jahr 1817: »Meine Neugier, Marienburg zu sehen, die Hauptstadt der stolzen Ordensmeister, war enorm. Ich komme voller Ungeduld«.[18] Franciszek S. Dmochowski kam im Jahre 1857 beinahe zufällig nach Marienburg.

> Ich habe unterwegs so viel von der Brücke bei Dirschau gehört, die für die Eisenbahn gebaut wurde, die an dieser Stelle über die Weichsel weiter nach Königsberg führt, dass ich beschlossen habe, in Dirschau zu übernachten, um dieses Wunderwerk der heutigen Baukunst zu sehen und dann einen Abstecher nach Marienburg, der ehemaligen Hauptstadt der Ordensritter, zu machen.[19]

Stanisław Tarnowski kam im Jahr 1881 nach Westpreußen und Marienburg, ermutigt von seiner Bekannten aus der Jugendzeit, Gräfin Maria

Sierakowska geb. Potocka, die nach der Trauung auf dem Gut Waplitz im Kreis Stuhm (26 km von Marienburg entfernt) gewohnt hat. In seinem Bericht schreibt er:

> Aus eurer Saat, aus eurer Überredung, aus euren ermutigenden Beschreibungen, aus diesem Willen und Not, die mich zu euch führten, in euer Haus, in eure Heimat, ist mein Aufenthalt im Königlichen Preußen entstanden.[20]

Außer persönlicher Gründe für diesen Besuch hat Tarnowski auch ein atavistisches Motiv erwähnt, seine Heimat zu sehen:

> Die [Heimat] so zu sehen, wie sie ist, sich vorzustellen, wie sie einst war. Es soll weh tun, wie es will, das ist egal. Während der Fahrt spricht er mit sich selbst wie ein Adeliger, der um sein Vermögen gebracht wurde: »Das alles war einst meins, gerechterweise sollte es dies auch heute sein.«[21]

Bei dieser Gelegenheit hat er auch die Hoffnung geäußert, dass seine Reise auch höheren Zwecken nützlich sei als ein Beitrag zur kollektiven Arbeit zwecks Rückgewinnung der Unabhängigkeit:

> Wer weiß, ob es nicht dazu führt und dabei hilft [...], dieses ständige, eifrige Sich-Nähren mit eigener Erniedrigung und Demütigung; wer weiß, ob die Zielgebundenheit, ob die Wiedergewinnungsleidenschaft nicht anwachsen wird und nicht an Kraft gewinnt, je mehr man den Blick auf das Verlorene heftet, je besser die Größe des Verlustes und die Wiedergewinnungsschwierigkeit ins Blut, ins Mark übergehen? Vielleicht helfen dabei aber auch solche Rundfahrten durch das alte Polen ein wenig.[22]

Er betonte auch die Notwendigkeit, die Kenntnisse über die preußischen Teilungsgebiete zu erweitern, weil

> die meisten Polen mehr wissen über Litauen und die Ukraine als über Preußen. Für diese Allgemeinheit oder für diejenige, die hierher kommen wollten, sollten als Itinerarium, als schwaches Nachmachen von Murray und Bädecker, diese Notizen dienen.[23]

Die Besichtigung der Marienburg rief in den Köpfen polnischer Touristen unterschiedliche Eindrücke hervor. Julian U. Niemcewicz, der 1817 nach Marienburg kam, hatte Schwierigkeiten, die Burg zu finden. Ein zufälliger örtlicher Führer hat ihn zuerst in »ein neues gelbes Haus geführt und sagte, es sei die Burg. Dem Misstrauenden sagt er, dass hier und nirgendwo anders *die Regierung* wohnt«[24]. Dabei kommt es zu einem tragikomischen Wortwechsel; »Und was ist dieses alte, riesengroße Gebäude, sagte ich und zeigte auf den imposanten Bau mit der schönen Kirche? Es war einst eine Kaserne und zur Zeit ein Getreidelager sowie Wohnung *des kleines personale*«.[25] Aber sogar nachdem er an den richtigen Ort geführt wurde, konnte Niemcewicz die Besichtigung nicht uneingeschränkt durchführen, er musste die nächsten Hürden überwinden.

> Ich komme, sehe auf der imposanten Treppe einen vom *personale* eine Pfeife rauchen. Mit größter Höflichkeit bitte ich, mir die Wohnung des Hochmeisters sowie des Kapitels zu zeigen. Er antwortete ziemlich unhöflich, es wäre unmöglich. Ich verspreche einen Preis und das war sogar umsonst; die Wäscherinnen, die dort wohnen, sind zum Fluss gegangen. Ich gehe zum Priester Zamojski, den Probst der katholischen Kirche, um ihn um Hilfe zu bitten. Der Priester führt mich zum Schluss in die Kirche, also in die Kapelle des Hochmeisters.[26]

Nach der Besichtigung ausgewählter zugänglicher Objekte beschreibt Niemcewicz seine Impressionen: »Die Kirche nicht mal um die Hälfte so groß wie in Marienwerder, aber schön.« Über den damaligen Zustand der Wohnung der Hochmeister äußert er sich folgendermaßen: »Oh Gott, was für eine jämmerliche Verwunderung!«[27]

Der durch die Niederlage verbitterte Teilnehmer des Novemberaufstandes, der Leutnant des 7. Kavallerie-Regiments Karol Gloger, der im Herbst 1831 in der Nähe von Marienburg interniert wurde, beschrieb die Veränderungen in der historischen Bausubstanz der Burg infolge der damaligen Renovierungsarbeiten:

> [...] die uralten Andenken von Polen, die mit solcher Gründlichkeit der gegenwärtige König vernichtete. Die Burg wurde erneuert. In die uralten Fenster, wo die Wappen der alten polnischen Familien platziert waren, wurde die ganze preußische Thronfamilie gesetzt.[28]

Franciszek S. Dmochowski kam nach Marienburg im Jahr 1857. Seine Eindrücke nach der Besichtigung der Burg beschrieb er so:

> Sie [die Kapelle der Hochmeister] ist ein schönes Denkmal der gotischen Baukunst [...]. Im rechten Flügel der neuen Burg befindet sich ein großer Festsaal [...]; das gotische Gewölbe wird von Pfeilern gestützt, die in der Saalmitte aus den Fundamenten geführt wurden; auf diese Weise zergliedern sie den Saal in einige Teile und zerstören die allgemeine Sicht. Manche wollen es für Kunst halten. Mir scheint, der Saal wäre nicht breit genug, um Mittelpfeiler zur Stützung der Gewölbe zu brauchen [...]. Es scheint so, als ob der Baumeister der Kraft seiner Gewölbe selbst nicht traute, weil er in allen, auch den kleinsten Kemenaten eben solche Pfeiler einbaute [...]. Nachdem die preußische Regierung Marienburg in ihren Besitz nahm, begann sie mit der Restaurierung der Burg. Ich erwähnte bereits, wie man die alte Burg umwandelte. Die Wohnungen der Hochmeister wurden wieder in den alten Zustand gebracht. Der gegenwärtige Monarch, ein Antiquitätenliebhaber [Friedrich Wilhelm IV. von Preußen], ließ schöne Fenster mit Glasmalerei

anfertigen, die für den Deutschen Orden rühmliche Ereignisse zum Ausdruck bringen, und bestimmte den Saal und die Kemenaten für eine Antiquitätensammlung. Bisher hat man nicht viele Antiquitäten gesammelt, einige Rüstungen und Waffen, ein paar alte Gemälde und das war's.[29]

Die kaum achtzehnjährige Dichterin Jadwiga Łuszczewska (Deotyma) hat die Marienburg im August 1858 besucht. Die Burg in der prallen, vorgewittrigen Sonne zeigte sich der Schriftstellerin »im ganzen Glanz, im ganzen Grauen, in ganzer Majestät, rot wie Blut, furchtbar wie Verrat, groß wie Gewalt«[30]. Außerdem machte die Autorin auf ein paar Einzelheiten aufmerksam, vor allem auf die erhaltenen Erinnerungen an Polen.

Als wir in die Sakristei geführt wurden, konnten wir uns von der unglaublichen Mauerbreite überzeugen; sie ist ganz in die Mauer gebaut, ein paar Leute finden hier ihren Platz; in der Tiefe befindet sich ein riesengroßer Schrank in Form eines Altars mit der Kirchenbekleidung. Er musste in der Zeit der polnischen Herrschaft über Marienburg gebaut worden sein, weil darauf mit der goldenen Schrift geschrieben noch eine polnische Inschrift über die beinhalteten Ornate glänzt.[31]

Der Schriftsteller Józef I. Kraszewski besichtigte die Marienburg im Jahr 1867. Die Burg hat ihn sehr beeindruckt, obwohl der berühmte Schriftsteller dem Ordensstaat besonders abgeneigt war. Er beschreibt sie so:

Es gibt mehr Säle zum Feiern als Kapellen oder Oratorien. Die Physiognomie der Interieure ist prunkvoll, herrlich, geschmackvoll, erfreut den Geist, erhebt ihn jedoch nicht zu den himmlischen Sachen.[32]

Besonders die bis dahin durchgeführten Rekonstruktions- und Renovierungsarbeiten haben den Gast beeindruckt:

Der Restaurierung im Allgemeinen, fürsorglicher, fachlicher, konservativer, durchgeführt ohne Veränderungen in der Substanz, kann man überhaupt nichts vorwerfen. Sie hat erhalten, was nur zu erhalten möglich war, der Rest wurde gemäß den gefundenen Vorgaben durchgeführt.[33]

Er hat auch nicht vergessen, den polnischen Beitrag zur Rückgewinnung der alten Pracht zu würdigen.

Die Bürger Westpreußens haben auch zum Erhalt dieses schönen Denkmals beigetragen, und auf den Fenstern des großen Saals gibt es Wappen von Familien der Grafen Sierakowski, Donimirski, Kalkstein, Kos usw.[34]

Stanisław Tarnowski verbrachte in Marienburg über zwei Wochen um die Monatswende Juli und August 1881. Der lange Aufenthalt ermöglichte ihm eine gründliche Besichtigung der Burg. Das Ergebnis war eine sehr detaillierte Beschreibung der Ordensfestung, voller persönlicher Impressionen. Bereits die ersten Eindrücke, noch auf dem Weg, sind mit Emotionen gefüllt:

> Es wird immer dunkler, man sieht immer weniger, hinter dem Marienburger Bahnhof passiert man eine große Brücke über den Nogat, und von der Brücke und hinter ihr sieht man direkt am Fluss undeutliche Umrisse der schwarzen Masse von Burgmauern.[35]
> Man fährt ziemlich lange von der Eisenbahnlinie auf einer gewöhnlichen, gleichgültigen Straße inmitten kleiner Häuser, man nähert sich der Burg, umkreist die Burg, man sieht die riesige Statue der Mutter Gottes, der Burgpatronin, bis man inmitten von alten Wallanlagen und Mauern, ehemaligen Klosterspeichern und Mühlen endlich die Haupteinfahrt, die Brücke und das Haupttor erreicht. Man achtet jedoch nicht auf die Burg. Direkt gegenüber von diesem Riesen steht etwas Kleines, gegenüber dem Altertümlichen etwas Neues, gegenüber dieser Schönheit etwas Hässliches, was jedoch den Blick, die Gedanken und die Gefühle ausschließlich auf sich lenkt. Auf dem Rasen, zwischen Blümchen steht ein bronzenes Denkmal [Friedrichs des Großen].[36]

Die persönlichen Anmerkungen von Tarnowski findet man in allgemeinen Beschreibungen der ganzen Burg.

> Heute ist das alles [das Hauptgebäude der Mittelburg, die quadratische Ziegelburgmauer der Hohen Burg] im Zerfall, beinahe im Ruin, mit Ausnahme lediglich eines Flügels, und alle Bücher, alle Reiseführer schieben die Schuld für diese Zerstörung natürlich der ›Polnischen Wirtschaft‹ der Marienburger Wojewoden zu.[37]
> Der Bau ist imposant und [...] über alles originell. Vielleicht schwerer, befestigter, für den Architekten zweifellos eine unerschöpfliche Ideenfundgrube und Gegenstand der Bewunderung über die unerhörte und malerische Kühnheit der Gewölbe im Innern, über die Herkunft und Ordnung der äußeren Formen und Verzierungen.[38]

Erwähnenswert sind die enthusiastischen Anmerkungen von Tarnowski über die gegenwärtigen Restaurierungsarbeiten.

> Die Restaurierung ist ohne Zweifel sehr gut gelungen. Es ist sogar verwunderlich, dass der prätentiöse und so falsche Gotizismus der romantischen Epoche das Echte nicht zu verschönern versuchte und nicht mit den eigenen poetischen Ideen verunstaltete, sondern dass er ihn so beließ, wie er war. Vor allem außen, wo die Ziegel und Steine noch dieselbe Farbe haben, die sie vor Jahrhunderten gehabt haben könnten, ist der Eindruck durch nichts verdorben, und es entsteht die leichte Illusion, man stehe vor einem ursprünglichen, unangetasteten Bau [...]. Innen ist es leider anders. Nicht dass den Restaurator hier die Schuld treffen würde, ganz im Gegenteil, er hat alle alten Linien und Formen erhalten oder restauriert, den alten Schmuck konnte er jedoch nicht wiederherstellen: Er reparierte die Mauer, befreite Gewölbe, hob

> die Pfeiler auf, aber die alten Gemälde, die einstige Farbe gab er den Mauern und Gewölben nicht wieder zurück, und sie stehen heute nackt, weiß gekalkt, kalt, und in dieser Weißheit und Neuheit geht nicht nur der phantastische, geheimnisvolle Reiz eines alten gotischen Baus verloren, sondern sogar die direkt materielle Farb- und Tonharmonie, ohne die kein Gebäude dieser Welt einen vollkommenen Eindruck machen kann.[39]

Die Besuche auf der Marienburg haben die polnischen Touristen auch dazu inspiriert, Kommentare und Impressionen von mehr allgemeiner Natur zu formulieren. Beeindruckt von der geplünderten Grabkapelle der Hochmeister schrieb Julian U. Niemcewicz vom Niedergang des Ordens nach der Konversion des Hochmeisters zum Protestantismus. Dabei dachte er auch über den Einfluss dieser Tatsache auf den Niedergang der Rzeczpospolita nach:

> Der Übertritt zum Luthertum wurde zu ihrem Verhängnis. Wenn sie den Glauben nicht geändert hätten, wenn sie nicht so stolz und brutal gewesen wären, hätten sie sich halten können, auf ihren Trümmern wäre das damals nichts bedeutende Brandenburger Haus nicht entstanden und sowohl sie als auch wir wären ganz.[40]

Der Wechsel der Bestimmung des Burgkomplexes aus dem repräsentativen Sitz der Wojewodschaftsverwaltung zu einer Kaserne sowie zu einem Wirtschaftsgebäude rief einen Kommentar über die Vorgehensweise der »neuen Leute« hervor.

> Oh Gott, rief ich, welche Sachen passieren unter einer eigentlich aufgeklärten Regierung, im 19. Jahrhundert! [...] Wie konnte man bloß für die Kunst und die Geschichte so schöne Andenken zerstören? Aber diejenigen, die nicht länger als seit gestern existieren, mögen ihre demütigende Vergangenheit nicht.[41]

Franciszek S. Dmochowski haben die Marienburger Mauern im Jahr 1857 zu verschiedenen historischen Impressionen veranlasst:

> Wer von meinen Landsleuten denkt bei diesem Anblick nicht an die Reihe von Überfällen und Niederlagen, mit denen der Kreuzritterorden unser Land beinahe 200 Jahre gequält hat und die mit dem Wiederanschluss des Kulmer Landes, Pomerellens und des Marienburger Landes ihr Ende fanden. Die Kreuzritter wichen nach Königsberg aus, wo der Keim der Macht des heute so blühenden Staates seinen Ursprung hat.[42]

Ein Teil dieser Anmerkungen ist sogar schon mit Selbstkritik versehen:

> Es ist bekannt, dass von 1453 bis sogar 1772 Marienburg Polen angehörte. Unsere Vorfahren ließen so viele uralte Burgen verfallen, man sollte sich also nicht wundern, dass in ihrem Besitz auch Marienburg verfallen ist. Es ist kein

Zeichen der alten gotischen Fenster übrig geblieben, die Habgier oder die Nichtachtung haben die Gräber der Hochmeister unter der Burgkapelle angetastet, und es gibt keines mehr dort; die Dächer sind zusammengebrochen, lediglich die Gewölbe und Mauern, wahrscheinlich dank der Mittelpfeiler, sind noch erhalten geblieben.[43]

Zehn Jahre später hat Józef I. Kraszewski die ausgeprägte Vorliebe der Ordensritter zum Komfort besonders gut getroffen:

> Man soll nicht denken, dass die hiesigen Ordensritter ein Mönchs- oder Einsiedlerleben, zurückhaltend vom Komfort, geführt haben, das für andere Mönche Pflicht war [...]. Wir haben keine Vorstellungen, wie die Mönchzellen aussahen, weil sie sich im linken Gebäudeflügel befinden mussten, wo sich jetzt unzugängliche Zechhäuser der Landwehr befinden. Wir denken jedoch nicht, dass sie sehr asketisch eingerichtet waren. Die Ordensritter waren vor allem Soldaten, Milizen und hatten wahrscheinlich mehr mit dem Säbel zu tun als mit dem Rosenkranz.[44]

Er war auch nicht zufrieden mit den Erfolgen der auf der Burg durchgeführten Renovierungsarbeiten und warf den Projektverantwortlichen und Ausführenden eine Modernisierung des Burginneren nach den gegenwärtigen Wohnanforderungen vor.

> Im Allgemeinen ist hier jedoch so viel Neues dazugekommen, und das Ganze sieht so frisch, hell und fröhlich aus, dass das Antike fast komplett verschwunden ist; es ist erhalten geblieben wie ein gemalter alter Traum, von innen etwas nackt. Es ist die unausweichliche Folge jeder Restaurierung in der Welt, dass der ehrwürdige Schimmel weggerieben wird, dieser heilige Jahrhundertstaub, den keine archäologische Genauigkeit und Nachbildungstreue für die Beobachter ersetzen können. Man kann auch nicht zu oft und zu warm die Verwalter der Monumente der Vergangenheit anflehen, damit sie so wenig wie möglich restaurieren und sich lediglich auf die Konservierung beschränken [...]. Der geringste Verdienst der Restaurierung ist, die Burg einfach bewohnbar zu machen.[45]

Stanisław Tarnowski formulierte viele bissige Kommentare über den Deutschen Orden. Besonders beeindruckend ist der ausgebaute historiosophische Kommentar, der weit über den Zeitrahmen, in dem der Ordensstaat existierte, hinausgeht.

> In einem kleinen Städtchen am Nogat, in einer riesigen Festungs- und Klosterburg keimte die Kreuzritteridee, die Idee der Einverleibung und Eroberung, dort verbarg sich die Heuchelei, die unter dem Vorwand der Bekehrung zum christlichen Orden die Vorherrschaft des Deutschen Ordens brachte. Der schlaue Kopf dieses Drachens, der mit seinen unzähligen Armen Pomerellen und Preußen an sich riss, Litauen begehrte, nach Rus und Maso-

> vien griff und begierig auf Polen blickte, hatte sein Lager, sein Nest, das Hauptquartier seiner Kräfte und die Hauptschmiede seiner Rüstungen und seiner Veräterrei […] in der Kreuzritter-Marienburg, in der Burg, die man nicht ohne düstere Hassgefühle und Verwünschungen begrüßen und verabschieden kann. Das ist die historische und moralische Hauptstadt des »Kreuzritter-Reptils« […]. Es ist die Wiege, in der, als keiner die Leibesfrucht des Drachen erwürgte und keiner ihr den Kopf zerschmetterte, diese wieder aufstand und als Albrecht zu laufen begann, sich als Großer Kurfürst so mächtig zu fühlen begann, dass sie anfing, fremdes Eigentum zu begehren, als Friedrich ins Nest zurückkehrte, erneut Pomerellen und Preußen stahl und nach Friedrich nicht wie damals unterm Ordensrittermantel sich an den ärmlichen litauischen Burgen und Städten versuchte, sondern die Hauptstadt des Westens, Paris, zweifach mit einem eisernen Ring zusammenpresste und dem kaiserlichen Wien drohte, und das päpstliche Rom ließ sie nehmen, wen sie wollte, und das sultanische Stanbul ließ sie von keinem, den sie nicht wollte, antasten, und selbst in kaiserliches Purpur gekleidet, verkündete sie der Welt wie der heutige Satan: »Ich bin der Verstand, ich bin die Notwendigkeit!« So wie das Christentum aus dem Bethlehemstall, so hat sich dieser ›ungnädige Verstand‹, der sich für Notwendigkeit hält, an den als Notwendigkeit jeder glauben müsste, der nicht an Gott glaubt, aus diesem kleinen Marienburg verbreitet; so wie dort engelhaft »Friede den Menschen, die guten Willens sind«, so verbreitete sich hier die teuflische Parole: »Macht vor Recht«, hier wurde er geboren und von hier aus begann er zu rauben, »der Staat, der alles gestohlen hat«.[46]

Es gab wenige Polen im 19. Jahrhundert, die die Marienburg besucht haben. In der gesamten Zeit der Teilung hat die Burg jedoch auch polnische Touristen angezogen. Das erfolgte unabhängig von: 1.) der faktischen Verdrängung des Weichsellandes aus dem Interesse der polnischen Öffentlichkeit, 2.) dem Fortschritt der Renovierungsarbeiten auf der Burg, 3.) der Entwicklung der touristischen Infrastruktur.

Bis in unsere Zeit haben sich nur wenige schriftliche Zeugnisse dieser sowohl räumlich als auch mental entfernten Exkursionen erhalten. Das stark begrenzte Quellenmaterial erschwert es, allgemeine Schlüsse zu ziehen, ergibt aber trotzdem eine interessante Ansicht: die Motivationen, welche die polnischen Touristen gerade nach Marienburg gezogen haben, die Eindrücke, welche die Besichtigung der Burg bei ihnen erweckt hat, sowie ein Nachdenken mehr allgemeiner Art, welches die Betrachtung des imposanten Sitzes der Ordensobrigkeit den Besuchern gebracht hat.

Unter den polnischen Touristen der Marienburg des 19. Jahrhunderts sind herausragende Repräsentanten der polnischen Kultur zu finden. Ihre Berichte über Reisen in die ehemalige Hauptstadt des Ordensstaates wurden in verschiedenen Zeitschriften publiziert sowie als separate Bücher herausgegeben. Auf diese Art und Weise konnten die Ansichten der wenigen polnischen Burgbesucher relativ viele Leser erreichen. Die gedruckten Berichte – manchmal sachlich und trocken, meistens aber mit Impressionen mehr allgemeiner Natur – waren nicht selten eine Inspiration für verschiedene Künstler. Darüber hinaus übten sie einen enormen Einfluss auf die Vision des Deutschen Ordens bei der Mehrheit der polnischen Intellektuellen aus.

Anmerkungen

[1] Tarnowski, wakacyj, S. 147.
[2] Vgl. die Bände von Hejnosz, Źródła.
[3] Vgl. allg. Baliński, Lipiński, Tymoteusz, Starożytna.
[4] Vgl. allg. Niemcewicz, Podróże.
[5] Vgl. allg. Dmochowski, Wyzieczka.
[6] Vgl. allg.Tarnowski, wakacyj.
[7] Vgl. allg. Berson, Malborg.
[8] Vgl. allg. Moraczewski, Zamek.
[9] Vgl. allg. Słownik.
[10] Vgl. allg. Gloger, Geografia.
[11] Ebd., S. 154.
[12] Vgl. allg.Orłowicz, Przewodnik.
[13] Vgl. allg. Hartingh, Przewodnik.
[14] Vgl. Jlustrowany.
[15] Vgl. Arszyński, Budownictwo, S. 48.
[16] Vgl. Hartmann, Bemerkungen, S. 22-30.
[17] Vgl. Frydrychowicz, rocznicę, S. 22-24.
[18] Niemcewicz, Podróże, S. 213.
[19] Dmochowski, Wycieczka, S. 69.
[20] Tarnowski, wakacyj, S. 5.
[21] Ebd., S. 9.
[22] Ebd., S. 11.
[23] Ebd., S. 12.
[24] Niemcewicz, Podróże, S. 213.
[25] Ebd.
[26] Ebd.
[27] Ebd., S. 213-214.
[28] Fabiani-Madeyska, Odwiedziny, S. 92.
[29] Dmochowski, Wycieczka, S. 70.
[30] Fabiani-Madeyska, Odwiedziny, S. 160.
[31] Ebd.
[32] Ebd., S. 218.
[33] Ebd.
[34] Ebd.
[35] Tarnowski, wakacyj, S. 19.
[36] Ebd., S. 142.
[37] Ebd., S. 149.
[38] Ebd., S. 151.
[39] Ebd., S. 152-153.
[40] Niemcewicz, Podróże, S. 213.
[41] Ebd., S. 214.
[42] Dmochowski, Wycieczka, S. 69.
[43] Ebd., S. 70.
[44] Fabiani-Madeyska, Odwiedziny, S. 218.
[45] Ebd.
[46] Tarnowski, wakacyj, S. 136-137. Die in der Reihenfolge genannten Personen aus dem Hause Hohenzollern sind: der Hochmeister des Deutschen Ordens und erster Herzog in Preußen, Albrecht von Brandenburg-Ansbach, der Große Kurfürst Friedrich Wilhelm von Brandenburg und der König in und von Preußen, Friedrich II. (der Große).

Literaturverzeichnis

a) Quellen:

Baliński, Michał / Lipiński, Tymoteusz: Starożytna Polska pod względem historycznym, jeograficznym i statystycznym opisana. Bd. I. Warszawa 1843.

Berson, M. [Bersohn, Mathias]: Malborg. Zamek Krzyżacki. In: Kłosy 873 (1882), S. 181, 186-187; 874 (1882), S. 203; 875 (1882), S. 220-222.

Dmochowski, Franciszek Salezy: Wycieczka do starych Pruss, a mianowicie do dawnej ziemi Chełmińskiej, Malborga, Gdańska i nizin Nadwiślańskich. o. O. 1858.

Gloger, Zygmunt: Geografia historyczna ziem dawnej Polski. Nachdr., 2. Aufl., Kraków 1903.

Hartingh, Zofia: Przewodnik po ziemi kaszubskiej. Warszawa 1909.

Hejnosz, Wojciech (Hg.): Źródła do dziejów ekonomii malborskiej. Bd. 1, Toruń 1959.

Hejnosz, Wojciech / Gronowski, Julian (Hg.): Źródła do dziejów ekonomii malborskiej. Bd. 2, Toruń 1960.

Hejnosz, Wojciech / Gronowski, Julian (Hg.): Źródła do dziejów ekonomii malborskiej. Bd. 3, Toruń 1963.

Hejnosz, Wojciech / Waluszewska, Janina (Hg.): Źródła do dziejów ekonomii malborskiej. Bd. 4. Toruń 1967.

Hejnosz, Wojciech (Hg.): Źródła do dziejów ekonomii malborskiej. Bd. 5, Toruń 1971.

Jlustrowany przewodnik po Gdańsku, Oliwie, Sopotach i Malborku. Poznań o. J. [nicht vor 1911].

Moraczewski, Maciej: Zamek Krzyżacki w Malborgu. In: Dźwignia 6 (1882), S. 89-92; 7 (1882), S. 103-106; 8 (1882), S. 123-126; 9 (1882), S. 137-139; 10 (1882), S. 150-152.

Moraczewski, Maciej: Das Kreuzherrenschloss in Marienburg, heut. und vor 500 Jahren. Vortrag gehalten in der polytechn. Gesellschaft in Lemberg am 4. März 1882. Übersetzt von R. Bauer. In: Mittheilungen des Westpreussischen Architecten- und Ingenieur-Vereins 3 (1884), S. 1-44.

Moraczewski, Maciej: Zamek krzyżacki w Malborgu dziś a przed pięciuset laty. Lwów 1882.

Niemcewicz, Julian Ursyn: Podróże historyczne po ziemiach polskich między 1811 a 1828 odbyte. 2. Aufl., Petersburg 1859.

Fabiani-Madeyska, Irena: Odwiedziny Gdańska w XIX wieku, z relacji polskich zebrała Irena Fabiani-Madeyska. Gdańsk 1957.

Orłowicz, Mieczysław: Przewodnik po Europie. 7, Europa Wschodnia i środkowa (Rosya, Austro-Węgry, Niemcy i Szwajcarya). Nachdr., 3. Aufl., Warszawa / Kraków 1914.

Słownik geograficzny Królestwa Polskiego i innych krajów słowiańskich, pod redakcją Filipa Sulimierskiego / Władysława Walewskiego / Bronisława Chlebowskiego. Bd. V, Warszawa 1884.

Tarnowski, Stanisław: Z Prus Królewskich. In: Przegląd Polski 6 (XII 1881), S. 309-372; 7 (I 1882), S. 23-59; 8 (II 1882), S. 181-236.
Tarnowski, Stanisław: Z wakacyj (Prusy Królewskie). Bd. II., Kraków 1894, S. 135-171.

b) Forschungsliteratur:

Arszyński, Marian: Budownictwo warowne Zakonu Krzyżackiego w Prusach (1230-1454). Toruń 1995.
Frydrychowicz, Romuald: W setną rocznicę przekroczenia granicy pruskiej przez dywizje generałów Giełguda, Rolanda i Rybińskiego. Przyczynek do historii powstania listopadowego. Pelplin 1931.
Hartmann, Stefan: Bemerkungen der preußischen Generäle Karl Wilhelm Georg von Grolman und Karl Heinrich Ludwig von Borstell zur Verteidigungsmöglichkeiten der Provinz Ostpreußen und Westpreußen. In: Preußenland 2 (1990), S. 22-30.

»Jedes Volk müßte sein heiteres Westminster haben« – Die Marienburg als preußisches Geschichtsdenkmal zwischen Romantik und Restauration

Jan Werquet

Josef von Eichendorff würdigte 1844 in seiner Schrift *Die Wiederherstellung des Schlosses der deutschen Ordensritter zu Marienburg* das Ergebnis der vorausgegangenen Baukampagnen an dem mittelalterlichen Baudenkmal mit folgenden Worten:

> Das Volk hat in Marienburg nicht nur mitgebaut, sondern auch sich selber daran erbaut. Nicht etwa bloß sogenannte Kenner oder vorwitzige Touristen füllen die aufgeschlagenen Fremdenbücher mit ihren Exklamationen. Ein buntes Wallfahrten den ganzen Sommer hindurch führt Preußen, die früher nichts voneinander gewusst, aus allen Gegenden des Landes in den Remtern zusammen, und zwar nicht zu jenem faden Sommervergnügen, das [...] alljährig launenhaft die Moden wechselt. Es ist die geheimnisvolle, ideale Übermacht, die dort mitten aus der furchtbar langweiligen Fläche alltäglichen Wohlbehagens gedankenreich wieder emporgestiegen. [...] Es ist [...] der deutsche Sinn und Geist, der wie ein frischer Waldhauch durch diese Säle weht und die auf die Hut gestellten Preußen mit ihren Stammesgenossen im Westen fortdauernd verbrüdert, die stete, durch den ganzen Bau und seine Geschichte hindurchgehende Hinweisung auf das Kreuz, unter dem das Volk schon einmal für König und Vaterland gestritten und gesiegt.[1]

Mit diesen Ausführungen unterstrich der lange Zeit im preußischen Staatsdienst beschäftigte Dichter die Bedeutung der Marienburg als patriotisches Denkmal der gesamten Hohenzollernmonarchie – eines Staates, der aufgrund seiner ebenso jungen wie wechselvollen Geschichte noch kaum über eine allgemein akzeptierte, historisch fundierte Selbstdefinition verfügte.[2] Dementsprechend lag es im Interesse des Autors, die Restaurierung der Marienburg als das Ergebnis eines allgemeinen gesellschaftlichen Konsenses erscheinen zu lassen. So hob Eichendorff in seiner weiteren Schilderung zwei Männer hervor, deren einträchtiges Wirken zur Entstehung dieser nationalen Wallfahrtsstätte geführt habe: den regierenden König Friedrich Wilhelm IV., der – so der Autor – bereits als Kronprinz »diese Bedeutung des Baus fasste und hochsinnig ins Leben gerufen hat«, und den Oberpräsidenten der Provinz Preußen, Heinrich Theodor von Schön (amt. 1816-1840), der ebenfalls die Vision des Geschichtsdenkmals Marienburg entwickelt und als Leiter der lokalen Verwaltung die Wiederherstellung des Ordensschlosses tatkräftig betrieben habe.[3]

Wie vor allem in der Rezeptionsgeschichte der Ordensburg deutlich werden wird, steht Eichendorffs Darstellung aus dem Jahre 1844 in bemerkenswertem Gegensatz zur historischen Realität. So sind zwar sowohl der preußische Thronfolger als auch Theodor von Schön eng mit der Baugeschichte der Marienburg in der ersten Hälfte des 19. Jahrhunderts verbunden. Jedoch stehen die beiden von Eichendorff lobend erwähnten Persönlichkeiten weniger für das einträchtige Zusammenwirken staatlicher Funktionsträger. Vielmehr repräsentieren sie gegensätzliche Visionen von Staat und Gesellschaft, für welche die westpreußische Ordensburg eine willkommene Projektionsfläche bot: Erkannte Theodor von Schön in der Restaurierung der Marienburg ein Zeichen für die kommende Errichtung eines liberalen Verfassungsstaates[4], so verstand sich Kronprinz Friedrich Wilhelm als Verteidiger der hergebrachten monarchischen Ordnung[5], die dieser ebenfalls in der als architektonisches Idealbild rezipierten Ordensburg verkörpert sah.

Dass die Marienburg in der Sicht großer Teile der preußischen Eliten zu einem Geschichtsdenkmal von überregionaler Bedeutung werden konnte, war ein halbes Jahrhundert vor Eichendorffs Resümee kaum absehbar. Noch zu Beginn des 19. Jahrhunderts war der Bau aufgrund seines desolaten Zustandes in seiner Existenz akut bedroht. So hatte der Dichter Max von Schenkendorf nicht einmal eine malerische Ruine angetroffen, als er 1803 eine »Wallfahrt«[6] zu dem ehemaligen Ordenssitz unternahm. Sein vorherrschender Eindruck war der einer verwahrlosten, durch profane Nutzung überformten Anlage. Den traurigen Zustand, den Schenkendorf in seinem Reisebericht beschreibt, hatte die preußische Administration zu verantworten, in deren Obhut die Marienburg nach der Ersten Polnischen Teilung im Jahr 1772 übergegangen war. War der Bau in den Jahrhunderten zuvor unter polnischer Herrschaft weitgehend unbeschadet geblieben, hinterließen die nun einsetzende Vernachlässigung und Umnutzung deutliche Spuren. Die preußische Militärverwaltung richtete eine Kaserne im Hoch- und Mittelschloss ein und veranlasste zu diesem Zweck Umbauten, die tief in die überkommene Bausubstanz eingriffen. So wurde ein Großteil der Fenster verkleinert und die innere Raumaufteilung durch das Einziehen von Zwischendecken verändert.[7] Insgesamt stand eine möglichst effiziente Verwertung des Baus im Vordergrund. Obwohl Friedrich II. bei der Inbesitznahme Westpreußens seine Huldigung durch die dortigen Stände auf der Marienburg entgegennahm, hatte die preußische Monarchie kein Interesse, die Anlage in ihrem überkommenen Erscheinungsbild und ihrer ursprünglichen Funktion als Verwaltungszentrum zu erhalten. Anfang des 19. Jahrhunderts schien das Schicksal des Ordensschlosses endgültig besiegelt: David Gilly – als Oberbaurat für die Leitung des staatlichen Bauwesens in Westpreußen zuständig – erhielt von Staatsminister von Schrötter den Auftrag, den Abbruch von Teilen der mittelalterlichen Anlage und die Errichtung neuer Magazinbauten zu prüfen.[8]

Diese radikale Maßnahme wurde aus Kostengründen nicht realisiert. Dass die Marienburg schließlich ihrer endgültigen Zerstörung entging, hatte jedoch noch weiterreichende Gründe. Als David Gilly 1794 die Marienburg bei einer Inspektionsreise in Augenschein nahm, wurde er von seinem Sohn Friedrich Gilly begleitet, der damals am Ende seiner Architektenausbildung stand. Dieser zeigte sich fasziniert von den spätgotischen Backsteinbauten mit ihren komplexen Gewölbekonstruktionen und hielt in mehreren Skizzen und Zeichnungen zentrale Bereiche der Anlage fest. Als eine Auswahl dieser Blätter im Folgejahr in der Berliner Akademie ausgestellt wurde, erregten Gillys Zeichnungen großes Aufsehen. Sie begeisterten das Publikum nicht nur durch ihre künstlerische Qualität, sondern führten ihm auch ein herausragendes – jedoch schein-

Abb. 1: Johann Friedrich Frick nach Friedrich Gilly: Sommerremter der Marienburg. Aquatinta auf Vélinpapier, 69 x 55. Berlin, Kupferstichkabinett SMB, Inventarnr. Top 930. In: Schloß Marienburg in Preussen / Nach seinen vorzüglichsten aueßeren und inneren / Ansichten dargestellt / Herausgegeben von F. Frick. Berlin 1799, Tafel XI.

bar unausweichlich dem Untergang geweihtes – Denkmal mittelalterlicher Baukunst vor Augen. Die öffentliche Wirksamkeit der Zeichnungen wurde 1799 noch einmal gesteigert. Der Berliner Kupferstecher Friedrich Frick gab eine Reihe von großformatigen Aquatinta-Ätzungen heraus, in denen neben Gillys Zeichnungen auch eigene Darstellungen reproduziert wurden. Wie die auf eine Zeichnung Gillys rekurrierende Innenansicht des Sommerremters exemplarisch zeigt, ging es dabei nicht allein darum, die architektonischen Charakteristika der Marienburg zu erfassen.

Dem Betrachter wurde darüber hinaus in phantasievollen Szenen ein Idealbild des mittelalterlichen Ordenslebens vor Augen geführt. Hierin manifestierte sich nicht nur eine neue Sicht auf das mittelalterliche Ordensschloss, die für dessen Rezeptionsgeschichte in den folgenden Jahrzehnten richtungsweisend sein sollte. Zugleich spiegeln Gillys Zeichnungen auch das gewandelte Bild von dessen Erbauer, dem Deutschen Ritterorden, wider. Hatte dieser im 18. Jahrhundert noch als rückständige Macht des Mittelalters und Herr eines reaktionär-katholischen Gemeinwesens gegolten, das vom neuzeitlichen preußischen Staat abgelöst worden war, so änderte sich die vorherrschende Auffassung nun grundlegend.[9] Gerade Vertreter der jüngeren Generation konstruierten eine geistige Verbindung zwischen der bereits mehr als drei Jahrhunderte zurückliegenden Zeit der Ordensritter und der Gegenwart um 1800. So veröffentlichte der 20jährige Max von Schenkendorf nach seinem Besuch der Marienburg im Jahr 1803 in der »Berlinischen Zeitung« einen leidenschaftlichen Aufruf zum Erhalt der Anlage und hob dabei deren Bedeutung als Denkmal der preußischen Geschichte hervor. Das Ordensschloss wurde nach Schenkendorfs Worten zum kulturellen Vermächtnis, zum »Andenken der Väter«, das es zu »ehren und nicht zu verwüsten«[10] gelte. Schenkendorfs Aufruf hatte Erfolg: Knapp ein Jahr nach Erscheinen des Artikels befahl König Friedrich Wilhelm III. per Cabinetts-Ordre die Unterbindung weiterer Abbrucharbeiten und die Erhaltung der Marienburg. Der 1806 ausbrechende Krieg gegen das napoleonische Frankreich verhinderte zwar konkrete Restaurierungsarbeiten und brachte durch die Nutzung von Teilen der Marienburg als Militärlazarett weitere Zerstörungen im Bereich der Innenräume. Die Stiftung des »Eisernen Kreuzes« im März 1813 trug jedoch entscheidend dazu bei, dass die Tradition des Deutschen Ritterordens im politischen Sinne aktualisiert und die westpreußische Ordensburg zum »Zeugnis einer als heroisch empfundenen Vergangenheit«[11] avancierte.

So wurde denn auch bald nach Kriegsende mit der Wiederherstellung der Anlage begonnen. Hierbei kam dem im Mai 1815 zum Oberpräsidenten von Westpreußen ernannten Theodor von Schön eine Schlüsselrolle zu. Dieser brachte am 22. November desselben Jahres in einem Bericht an den preußischen Staatskanzler Hardenberg erstmals konkrete Maßnamen zur Restaurierung der Ordensburg auf die Tagesordnung.[12] Dabei zielten Schöns Bemühungen auf jene Teile der mittelalterlichen Anlage ab, die noch vergleichsweise gut erhalten und leicht von entstellenden Einbauten zu befreien waren. Dies waren zum einen der von Schön als »Rittersaal«[13] bezeichnete Sommerremter und zum anderen der Große Remter – also jene beiden Räume des Hochmeisterpalastes, die der Oberpräsident als die künstlerisch bedeutendsten der noch erhaltenen Teile der Gesamtanlage ansah. In seinem Schreiben an Hardenberg schlug Theodor von Schön eine neue Nutzung dieser beiden historischen Säle vor. Demnach sollten sich im Sommerremter die Stände Westpreußens zu ihren Landtagssitzungen versammeln, während bei diesen Anlässen im Großen Remter Festmahle abgehalten werden sollten. Diese Anregung knüpfte an die Bedeutung an, welche die Marienburg als Sitz des westpreußischen Landtages während der Zeit der polnischen Herrschaft hatte.[14] Darüber hinaus verlieh der Vorschlag des Oberpräsidenten dem Wiederherstellungsprojekt beinahe beiläufig einen klar umrissenen politischen Aussagegehalt. Schön, der bereits während des Krieges dem Kreis der Reformpolitiker um Stein und Hardenberg angehört hatte[15], erhob das Ordensschloss zum Denkmal eines bestimmten Gesellschaftsideals – des Ideals einer konstitutionell verfassten Ständegesellschaft, das einem unbeschränkten Herrschaftsanspruch der Krone diametral entgegenstand.

Schöns Eingabe fand die Zustimmung des Staatskanzlers, und so nahm sich die preußische Bauverwaltung des Restaurierungsprojekts an. Den Auftrag für die Ausarbeitung der Restaurierungsentwürfe erhielt der Magdeburger Architekt Johann Conrad Costenoble, der bereits mit Publikationen über mittelalterliche Architektur hervorgetreten war. Bei der Klärung künstlerischer Fragen stand dieser in engem Kontakt mit Karl Friedrich Schinkel[16], der als leitender Beamter in der Berliner Oberbaudeputation tätig war. Dieser gab in der Begutachtung der Entwürfe Costenobles wesentliche Anregungen für den Umfang und die architektonische Konzeption der Restaurierungsarbeiten. Wie Eva Börsch-Supan herausgearbeitet hat, hatte »sich Costenoble auf Bestandsicherung und Ergänzung fehlender Teile (Türen, Gewölbe) beschränken«[17] wollen und sich dabei zum Teil eng an dem Ansichtenwerk Fricks orientiert. Schinkel trat dagegen für weitergehende Ergänzungen ein: So sollte der Außenbau des Hochmeisterpalastes mit einem umlaufenden, markant hervortretenden Zinnenkranz versehen werden. In den beiden Remtern schlug Schinkel Glasmalereien vor, die sich an der vegetabilen Ornamentik von Fenstern in Zisterzienserkirchen orientieren sollten. Da jedoch der preußische

Staat kurze Zeit nach Ende der napoleonischen Kriege nur die notwendigsten Arbeiten finanzieren konnte, unterstützte Schinkel zunächst die von Costenoble ins Auge gefasste Minimallösung[18].

Die nun einsetzenden Baumaßnahmen gingen dennoch über eine bloße Instandsetzung des Baus hinaus. Dies war einer weiteren Initiative Theodor von Schöns zu verdanken. So schlug der Oberpräsident vor, dass der König die Grundsanierung des Hochmeisterpalastes finanziere, während man für den weiteren Ausbau und die Ausschmückungen private Stiftungen gewinnen wollte.[19] Diesem Finanzierungsmodell gab Schön einen höheren Sinn. Der Bau sollte sowohl als Königsschloss als auch als »National Monument«[20] ins öffentliche Bewusstsein gebracht werden – als ständeübergreifendes Gemeinschaftswerk von Monarchie, Adel und Bürgertum. In der bürgerlichen Teilhabe an dem Projekt sah Schön das Sinnbild für eine politisch gestaltende Kraft, die er auch als Grundlage für die Erneuerung des preußischen Staates betrachtete.[21] Dass dem Oberpräsidenten dabei die Schaffung einer nationalen Weihestätte mit dezidiert historischer Dimension und identitätsstiftender Bedeutung vorschwebte, wird in seinen Worten deutlich, die er im Juni 1818 an den Staatskanzler Hardenberg richtete: »Jedes Volk müßte sein heiteres Westminster haben, wo der König Patron ist und alle Edlen des Volkes zu Hause sind. Marienburg ist seiner Geschichte und seiner Schönheit wegen vorzüglich dazu geeignet«[22].

Während die staatlichen Funktionsträger die Wiederherstellungsarbeiten auf der Marienburg vorbereiteten, erlangte das westpreußische Ordensschloss zunehmend öffentliche Präsenz. Dies war die direkte Folge eines Besuches Schinkels auf der Marienburg im Oktober 1819, bei dem er nicht nur seine Vorstellungen von den anstehenden Restaurierungsmaßnahmen konkretisierte. Schinkel reiste in Begleitung des Verlegers George Gropius, der in Berlin ein Diorama betrieb. Für dieses hatte Schinkel bereits mehrere architektonische Prospekte gezeichnet, und so bot sich nun die Gelegenheit, die Bedeutung der Marienburg mittels einer eigenen Dioramenserie in der preußischen Hauptstadt öffentlichkeitswirksam zu unterstreichen. Die Dioramen, die bereits im November desselben Jahres in Berlin gezeigt wurden, dokumentierten nicht nur die zunehmende Popularisierung der Marienburg als Geschichtsdenkmal. Sie zeigten darüber hinaus auch eine Idealgestalt der Anlage, welche die Ergebnisse der nun einsetzenden Bauarbeiten in vielen Punkten vorwegnahm. Dies betraf vor allem die Hoffassade des Hochmeisterpalastes, die Schinkel nach eigenen Bauaufnahmen rekonstruierte.

Wie er in seinem Reisebericht an Hardenberg ausgeführt hatte, war diese »durch eine dicke Vermauerung in eine glatte, betünchte Wand

Abb. 2: Karl Friedrich Schinkel: Dioramenentwurf Marienburg mit Ansicht der Hoffassade des Hochmeisterschlosses (1819/20). Graphitstift, Feder in Rot und Braun auf Papier, 43,4 x 52,5 cm. Berlin, bpk / Kupferstichkabinett, SMB, Inventarnr. SM 22b. 107.

verwandelt«[23] worden. Schinkel gab den Anstoß, hier die filigrane Blendarkatur aus Segmentbögen über schlanken Granitpfeilern wieder herzustellen, und konzipierte einen neuen Staffelgiebel, der die östliche Chorwand der Hochmeisterkapelle akzentuierte.

Ein besonderes Anliegen Schinkels war die Schaffung eines oberen Fassadenabschlusses des Hochmeisterpalastes, der den wehrhaften Charakter der Gesamtanlage unterstreichen und so dem Bauwerk nach seinen Worten »eine Krone aufsetzen«[24] sollte. So deutete er die an einigen Stellen noch vorhandenen zinnenartigen Auflager der Wehrgangsüberdachung zu frei stehenden Zinnen um und regte an, diese – unter Berücksichtigung der durch Befund überlieferten Zierformen – auch an der Nogatfront des Palastes auszuführen. Wie Bilddokumente aus der zweiten Hälfte des 19. Jahrhunderts zeigen, wurde der Zinnenkranz nach Schinkels Intentionen auf alle Fassaden des Mittelschlosses übertragen. Dies war jedoch nur der Auftakt für eine weitgehende architektonische Neuinterpretation dieser Gebäudeteile. So wurde 1855 der Giebel der Krankenstation (»Firmarie«) an der Nord-Westecke des Mittelschlosses erhöht und mit gotisierenden Fialen versehen.[25] Nach Plänen des örtlichen Bauleiters Robert Gersdorff entstanden zu dieser Zeit als Gegenstück ein ähnlich gestalteter Giebel an der Ostseite des Nordtraktes sowie eine mit Türmen flankierte mittlere Toreinfahrt.[26] Diese Ergänzungen führten dazu, dass sich die Nordseite des Mittelschlosses schließlich als nahezu symmetrisch gestaltete Schaufront darbot.

Während sich die Neugestaltung des Außenbaus in den 1820er Jahren weitgehend auf die Rekonstruktion der Hoffassade des Hochmeisterpalastes beschränkte, gingen die Restaurierungsarbeiten in den Innenräumen bereits zu diesem Zeitpunkt mit einer umfassenden künstlerischen Neuschöpfung einher. Diese sollte die Bedeutung der Anlage als Geschichtsdenkmal unterstreichen, wobei die einzelnen an dem Bauprojekt beteiligten Personen unterschiedliche, aber zunächst miteinander harmonierende Ziele verfolgten. So stand für den Oberpräsidenten von Schön vor allem die identitätsstiftende Funktion des Projekts im Vordergrund, während das preußische Königshaus in erster Linie an einer historischen Kulisse für die eigene Herrschaftsinszenierung interessiert war.[27] Schinkel schließlich strebte eine umfassende »Synthese des geschichtlichen Architekturbestandes und der von diesem inspirierten zeitgenössischen Ausschmückung«[28] an. Da man auf Wandmalereien zunächst verzichtete, konzentrierten sich diese Bemühungen vor allem auf die von Schinkel ins Gespräch gebrachten Glasmalereien im Großen Remter sowie im Sommerremter. So waren allein im Großen Remter, der durch den Abbruch einer Zwischendecke in kurzer Zeit wiederhergestellt werden konnte, 14 Spitzbogenfenster zu gestalten. Gemäß dem von Schön ausgearbeiteten Finanzierungskonzept wurden die neuen Fensterverglasungen von den Städten Westpreußens und den Ständen der westpreußischen Kreise – einschließlich der Bauern – gestiftet. Die meisten Fenster gestaltete der Vedutenmaler Johann Anton Breysig nach dem von Schinkel vorgeschlagenen Vorbild der Glasmalerei im Altenberger Dom, wobei er die mehr als hundert Wappen der Stifter mit einer vegetabilen Grisailleornamentik verband.

Schöns Intentionen bezüglich einer wirkmächtigen Bildsprache gingen jedoch über eine solch kleinteilige Anordnung hinaus. Bereits das von Schinkel entworfene Fenster des Staatskanzlers Fürst Hardenberg mit seinen Allegorien auf den idealen Staat hatte dem Wunsch des Oberpräsidenten nach »Emblemen der Zeit und ihres Strebens«[29] entsprochen. Bei der Gestaltung des benachbarten Fensters des Kreises Riesenburg formulierte man den politischen Aussagegehalt auf eine noch explizitere Weise und schlug zugleich eine Brücke zur Zeitgeschichte.

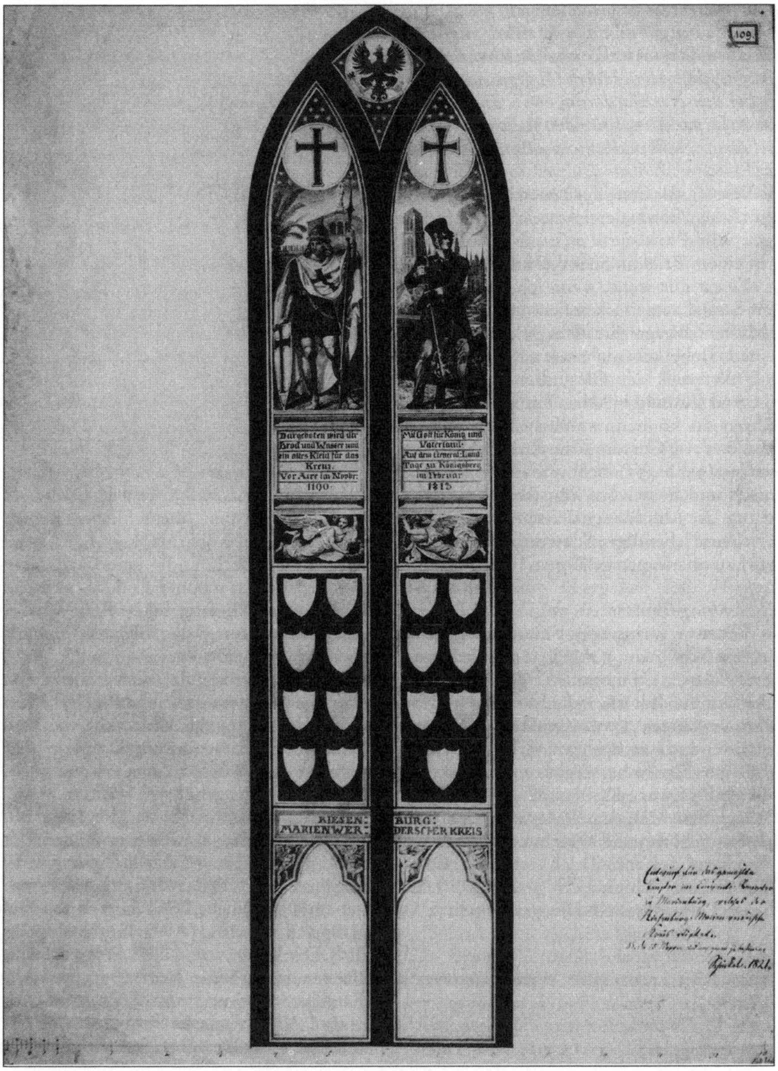

Abb. 3: Karl Friedrich Schinkel: Entwurf für das Riesenburgfenster (1821). Bleistift und Feder, Aquarell auf Papier, 61 x 43,5 cm. Malbork, Archiv, Inventarnr. V 22 / 158.

Als Anknüpfungspunkt diente dabei die preußische Landwehr aus der Zeit der Befreiungskriege, die nach der Auffassung Theodor von Schöns im Riesenburger Kreis ins Leben gerufen worden war. Sie sollte nach dem Wunsch des Oberpräsidenten durch einen Landwehrmann repräsentiert und einem Ordensritter gegenübergestellt werden. In einem Schreiben an Schinkel fasste er die Bedeutung der dabei zugrunde liegenden Geschichtskonstruktion mit prägnanten Worten zusammen: »Die Eroberung des Landes für das Christentum [...] und das Leben und Sterben mit Gott für König und Vaterland [...]. Der Glaube und die Treue. Marienburg ist das Stamm Haus des Ersten, und es wird und soll werden das Symbol des zweiten.«[30] In der Gegenüberstellung wurde zugleich das geographische Bezugssystem des Bildprogramms erweitert und der Kampf gegen Napoleon in einen weltgeschichtlichen Zusammenhang gerückt. So ist im Hintergrund der Ordensritterdarstellung die Basilika der Stadt Accon im Heiligen Land zu erkennen – der Ort, an dem der Ritterorden zur Zeit der Kreuzzüge ins Leben gerufen worden war. Der Landwehrmann erscheint dagegen vor der Stadtsilhouette von Danzig zur Zeit der Befreiungskriege. Diese unterschiedlichen Verortungen waren nach Schöns Intention unmittelbar aufeinander bezogen und in eine übergreifende historische Kontinuität eingebunden:

> Damals musste man sich von der Welt absondern [...] um einer Idee leben zu können. Der Landwehrmann [...] dagegen, in der vollen Welt, lebt der Idee Gottes und des Königs mit aller Welt [...], die Glorie des Landwehrmanns strahlt schöner und muss herrlicher strahlen, weil sie die finsteren Massen in der Welt mit erleuchtet und erhellt [...]. Ohne deutschen Ordensritter [...] zwar kein Kopernik, kein Kant, kein Herder [...] und – kein Landwehrmann, aber die Blüte ist schöner als der Stamm, und die Blume ist dem Himmel näher als die Wurzel.[31]

Die Konstruktion einer gleichsam organischen Einheit von Geschichte und Gegenwart wurde in der neuen Ausstattung des Sommerremters auf eine noch ambitioniertere Weise umgesetzt. Hier hatte Schön bereits seit 1818 den Plan verfolgt, die Angehörigen der regierenden Hohenzollerndynastie als Stifter von künstlerisch gestalteten Fenstern zu gewinnen. Kronprinz Friedrich Wilhelm nahm diese Idee bei seinem Besuch im Sommer desselben Jahres auf der Marienburg begeistert auf, und so schlug Schinkel im Frühjahr 1819 vor, »Haupt-Momente aus der Geschichte des deutschen Ritter-Ordens«[32] in der oberen Fensterreihe darzustellen. Die untere Fensterreihe sollte mit Wappen und Emblemen der Stifter geschmückt werden. Was sich hier auf den ersten Blick beiläufig in die Bau- und Restaurierungsgeschichte der Marienburg einfügt, war die Initiative zu einer für die weitere kunstgeschichtliche Entwicklung richtungsweisenden Unternehmung: der Konzeption und Ausführung eines der ersten Historienzyklen im Deutschland des 19. Jahrhunderts.[33] Zwar hatte es bereits vor 1800 in Preußen mehrere Ansätze zur Förderung einer »vaterländischen« Historienmalerei gegeben, die zum Teil auf gezielte kulturpolitische Initiativen Friedrich Wilhelms III. zurückgingen.[34] Und auch Schinkel selbst hatte in den Jahren der Befreiungskriege der nationalpatriotischen Stimmung jener Zeit in Idealdarstellungen mittelalterlicher Lebenswelten Ausdruck verliehen.[35] Eine öffentlichkeitswirksame Repräsentation geschichtlicher Zusammenhänge in einer monumentalen Bildfolge war jedoch 1819 in Preußen noch ohne Vorbild.

Entsprechend langwierig gestaltete sich die Auswahl der darzustellenden historischen Szenen. Die Grundlage für diesen Entscheidungsprozess bildete eine Liste mit historischen Begebenheiten und Themen der Ordensgeschichte, die Schön aus Vorschlägen des Marienburger Predigers Ludwig Haebler und des Königsberger Archivars Johannes Voigt zusammengestellt hatte. Die Auswahl, die Schön aus diesen Vorlagen traf, zeigt eine deutliche nationalpatriotische Zuspitzung des Bildprogramms. So lehnte der Oberpräsident jene Szenen ab, welche die anfängliche Verbindung des Ordens mit Polen dokumentiert hätten.[36] Die Meinungsverschiedenheiten über die Konzeption des Historienzyklus brachen offen aus, als Schinkel im Namen der königlichen Prinzen, welche die Finanzierung der Fenster übernahmen, die Wünsche des Stifterkomitees formulierte. Der Konfliktpunkt war weniger, dass Schinkels Themenliste Begebenheiten enthielt, welche Schön gestrichen hatte, da er sie nur für schwer darstellbar oder zu wenig bedeutend hielt.[37] Strittig war vielmehr die Hinzufügung einer Szene von erheblicher politischer Brisanz: die Schlacht bei Tannenberg von 1410, in welcher der Deutsche Orden eine schwere Niederlage gegen das polnische Heer und der Hochmeister Ulrich von Jungingen den Tod erlitten hatte. Konnte in den meisten übrigen Punkten bald Einigkeit erzielt werden, so entwickelte sich die Einbeziehung des Tannenbergthemas in den Historienzyklus zu einem unüberbrückbaren Konfliktpunkt. Dieser berührte nicht nur einen Einzelaspekt des Bildprogramms, sondern deutete darüber hinaus auch die unterschiedlichen Zielsetzungen an, die das Königshaus einerseits und der preußische Oberpräsident andererseits mit dem Restaurierungsprojekt verbanden. So merkte Schön im November 1821 kritisch an: »Diese Schlacht ist nicht wert, Gegenstand der Kunst zu sein. Sie vernichtete den Orden und Marienburg und machte die Hälfte des deutschen Preußens zum Slavenlande. Dabei war sie an sich keine große Tat. Ein wüster, toller Hochmeister bramarbassierte und bekam Schläge«.[38] Mit dieser Kritik wandte sich Schön nicht allein gegen Schinkel, der die Schlacht in seine Themenliste aufgenommen und bereits zu diesem Thema von dem Maler Karl Wilhelm Kolbe einen Karton hatte ausarbeiten lassen.[39] Indirekt positionierte sich Schön auch gegen den preußischen Thronfolger, war doch die Darstellung dieses Ereignisses nach Schinkels Worten »höchsten Orts gewünscht«[40]. So unterstützte Kronprinz Friedrich Wilhelm die Haltung

Schinkels, indem er für die Darstellung der Schlacht eintrat – »zu Bezeichnung der Unglücksperiode, die nun einmal nicht zu umgehen ist«[41] – und den Tod des Hochmeisters als heroisches Selbstopfer in der Schlacht würdigte. Damit trat der Kronprinz nicht nur für die Wahrung historischer Faktentreue ein. Indem er den Tod des Hochmeisters als Beispiel heldenhafter Tapferkeit würdigte, verortete er das Ereignis zugleich im Kontext eines aristokratischen Tugendkanons, der in der höfischen Kultur der Restaurationszeit als antirevolutionäre Handlungsmaxime propagiert wurde.[42] Schließlich lenkte Friedrich Wilhelm jedoch in dieser Streitfrage ein, wohl aus Sorge, dass das Engagement des Oberpräsidenten für die Restaurierung der Marienburg erlahmen könne. So blieb Schinkel nur noch, eine grundsätzliche Mahnung an Schön zu richten:

> Möchte doch die heutige christliche deutsche Zeit, von den unumstößlichen Grundfesten Europäischer Kultur, welche das alte Volk der Griechen aufbaute, lernen: den Hochmut aufzugeben und demütig ein göttliches Schicksal anerkennen, was über die herrlichsten und schönsten Menschenverhältnisse unausbleiblich in der Zeit seine Macht ausübt.[43]

Der Mensch, würdig im Kampf mit diesem Schicksal dastehend, sei, »wo jemals Kunst hervortrat, für diese die würdigste Aufgabe«[44] gewesen.

In dem ausgeführten Historienzyklus wurde das Thema »Selbstbehauptung« zwar aufgegriffen, jedoch in einer ganz anderen Weise interpretiert. Dass dabei weniger humanistisches Ethos als nationale Sinnstiftung maßgeblich war, zeigen die noch erhaltenen Entwürfe zu den im Zweiten Weltkrieg zerstörten Fenstern. So war es schließlich die erfolgreiche Verteidigung der Marienburg nach der Niederlage des Ordens in der Schlacht bei Tannenberg, welche die »Unglücksperiode« des 15. Jahrhunderts repräsentierte. Der Maler Karl Wilhelm Kolbe, der wie die meisten Fenster auch dieses entwarf, deutete das historische Ereignis – die Auseinandersetzung zwischen europäischen Mächten – zu einem Kampf zwischen zwei Kulturen um.

Indem er den anstürmenden polnischen Truppen die Züge orientalischer Krieger verlieh, spielte er wohl auf die tatarischen Kontingente des polnisch-litauischen Heeres an. Damit stand Kolbe im Einklang mit der zeitgenössischen Publizistik, welche gegen diese heidnischen Teile des gegnerischen Heeres polemisiert hatte.[45] Zugleich schuf der Maler mit dieser Konfrontation eine Manifestation deutsch-preußischer Identität, welche sich in der Abgrenzung zum polnischen Staat definierte und sich zugleich zum Bollwerk christlich-abendländischer Kultur stilisierte. Diese Verknüpfung von konkreten historischen Bezügen mit spezifischen künstlerischen Überhöhungsstrategien charakterisierte auch die übrigen Fens-

Abb. 4: Karl Wilhelm Kolbe der Jüngere: »Verteidigung der Marienburg« (um 1830). Öl auf Leinwand, 49,5 x 34 cm, bpk / Stiftung Preußische Schlösser und Gärten. Berlin Brandenburg / Jörg P. Anders.

ter des Zyklus. Dabei standen sowohl die Verbindung der Ordensgeschichte zur mittelalterlichen Reichsgeschichte als auch die internationalen Beziehungen des Ordens im Mittelpunkt. Letztere sollten die machtpolitische Bedeutung des Ordens als Vorläufer des preußischen Staates unterstreichen. So spielt das Bild *Der Hochmeister empfängt die englische Gesandtschaft* auf die engen Handelsbeziehungen des Ordens mit den britischen Inseln an. Im Mittelpunkt der sakralen Überhöhung der Ordensgeschichte stand dagegen ein Glasgemälde, das Karl Wilhelm Wach für das von Kronprinz Friedrich Wilhelm gestiftete Fenster entwarf. Es zeigt die Verleihung des Reichsadlers an den Hochmeister durch Kaiser Friedrich II. Zwar ist dieses Ereignis historisch nicht belegbar, hatte aber seit dem 17. Jahrhundert einen festen Platz in der Ikonographie des Deutschen Ordens.[46] Die Darstellung auf dem Kronprinzenfenster bemüht sich einerseits in einigen Details wie der Kaiserkrone um antiquarische Genauigkeit, andererseits bringt sie in besonderer Weise die Verschmelzung von reichsdeutscher, ordensgeschichtlicher und christlicher Emblematik zum Ausdruck. Dies galt auch für die Verglasung der unteren Fensterreihe, die nach Schöns Vorschlag mit den Wappen und Emblemen der Stifter geschmückt wurde. Hier bemühte man sich bei der Auswahl der Bildmotive um eine direkte Bezugnahme auf das Selbstverständnis des jeweiligen Auftraggebers. So zeigte das dem Kronprinzenfenster zugeordnete Stifteremblem ein Motiv, das sowohl im nationalpatriotischen als auch im monarchisch-restaurativen Sinne gelesen werden konnte: die Gestalt des Erzengels Michael, des Schutzpatrons des Heiligen Römischen Reiches, die im Umfeld des preußischen Königshauses als Sinnbild für den gegenrevolutionären Kampf Verbreitung fand.[47] Die unteren Felder dieser Fensterreihe zierte dagegen ein einheitliches Bildmotiv. Hier kam eine stilisierte, an die Gestaltung des Eisernen Kreuzes angelehnte Form des Ordenskreuzes zur Ausführung, die eine direkte Verknüpfung von Ordens- und Zeitgeschichte emblematisch zum Ausdruck brachte.

Mit dem Einsetzen der Verglasung im Sommer 1828 war die Neuausstattung des Hochmeisterpalastes im Wesentlichen abgeschlossen. Im Jahr 1832 reiste der Architektur- und Theatermaler Domenico Quaglio nach Marienburg und hielt im Auftrag des Kronprinzen die restaurierten Teile der Anlage in Zeichnungen und mehreren Gemäldefassungen fest.

Wie Hartmut Boockmann zu Recht unterstreicht, lässt die Ansicht des Sommerremters am ehesten das Nationaldenkmal erkennen, wie es Theodor von Schön vorgeschwebt hatte.[48] Es zeigt den neu ausgestatteten mittelalterlichen Saal als einen öffentlichen Ort der Erbauung und Belehrung, welche der »Jugend der Nation« eine vaterländisch interpretierte Ordensgeschichte vor Augen führt. Zugleich offenbart das Bild eine

Abb. 5: Domenico Quaglio: Ansicht des Sommerremters (1835 oder 1836). Öl auf Leinwand, 55,5 x 70,5 cm. Karlsruhe, Kunsthalle, Inventarnr. 2328.

»Leerstelle«, die zu füllen ein besonderes Anliegen Schöns war. So zeigt Quaglios Bild die an die Fenster anschließenden Blendarkaturen noch ohne Dekoration. Hier wurden erst in den 1850er Jahren Bildnisse von Hochmeistern des Ordens ausgeführt – eine Unternehmung, für die Schön unter anderem Adolph von Menzel gewinnen konnte.

Diese späteren Ergänzungen waren jedoch für die politische Wirksamkeit der ersten Restaurierungskampagne an dem Ordensschloss von eher untergeordneter Bedeutung. Entscheidender war die zunehmende Vereinnahmung des von Schön im liberal-nationalpatriotischen Sinne konzipierten »Geschichtsdenkmals Marienburg« von monarchisch-restaurativer Seite – ein Prozess, der hier nur in groben Zügen skizziert werden kann. Zu dieser Vereinnahmung trugen nicht allein die erwähnten Stiftungen der preußischen Prinzen im Sommerremter und historisierende Festveranstaltungen bei, die zu Ehren des Thronfolgers dort abgehalten wurden. Auch die künstlerische Rezeption der Marienburg durch den preußischen Kronprinzen in der Vormärzzeit steht für eine Geschichtsaneignung, deren Aussagegehalt kaum mit Schöns Intentionen im Ein-

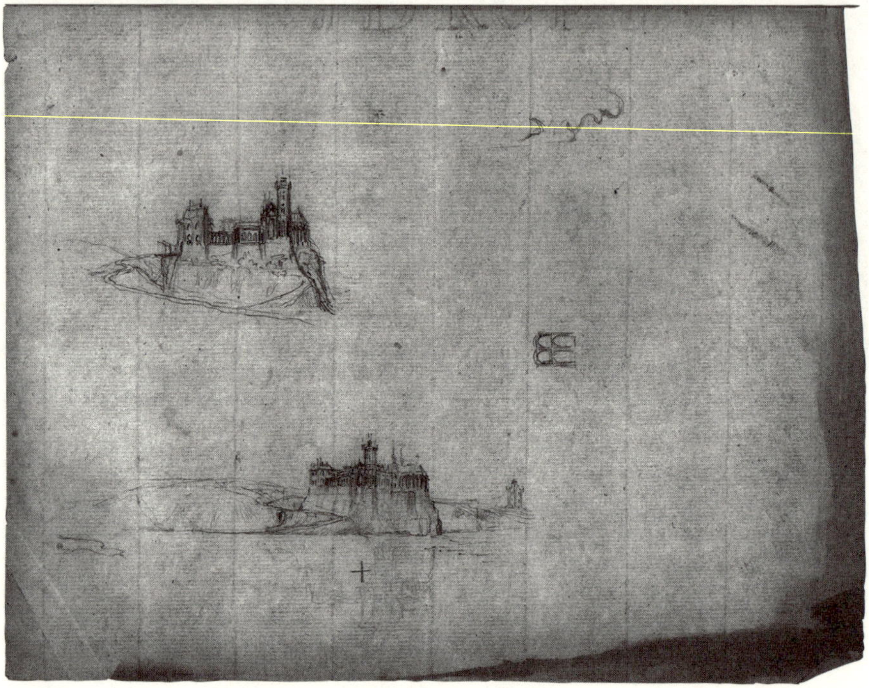

Abb. 6: Kronprinz Friedrich Wilhelm (IV.): Burganlage an einem Steilufer. Bleistift auf Papier (nach 1813), 19 x 24 cm. Stiftung Preußische Schlösser und Gärten, Plankammer, Inventarnr. II-2-Bf-24 RS.

klang stand. Zwar fand eine Gemäldefassung von Quaglios Ansicht des Sommerremters einen Platz im Arbeitszimmer Friedrich Wilhelms im Berliner Schloss.[49] In eigenen künstlerischen Versuchen entwickelte der Kronprinz jedoch ein Idealbild des Ordensschlosses, das einen dezidiert restaurativen Aussagegehalt transportierte. Dieser Aneignungsprozess verlief parallel zu den Diskussionen um die Marienburg in den ersten beiden Jahrzehnten des 19. Jahrhunderts. Den letztlich utopischen Charakter der mit ihm verbundenen künstlerischen Äußerungen zeigen Handzeichnungen Friedrich Wilhelms, die sich mit der Baugestalt der Marienburg auseinandersetzen, diese aber in eine völlig andere topographische Situation übertragen.[50]

Solche Bauideen konkretisierten sich in dem Projekt einer neu zu errichtenden Ordensburg, das der Kronprinz bereits unmittelbar nach dem Ende der Befreiungskriege entwickelt hatte. Diese Anlage war auf einer Insel in der Havel geplant und sollte als Sitz einer evangelischen Bruderschaft, dem Orden St. Georgen, dienen, dem sowohl Friedrich Wilhelm selbst als auch die übrigen königlichen Prinzen angehören sollten.[51] Der geistige Hintergrund dieses und anderer Idealprojekte war die bereits im Zusammenhang mit dem »Tannenbergstreit« erwähnte höfische Ritterromantik, der im Kontext der Mittelalterbegeisterung der Restaurationsära ein zentraler Stellenwert zukam. Die mit dem mittelalterlichen Ritterideal verbundenen Tugenden wie »Treue«, »Glauben« und »Tapferkeit« waren in diesem Zusammenhang vor allem auf den Adel bezogen und galten als Basis eines konservativen und antirevolutionären Gesellschaftsentwurfes. Dieser stellte ein Gegenbild zu den liberalen Bestrebungen jener Zeit dar und fand aus der Sicht Friedrich Wilhelms im architektonischen Idealtyp der Ordensburg eine angemessene bauliche Ausdrucksform.

Vor diesem Hintergrund verdienen denn auch die formalen Analogien zwischen der Marienburg und anderen Burgenrestaurierungen, die unter der Ägide des Kronprinzen und späteren Königs Friedrich Wilhelm IV. erfolgten, ein besonderes Interesse. So hat bereits Bornheim genannt Schilling auf die enge Verwandtschaft des Rittersaales der Rheinburg Stolzenfels mit dem Großen Remter der Marienburg hingewiesen.[52] Diese Übereinstimmung ließe sich um die ähnlich exponierte Position der Burgkapelle ergänzen.

Abb. 7: Burg Stolzenfels, Rheinfront mit Burgkapelle. GDKE Rheinland-Pfalz, Pfeuffer.

Im Lichte der hier skizzierten Ordensburgrezeption Friedrich Wilhelms IV. erscheinen diese Gemeinsamkeiten nicht allein als Ausdruck des künstlerischen Gestaltungswillens der jeweiligen Architekten. Vielmehr werden sie als Versuch des königlichen Bauherrn verständlich, die Burg am Rhein mit dem architektonischen Idealtypus der Ordensburg in Beziehung zu setzen. Bei dem in den 1830er und 1840er Jahren erfolgten Ausbau von Stolzenfels stand dies in einem konkreten historischen Zusammenhang: der Integration der 1815 in Besitz genommenen Rheinlande in den preußischen Gesamtstaat. Das Projekt sollte einerseits die lokale Herrschaftstradition der ehemaligen geistlichen Landesherren, der Trierer Erzbischöfe, evozieren und diese mit der Hohenzollerndynastie verknüpfen. Andererseits stand die Unternehmung unter dem direkten Eindruck der Pariser Julirevolution, deren Auswirkungen auch die Situation in den Rheinlanden zu destabilisieren drohte. So werden die Gestaltungselemente, die Friedrich Wilhelm beim Ausbau von Stolzenfels von der Marienburg übernahm, als Versuch verständlich, die mit dem christlichen Rittertum assoziierten Bedeutungsinhalte zum Ausdruck zu bringen und für die gegenrevolutionäre Politik der Vormärzzeit nutzbar zu machen.

Angesichts dieser Bezüge treten zugleich auch die Unterschiede zwischen der Restaurierung des ostpreußischen Ordensschlosses und dem Ausbau der Rheinburg in einer Weise zu Tage, dass Stolzenfels geradezu als Gegenbild zu Schöns Denkmalkonzept erscheint. Sollte die Restaurierung der Marienburg zu einem Gemeinschaftsunternehmen der gesamten Nation – aller Stände und Körperschaften – werden, so verhielt es sich beim Ausbau von Stolzenfels völlig anders. Hier trat die bürgerliche Öffentlichkeit vor allem in Gestalt des huldigenden Untertanen und interessierten Besuchers in Erscheinung – nicht als Stifter und gestaltende Kraft. Dementsprechend fokussierte sich das Bildprogramm von Stolzenfels auf Herrschertugenden, die aus dem aristokratischen Ritterideal abgeleitet wurden.[53] So fand denn auch Schöns Nationaldenkmalkonzept weniger in weiteren Burgenrestaurierungen seine Fortsetzung. Zum eigentlichen Konkurrenzprojekt des »Geschichtsdenkmals Marienburg« avancierte vielmehr die Kölner Domvollendung, welche die sakrale Überhöhung des Nationsgedanken in einen weiter gefassten Bezugsrahmen stellte – einen Bezugsrahmen, der die Grenzen Preußens weit überschritt und die Frage nach nationaler Selbstdefinition und deren (bau-)künstlerischer Repräsentation auf völlig neue Weise stellte.

Anmerkungen

1 Eichendorff, Wiederherstellung, S. 147.
2 So bezeichnete Friedrich Wilhelm IV. noch 1842 Preußen als ein »Ding« ohne »historische Basis«; zit. n. Barclay, Anarchie, S. 87.
3 Eichendorff, Wiederherstellung, S. 147.
4 Zum Staatsdenken Schöns vgl. Sösemann, Wissenschaft, S. 3-6.
5 Zum Staatsdenken Friedrich Wilhelms IV. vgl. Kroll, Staatsdenken, insbesondere S. 67-93.
6 Schenkendorf, Zerstörungssucht, S. 138.
7 Vgl. Knapp, Marienburg, S. 30-34.
8 Die Einschätzung der Rolle David Gillys hat sich in der jüngeren Forschung gewandelt. Sah Boockmann ihn noch als den eigentlichen Urheber der Abbruchpläne für die gesamte Marienburg, so gehen Eduard Führ und Rita Mohr de Pérez davon aus, dass sowohl David als auch Friedrich Gilly die bedeutendsten Teile der Anlage erhalten wollten. Gilly habe lediglich vorgeschlagen, den bereits weitgehend entstellten Ost- und Nordflügel des Mittelschlosses niederzulegen und mit den daraus gewonnenen Steinen neue Magazingebäude zu errichten. Vgl. Boockmann, Marienburg, S. 12; Führ, Marienburg, S. 163; Mohr de Pérez, Baukultur, S. 152f.
9 Boockmann, Marienburg, S. 13f., 18.
10 Schenkendorf, Zerstörungssucht, S. 138.
11 Börsch-Supan, Provinzen, S. 540.
12 Vgl. Schön an Hardenberg, 22. 11.1815, S. 140-142; vgl. Boockmann, Marienburg, S. 20; Börsch-Supan, Provinzen, S. 542.
13 Schön, Schreiben, S. 141.
14 Vgl. Knapp, Marienburg, S. 46, Anm. 10.
15 Zum politischen Hintergrund Schöns vgl. Dräger, Kampf, S. 93-103.
16 Die Berufung Costenobles war auf Schinkels Vorschlag erfolgt. Vgl. Börsch-Supan, Provinzen, S. 542.
17 Börsch-Supan, Provinzen, S. 544.
18 Vgl. Gutachten Schinkels vom 3. Mai 1817, zit. bei Börsch-Supan, Provinzen, S. 545f.
19 Vgl. Börsch-Supan, Provinzen, S. 546, 549.
20 Schön an Friedrich Wilhelm IV., 6.7.1856, S. 155.
21 Vgl. Boockmann, Marienburg, S. 19-21.
22 Zit. n. Knapp, Marienburg, S. 61. Der Hinweis auf Westminster wird vor dem Hintergrund der Englandreise Schöns im Jahr 1799 verständlich. Durch sie wurde er nach eigenen Worten »erst ein Staatsmann«. Zit. n. Sösemann, Wissenschaft, S. 2.
23 Zit. n. Börsch-Supan, Provinzen, S. 525.
24 Zit. n. ebd., S. 567.
25 Die Anregung hierzu hatte Schinkel bereits 1819 gegeben. Vgl. Börsch-Supan, Provinzen, S. 544f.
26 Vgl. Kilarski, Schinkel, S. 101f.
27 Vgl. Börsch-Supan, Provinzen, S. 567.
28 Ebd.
29 Schreiben Schöns an Hardenberg vom 21.4.1819, zit. n. Börsch-Supan, Provinzen, S. 573.
30 Schreiben Schöns an Schinkel vom Oktober 1821, S. 144f.
31 Ebd., S. 143. Das Bildprogramm wurde Anfang 1822 mit kleineren Veränderungen ausgeführt.
32 Schreiben Schinkels an Theodor von Schön vom 4. März 1819, zit. n. Börsch-Supan, Zustand, S. 568.
33 Spätere Beispiele sind der 1826 bis 1829 entstandene Historienzyklus in den Münchner Hofgartenarkaden sowie die ab 1823/24 geplanten Szenen aus dem Leben Barbarossas im Schloss Heltorf bei Düsseldorf. Vgl. Erichsen, Geschichte, S. 105-112; Kaul, Barbarossa, S. 110-131.
34 Freundliche Hinweise von Eva Börsch-Supan und Jörg Meiner. In diesem Zusammenhang sind vor allem die Gemäldefolge Christian Bernhard Rodes aus den Jahren 1756 bis 1763

nach den von Friedrich II. verfassten Denkwürdigkeiten des Hauses Brandenburg sowie die 1800 auf Initiative Friedrich Wilhelms III eingerichtete »Gallerie vaterländisch-historischer Darstellungen« von Bedeutung. Vgl. Börsch-Supan, Kunst, S. 79-87; Lammel, Bilderfolgen, S. 31-46.

35 So etwa in dem Bild »Gotischer Dom am Wasser« von 1813. SMPK, Nationalgalerie, Inv.-Nr. W.S. 207.

36 Dies betraf etwa die Darstellung einer Gesandtschaft bei Konrad von Masovien.

37 So etwa Themen wie Städtegründungen oder die Krankenpflege.

38 Zit. n.Börsch-Supan, Provinzen, S. 591.

39 Zu dem Karton vgl. Boockmann, Darstellung, Abb. S. 655.

40 Zit. n. Börsch-Supan, Provinzen, S. 591.

41 In seinem Schreiben vergleicht Friedrich Wilhelm das Ende Ulrich von Jungingens bei Tannenberg mit dem Tod des Prinzen Louis Ferdinands im Vorfeld der Schlacht bei Jena und Auerstedt. Vgl. Börsch-Supan, Provinzen, S. 592.

42 Vgl. Werquet, Baupolitik, S. 56.

43 Zit. n. Huse, Denkmalpflege, S. 38.

44 Ebd. Schön rechtfertigte sich daraufhin, indem er seine Ablehnung mit der historisch unangemessenen Darstellung der Schlacht begründete und nicht mit dem Bildgegenstand selbst. Vgl. Boockmann, Darstellung, S. 653.

45 Zum Bildprogramm des Sommerremters vgl. Boockmann, Marienburg, S. 27, 112-117.

46 Boockmann verweist in diesem Zusammenhang auf den »Historischen Bericht vom Marianisch-Teutschen Ritter-Orden« des Johann Caspar Venator von 1680. Vgl. Boockmann, Entwürfe, Anm. 36, 56 und den Beitrag von B. U. Hucker in diesem Band.

47 Vgl. etwa Schinkels Entwurf für einen »Brunnen der Begeisterung« als Denkmal für die Befreiungskriege. SMPK, Kupferstichkabinett, SM 39b.3.

48 Vgl. Boockmann, Marienburg, S. 29.

49 Zur Ausstattung der als Arbeitszimmer genutzten Erasmuskapelle vgl. Bartoschek, Welt, S. 318f.

50 Vgl. Werquet, Baupolitik, S. 322.

51 Vgl. Zuchold, Kronprinz, S. 484; Börsch-Supan, Arbeiten, S. 135.

52 Vgl. Bornheim gen. Schilling, Stolzenfels, S. 40.

53 Dies geschah durch historische Szenen im kleinen Rittersaal. Die Tugend der Tapferkeit wurde hier durch den Tod des böhmischen Königs Johanns des Blinden in der Schlacht bei Crécy dargestellt.

Literaturverzeichnis

a) Quellen

Eichendorff, Joseph Freiherr von: Die Wiederherstellung des Schlosses der deutschen Ordensritter zu Marienburg. Königsberg 1844. In: Boockmann, Hartmut: Die Marienburg im 19. Jahrhundert. Berlin / Wien 1982, S. 144-148.

Schenkendorf, Friedrich Max von: Ein Beispiel von der Zerstörungssucht in Preußen. In: Der Freimüthige. Berlinische Zeitung für gebildete, unbefangene Leser 136 (26. August 1803). In: Boockmann, Hartmut: Die Marienburg im 19. Jahrhundert. Berlin / Wien 1982, S. 137-139.

Schön, Theodor von, an den Staatskanzler Karl August Graf von Hardenberg. Schreiben vom 22. November 1815. In: Boockmann, Hartmut: Die Marienburg im 19. Jahrhundert. Berlin / Wien 1982, S. 140-142.

Schön, Theodor von, an König Friedrich Wilhelm IV. Schreiben vom 6. Juli 1856 über seine Tätigkeit für die Marienburg. In: Boockmann, Hartmut: Die Marienburg im 19. Jahrhundert. Berlin / Wien 1982, S. 154-157.

b) Forschungsliteratur

Bornheim gen. Schilling, Werner: Stolzenfels und Marienburg. In: Gramberg, Werner / Hirschfeldt, Peter / Wietek, Gerd (Hg.): Bewahren und Gestalten. Festschrift für Günter Grundmann. Hamburg 1962, S. 35-42.

Barclay, David E.: Anarchie und guter Wille. Friedrich Wilhelm IV. und die preußische Monarchie 1840-1861. Berlin 1995.

Bartoschek, Gert: Die Welt in Bildern. In: Friedrich Wilhelm IV. Künstler und König. Zum 200. Geburtstag. Frankfurt a. M. 1995 (= Katalog zur Ausstellung vom 8. Juli bis 3. September 1995. Stiftung Preußische Schlösser und Gärten Berlin-Brandenburg), S. 317-321.

Börsch-Supan, Eva: Arbeiten für König Friedrich Wilhelm III. von Preußen und Kronprinz Friedrich Wilhelm (IV.). München / Berlin 2011 (= Karl Friedrich Schinkel. Lebenswerk 21).

Börsch-Supan, Eva: Die Provinzen Ost- und Westpreußen und das Großherzogtum Posen. München / Berlin 2003 (= Karl Friedrich Schinkel. Lebenswerk 18).

Börsch-Supan, Helmut: Vaterländische Kunst zu Beginn der Regierungszeit Friedrich Wilhelms III. In: Aurora. Jahrbuch der Eichendorff-Gesellschaft 39 (1979), S. 79-100.

Boockmann, Hartmut: Die Entwürfe von Karl Wilhelm Kolbe und Karl Wilhelm Wach für die Glasmalereien des Marienburger Sommerremters. Beiträge zu einer Ikonographie des Deutschen Ordens. In: Arnold, Udo (Hg.): Preußen und Berlin. Beziehungen zwischen Provinz und Hauptstadt. Lüneburg 1982 (= Tagungsberichte der Historischen Kommission für ost- und westpreußische Landesforschung 2), S. 9-39.

Boockmann, Hartmut: Die Darstellung der Schlacht von Tannenberg für den Sommerremter der Marienburg. In: Jähnig, Bernhart / Michels, Georg (Hg.): Preußenland als Forschungsaufgabe. Festschrift für Udo Arnold zum 60. Geburtstag. Lüneburg 2000 (= Einzelschriften der Historischen Kommission für ost- und westpreußische Landesforschung 20), S. 651-658.

Boockmann, Hartmut: Die Marienburg im 19. Jahrhundert. Berlin / Wien 1982.

Dräger, Udo: Theodor von Schön und der Kampf um die Aufhebung der Patrimonialgerichtsbarkeit. In: Sösemann, Bernd (Hg.): Theodor von Schön. Untersuchungen zu Biographie und Historiographie. Köln / Weimar / Wien 1996 (= Veröffentlichungen aus den Archiven Preußischer Kulturbesitz 42).

Erichsen, Johannes / Henker, Michael (Hg.): »Vorwärts, vorwärts sollst du schauen ...«. Geschichte, Politik und Kunst unter Ludwig I. Katalog zur Ausstellung 8. München 1986 (= Veröffentlichungen zur Bayerischen Geschichte und Kultur 8/86).

Führ, Eduard: Marienburg, im Sommer 1794. Kurzer Vermerk zu einer Dienstreise. In: Führ, Eduard / Teut, Anna (Hg.): David Gilly – Erneuerer der Baukultur. Münster / New York / München / Berlin 2008 (= Begleitbuch zur Ausstellung in Zusammenarbeit mit Gerd Biegel, Braunschweigisches Landesmuseum), S. 159-164.

Kaul, Camilla G.: Friedrich Barbarossa im Kyffhäuser. Bilder eines nationalen Mythos im 19. Jahrhundert. Köln 2007 (= Bonner Beiträge zu Kunstgeschichte 4).

Kilarski, Maciej: Schinkel und Marienburg (Malbork). Schinkels Erbe im Wandel der denkmalpflegerischen Anschauungen. In: Zeitschrift des deutschen Vereins für Kunstwissenschaft 35 (1981), S. 95-120.

Knapp, Heinrich: Das Schloß Marienburg in Preußen. Quellen und Materialien zur Baugeschichte nach 1456. Lüneburg 1990.

Kroll, Frank-Lothar: Friedrich Wilhelm IV. und das Staatsdenken der deutschen Romantik. Berlin 1990. (= Einzelveröffentlichungen der Historischen Kommission zu Berlin 72, Forschungen zur preußischen Geschichte).

Lammel, Gisold: Zwischen Legende und Wahrheit. Bilderfolgen zur brandenburgisch-preußischen Geschichte. Münster 1997.

Mohr de Pérez, Rita: David Gillys Baukultur als Basis der Denkmalpflege im preußischen Bauwesen. In: Führ, Eduard / Teut, Anna (Hg.): David Gilly – Erneuerer der Baukultur. Münster / New York / München / Berlin 2008 (= Begleitbuch zur Ausstellung in Zusammenhang mit Gerd Biegel, Braunschweigisches Landesmuseum), S. 151-158.

Sösemann, Bernd: Wissenschaft und Politik. Eine Kritik der Ansichten und Urteile über Schöns Leben und Werk in zwei Jahrhunderten. In: Sösemann, Bernd (Hg.): Theodor von Schön. Untersuchungen zu Biographie und Historiographie. Köln / Weimar / Wien 1996 (= Veröffentlichungen aus den Archiven Preußischer Kulturbesitz 42), S. 1-28.

Werquet, Jan: Historismus und Repräsentation. Die Baupolitik Friedrich Wilhelms IV. in der preußischen Rheinprovinz. München / Berlin 2010 (= Kunstwissenschaftliche Studien 160).

Zuchold, Gerd: Der Kronprinz als Kloster- und Ordensgründer. Die Entwurfszeichnungen Friedrich Wilhelms (IV.) zum Kloster »St. Georgen im See«. In: Jahrbuch Preußischen Kulturbesitz 29 (1992), S. 483-507.

Die Marienburg in der Historiographie und Belletristik des 19. Jahrhunderts

Eugen Kotte

1. Idee und Planung des Denkmals

Marion Wohlleben hat 1997 die Marienburg als besonders geeignetes Beispiel »für die Herstellung von Geschichtsbildern durch Restaurierung« im 19. Jahrhundert bezeichnet. Damit rekurriert sie auf die seit 1817 durchgeführten Wiederaufbaumaßnahmen, in denen sich romantische Verklärungen mit gegenwartsgebundenen politischen Intentionen vermischten, um das von Verfall bedrohte Bauwerk zum Nationaldenkmal zu qualifizieren. Die Geschichte des Wiederaufbaus dokumentiert indes auch den Wandel der an die Marienburg geknüpften geschichtspolitischen Auffassungen, so dass die Burg nach 1871 zum Sinnbild »politische[r] Projektionen des [...] deutschen Nationalstaats«[1] werden konnte.

Nach der Ersten Polnischen Teilung (1772) hatte der Verfall der Marienburg eingesetzt, der – nachdem sie zunächst noch als Kaserne gedient hatte – aufgrund ihrer ruinösen Nutzung durch die Einrichtung eines Exerzierplatzes im Großen Remter, durch Lagerung militärischer Ausrüstungsgegenstände und schließlich durch Baumaterialgewinnung beschleunigt wurde.[2] Der Verfall des Bauwerks wurde durch die Auffassung insbesondere Friedrichs des Großen begünstigt, die Geschichte des Ordens als ein dem preußischen Staat wesensfremdes Element zu ignorieren.[3] Ende des 18. Jahrhunderts wurde ein Abrissplan vorgelegt, der allerdings aufgrund der hohen Kosten nicht realisiert wurde.

1794 besuchte der Berliner Architekt Friedrich Gilly die Marienburg und fertigte in romantischer Begeisterung für das Mittelalter Zeichnungen für die Berliner Akademie der Künste an. Er hatte bereits den geschichtspolitischen Wert der Marienburg erkannt:

> So befindet man sich mit ein[em] wirklich großen Interesse an diesem Ort, der so nahe mit der Geschichte des Vaterlandes zusammenhängt, von welchem aus sich Bildung und mächtige Herrschaft über diese Provinz verbreitet und welcher als der Grundstein der Rechte angesehen werden kann, welche das brandenburgische Haus auf die Regierung Preußens besitzt.[4]

Einige Jahre später wurden Gillys Zeichnungen durch den Berliner Kupferstecher Friedrich Frick in einer Serie großformatiger Aquatinta-Ätzungen reproduziert.

Durch diese Bilder wurde der Schriftsteller Ferdinand Max von Schenkendorf zu einem 1803 im »Freimüthigen« veröffentlichten Artikel über *Ein Beispiel von der Zerstörungssucht in Preußen* inspiriert:

> Unter allen Überbleibseln Gothischer Baukunst in Preußen, nimmt das Schloß zu Marienburg die Erste Stelle ein. [...] Das alte Gebäude kam mir wie das Skelett eines Riesen vor. Es wird ausgeweidet, und nur die kahlen Seitenwände verschont man. [...] [Man] müsste [...] doch das Andenken der Väter ehren und nicht verwüsten. [...] Wer retten will und kann, der rette bald; denn Eile ist nöthig![5]

Dieser viel beachtete Text veranlasste schließlich den preußischen König Friedrich Wilhelm III. zu einer Cabinets-Ordre zur Erhaltung des Bauwerkes.[6]

Deutlicher noch zeigte sich 1813 des Königs Bereitschaft, die Ordensgeschichte für den preußischen Staat in legitimatorischer wie auch identitätsstiftender Weise nutzbar zu machen, durch die Stiftung des nach einem Entwurf von Karl Friedrich Schinkel dem Symbol der Ordensritter nachempfundenen Eisernen Kreuzes.[7] Schenkendorf beschwor bereits im Vorfeld der Ordensstiftung in seinem Gedicht *Das Eiserne Kreuz* (1812) die Kontinuität zwischen dem Ordensstaat und dem Königreich Preußen und erhob die Marienburg zum zentralen Sinnbild dieser Geschichtsperspektive:

> Auf der Nogat grünen Wiesen / Steht ein Schloß im Preußenland, / Das die frommen deutschen Riesen / Einst Marienburg genannt. [...] Doch ein Herr, dem alle weichen, / Hat den Jammer fromm bedacht, / Hat uns unser Ordenszeichen / aus der Gruft heraufgebracht.[8]

Die mit Stiftung des Eisernen Kreuzes symbolisierte neue Geschichtssicht nutzte auch Joseph von Eichendorff in der letzten Szene seines Dramas *Der letzte Held von Marienburg* (1830), indem er sie dem von ihm heroisierten Heinrich von Plauen als zukunftsgerichtete Vision vor dessen Tod in den Mund legt:

> So laß den Orden nur zusammenstürzen: / Das Kreuz bleibt stehn, [...] Die Helden all aus ihren Gräbern geh'n; / Die richten schweigend auf den stillen Höh'n / Ein wunderbares Kreuz empor von Eisen / In der gewitterschwarzen Einsamkeit. – / Da geht ein Schauer durch das Volk der Preußen / Und noch einmal gedenkt's der großen Zeit.[9]

Der preußische Staat erscheint bei Eichendorff geradezu als Reinkarnation des Ordens, dem die (unvollendete) Aufgabe der Germanisierung des östlichen Mitteleuropa obliegt. Anders als Schenkendorf verortet Eichendorff jedoch diesen Auftrag nicht allein in der Hohenzollern-Dynastie, sondern im gesamten Volk, und er bezieht die motivationsfördernde Kraft des historischen Rekurses nicht nur auf die östlichen Gebiete Preußens, sondern deutet sie als entscheidende Energie des Sieges über Napoleon und somit als Bestätigung des nach 1815 vergrößerten preußischen Gesamtstaats:

> Die Waffen blitzen, mutig schallen Lieder – / Reich' mir den Helm, geb't mir das Banner wieder! / Das flatternde Panier hoch in der Hand, / Zieh' ich der Schar voran durch's deutsche Land, / Am Rheine pflanzen wir's zu Gottes Ruhm.[10]

So wird durch Eichendorff der aus seinem Rekurs auf die Napoleonischen Kriege herrührende Bogen bis in den Westen des Deutschen Bundes, an die Grenze zum anderen, 1813 überwundenen Erbfeind Frankreich geschlagen: »Plauen stirbt im äußersten Osten des deutschsprachigen Gebiets, und in seiner Vision pflanzt er das Banner des Ordens an der Westgrenze auf.«[11] Die Überzeugung von Preußens »deutscher Sendung« ist hier unverkennbar.

Eichendorff befand sich mit der in seinem Drama ausgedrückten Auffassung im Einklang mit dem seit 1816 als Oberpräsident von Westpreußen amtierenden Theodor von Schön[12], einem der »hervorragenden Köpfe«[13] aus dem Kreise der preußischen Reformer[14], der die Wiederherstellungsarbeiten mit der Zielsetzung vorantrieb[15], »die Marienburg zum politisch-ideologischen Denkmal auszubauen«[16] und traditionsbildend zur historischen Fundierung des preußischen Staates[17] zu nutzen: »Diese Zeit des Unglücks ist überwunden, durch einen Krieg, der die Nachkommen jener Helden, welche den Bau gründeten, würdig macht, sich eines solchen Denkmals ihrer Ahnen zu erfreuen«.[18] Schön war zwar durchaus Verfechter des monarchischen Prinzips, aber mit dem Bekenntnis zur konstitutionellen Monarchie erwies er sich als einer der »entschiedensten Vertreter der Repräsentatividee«.[19] Eichendorffs Hinweis auf das »Volk der Preußen« ist daher von besonderer Bedeutung, denn mit diesem wird Schöns Auffassung reflektiert, dass der Wiederaufbau der Marienburg »eine Sache der Nation sei«[20]. Entsprechend unterstützte letzterer die Publikation des Dramas.[21]

Insbesondere die Verglasungen des Großen Remters und des Sommerremters lassen Schöns Vorsatz, die glorifizierte Ordensgeschichte mit politischen Interessen der Gegenwart zu verbinden, erkennen. Eines der Fenster im Großen Remter zeigte einen Ordensritter aus der Zeit des Verlusts von Akkon zusammen mit einem preußischen Landwehrmann aus den Napoleonischen Kriegen und wurde von Schön in einem Brief aus dem Jahre 1821 an den zeitweilig mit der Restaurierung beauftragten Karl Friedrich Schinkel folgendermaßen kommentiert: »Ohne deutschen Ordensritter [...] zwar kein Kopernik, kein Kant, kein Herder und kein

Dach, und – kein Landwehrmann, aber die Blüte ist schöner als der Stamm, und die Blume ist dem Himmel näher als die Wurzel.«[22] Für Schön stellte die Landwehr einen »Grundpfeiler der einzulösenden Repräsentation des Volkes« dar, »gleichsam als Nation in Waffen« in der »Beteiligung einer selbständig und selbstbewußt gewordenen Bevölkerung an einem der wesentlichen Bereiche staatlicher Macht«[23].

Die von Schön mit Unterstützung des Historikers Johannes Voigt[24] verfolgte Zielsetzung, die Geschichte des Deutschen Ordens im östlichen Mitteleuropa als zukunftsgerichteten Auftrag in die Genese des preußischen Staates einzubinden, erwies sich – zumindest zunächst – als erfolgreich. Entsprechend hat Eichendorff in einer auf Anregung Schöns 1844 erschienenen Denkschrift[25] den Wiederaufbau der Marienburg interpretiert:

> Deutschland hatte sich selbst, fast überrascht, wiedererkannt, und die Herzen [...] wurden auch für die großen Erinnerungen der Vorzeit und die Denkmale, die von ihnen zeugen, wieder empfänglich. [...] [D]a wies auf einmal ein Mann [...] auf das rechte Stammhaus preußischer Größe und Bildung, auf die verlassene Marienburg hin [...]. Und so erhob sich denn rasch und unerwartet die alte Marienburg, indem der König sie vor der Unbill der Zeiten in Schutz nahm und sein Volk sich getreulich um ihn scharte, als ein wahrhaftes Nationalwerk[26].

Eichendorff überführt das unmittelbar preußische Interesse in einen nationalen, deutschen Zusammenhang, der seine Beeinflussung durch das »gesamte geistige Umfeld mit Romantik und Befreiungskriegen, mit den unbefriedigten Hoffnungen auf eine nationale Einheit, mit den nationalen Emotionen während der Rheinkrise und der erneuten Steigerung deutschen Selbstbewußtseins beim Dombaufest«[27] in Köln verdeutlicht. Die den vormärzlichen Bedingungen geschuldete Einbeziehung des Volkes wurde dann nach 1848 nicht mehr betont; »[d]ie Einweihungsfeier sollte [...] [schließlich] ganz im Zeichen wilhelminischen historisierenden Pompes und eines viel deutlicheren imperialistischen Antislavismus stehen«[28].

Ein weiteres, durch Karl Wilhelm Kolbe gestaltetes Remterfenster[29] zentralisierte die nach der desaströsen Schlacht bei Tannenberg gelungene Verteidigung der Burg. Damit wurde die von August von Kotzebue in seinem Schauspiel[30] *Heinrich Reuß von Plauen, oder die Belagerung von Marienburg* (1805) für viele literarische Texte des 19. Jahrhunderts eröffnete Strategie aufgenommen, die Schlacht bei Tannenberg lediglich als Ausgangspunkt der Handlung zu nutzen, um die erfolgreiche Verteidigung der Marienburg umso wirkungsvoller hervorheben zu können.[31]

Kotzebue stand noch in der Tradition Herders und von der Aufklärung beeinflusster Historiographen[32], die die durch Friedrich II. in der Goldenen Bulle von Rimini (1226) für den Deutschen Orden ausgesprochene

Garantie als widerrechtliches Geschenk ausgewiesen, die Bekämpfung der Prussen als Vernichtung gebrandmarkt sowie das ausschweifende Leben und die unterdrückende Herrschaft der Ordensritter massiv kritisiert hatten[33], ohne freilich deswegen die Politik Polens positiv zu beurteilen[34]. Die antipolnische Tendenz Kotzebues[35] wird bereits in der Ausgangssituation der verlorenen Schlacht bei Tannenberg deutlich:

> Dem Luchse gleich, der nur vom Baum herab / Dem edlen Hirsche auf den Nacken springt / So fallen sie [die Polen] nach Blute lechzend, auf / Die tapfere Schar, vor der sie eben noch gezittert[36].

Die den Polen unterstellte Feigheit wird auf ihren König Jagello übertragen[37], so dass eine Figurenkonstellation kreiert wird, als deren Extreme Jagello und Heinrich von Plauen erkennbar werden und die – vermittelt über den noch heidnischen, aber tapferen litauischen »Großherzog« Witold – im fiktionalen Liebespaar Gedemin (nicht zufällig mit dem Namen des Urahns der litauischen Dynastie) und Jawinne (mit dem christlichen Namen Helene) zusammengeführt wird. Nicht das christliche Motiv ist für Kotzebue entscheidend, sondern es sind moralische Kriterien, an die er seine Bewertung der handelnden Figuren bindet. In der Darstellung des jugendlichen Helden Gedemin wird Kotzebues Verurteilung der brutalen Unterjochung baltischer Völker reflektiert. Gedemin ist als moralische Figur angelegt, indem er, obwohl aus Rache für seine totgeglaubte Geliebte Jawinne zur Tötung Plauens entschlossen, den Plan des Tartaren Bagardin, Plauen und die versammelten Ordensritter im Sommerremter zu vernichten, ablehnt[38]. Kotzebue nutzt hier eine später wiederholt aufgegriffene Legende[39], um die grundsätzlich ehrenhafte Gesinnung Gedemins zu kennzeichnen.

Der strahlende Held des Stückes ist allerdings Heinrich von Plauen, zunächst als Retter Jawinnes[40], dann als in der Schlacht von Tannenberg nach dem Tode des Hochmeisters weiterhin tapfer streitender Ordensgebietiger[41] und schließlich durch seinen selbstlosen Eid auf die Verteidigung der Marienburg unmittelbar nach dem missglückten Anschlag Bagardins in der zweiten Szene des dritten Akts: »Ich Heinrich Reuß von Plauen schwoere laut, / Eh' sollen diese Mauern ueber mir / Zusammenstuerzen – Hunger – Pest mich tödten! […] / Eh' ich Marienburg den Polen liefre!«[42] Der Ort seiner Erhöhung ist die Marienburg, die damit auch zum Schauplatz der Bewährung der durch die »Feuertaufe« der Schlacht bei Tannenberg gegangenen Reste des Deutschen Ordens wird. Um diese Deutung der Ordensgeschichte literarisch gestalten zu können, verlässt Kotzebue die ihm wohlvertraute Faktizität: Die Beteiligung Heinrich von Plauens an der Schlacht von Tannenberg ist fiktiv und dient seiner Qualifikation zum positiven Helden; die 1410 längst erfolgte Christianisierung der Litauer wird ignoriert, um die Beziehungen der vermittelnden Figuren zu motivieren.

2. Die »romantische Vision«[43] von der mittelalterlichen Burg

Für die romantische Historiographie war Kotzebue »der Inbegriff der schärfsten und gehässigsten Verurteilung des Deutschen Ordens«[44]. Insbesondere Johannes Voigt beeinflusste mit seiner opulenten Studie zur *Geschichte Preußens* nachhaltig das Bild des Deutschen Ordens in der ersten Hälfte des 19. Jahrhunderts. Er war es, »der die fundamentale positive Umbewertung des Bildes des Deutschen Ordens [...] durchgesetzt hat«[45] und auf diese Weise eine grundlegende Wirkung auf das Wiederherstellungskonzept Theodor von Schöns[46] wie auch auf die literarische Auseinandersetzung insbesondere Joseph von Eichendorffs[47] ausübte. Die in der Aufklärung so massiv kritisierte Unterwerfung der Prussen legitimiert Voigt letztlich:

> Kreuz und Schwert aber sollten der Verbreitung des Deutschen Lebens die Bahn brechen durch Erdrückung des dunkelen Heidenthums und für die edlere Anpflanzung den wildverwachsenen Boden säubern, auf dem das Unkraut des Götzendienstes im Schatten der heiligen Eichen so mächtige Wurzeln geschlagen.[48]

Dem Deutschen Orden wurde eine kulturelle Pionierfunktion zugestanden; ausgehend von dem »unter den zeitgenössischen Liberalen [...] weit verbreitete[n] und kaum reflektierte[n] [...] Bewusstsein der kulturellen und zivilisatorischen Überlegenheit«[49].

Voigt erkannte auch den symbolischen Wert der Marienburg, durch die er die deutsche Kulturleistung in Ostmitteleuropa repräsentiert sah:

> Wahrlich! Die Geschichte könnte immerhin schweigen; diese Burg würde laut genug von der Tiefe des Gemüths und dem hohen Geistesflug der Menschen zeugen und erzählen, die vor Zeiten dieses Land gewonnen und zu deutscher Bildung und Sitte gebracht haben.[50]

Es war jene Argumentation der positiven Bewertung des Ordens in der unterstellten kulturellen Mission, der Integration des Ordensstaates in die Kontinuität preußischer Staatswerdung und der Mahnung an den gegenwärtigen preußischen Staat zur Germanisierung der im Osten benachbarten Völker, die in der Marienburg ihren sichtbaren Ausdruck suchte. Hier liegt die grundlegende Motivation, das Bauwerk aus dem Verfall zu retten und den preußischen Staat nicht nur in seiner Existenz zu rechtfertigen, sondern auch in seiner spezifischen Funktion des politischen und kulturellen Gestalters im östlichen Mitteleuropa zu bestätigen sowie für seine Vorreiterrolle innerhalb des Deutschen Bundes zu qualifizieren.

Wie bei Kotzebue bildet in Eichendorffs Drama *Der letzte Held von Marienburg* die Schlacht bei Tannenberg die Ausgangssituation des Geschehens; entscheidender aber sind die durch Eichendorff vorgenommenen Veränderungen: Die Polen, zwar oftmals diffamierend »Polacken« genannt, werden nur am Rande aufgrund ihres Bündnisses mit heidnischen Völkern getadelt: »Der Polenkönig, der sein krummes Schwert / Voll Grimm gewetzt an unseres Ordens Schwelle [...] / Jetzt ist er plötzlich in das Land gebrochen / Mit Schrei'n, Tartaren, Raub und Brand!«[51] Polnische Figuren kommen im Stück kaum vor; Rominta, die zunächst aufgrund der Tötung ihres Vaters durch Ordensritter eine Verschwörung zur Ermordung Plauens organisiert, ihn später jedoch aufgrund ihrer Liebe vor der Intrige der preußischen Landritter warnt, ist als Nachfahrin prussischer Adliger zu identifizieren[52].

Auch die Verteidigung der Marienburg wird nur im zweiten Aufzug thematisiert; der zentrale Konflikt hingegen ist innerhalb des Ordens und seiner Verbündeten angesiedelt. Der Antagonist ist der als Sinnbild des Verfalls angelegte Ordensritter Georg von Wirsberg, der sein Gelübde und damit die Werte des Ordens verletzt, sich aufgrund sexueller Begierde und persönlicher Ambitionen in ein Mordkomplott gegen Plauen verstrickt und schließlich durch seinen Selbstmord der göttlichen Strafe anheim fällt.

Doch Plauen wird im Drama durch weitere Gegner bedroht, die von persönlichem Eigennutz getriebenen Söldner[53] und die durch Abgaben belasteten preußischen Landritter[54]. Die Opposition der Stände wird von Eichendorff deutlich als Verrat gebrandmarkt:

> Kinthenau (rasch) [:] [...] Mit poln'schem Gelde warb ich heimlich Söldner, / Viertausend lauern, meinem Wink bereit – / Es murrt das Volk, an ihren Ketten rütteln / Die Ordensritter, die der Plau'n gekoppelt. [...] Renys [:] Wie Du's auch stellst, / Verwegner,'s ist doch Hochverrat![55]

In diesem Zitat wird bereits ein weiterer Konflikt angesprochen, dessen Ausgang Plauens Absetzung bedeutet. Auch der Ordensmarschall Michael Küchmeister, der zwar egoistisch nach der Hochmeisterwürde strebt[56], aber andererseits die Mehrzahl der Ordensritter repräsentiert[57], wird als Gegenspieler Plauens erkennbar. Eichendorff lässt Küchmeister als derartig problematische Figur bestehen: Er verkündet Plauen zwar in der zweiten Szene des letzten Aufzugs dessen Absetzung[58] und lässt sich zum Hochmeister wählen, doch erst, nachdem er ihn vor dem Anschlag durch die preußischen Landritter bewahrt hat.

Es ist also die Figur Plauens, an der alle anderen Akteure des Stückes ausgerichtet sind, und es ist Küchmeisters Begründung für Plauens Absetzung, die auch die Hauptfigur nicht unproblematisch erscheinen lässt. Plauens Verdienst liegt zunächst einmal in der Rettung der Marienburg und damit des Ordensstaates; er wird gar als Inkarnation St. Georgs zum Hoffnungsträger stilisiert.[59] Seine Verfehlung besteht, wie er kurz vor seinem Tode in der letzten Szene selbst erkennt, in der eigenmächtigen Überschreitung der Regeln des Ordens[60]. Nicht die Motive Plauens, die in der Reformierung des Ordens liegen[61], sondern seine Hybris verursacht seinen Fall; sein Tod wird (unhistorisch) in die Zeit unmittelbar nach seiner Absetzung verlegt. Doch kaum ist er gestorben, erweist sich sein Geist und Erbe als den Feinden überlegen; Plauens Figur erfährt im Bericht über die (ebenfalls unhistorische) zweite Errettung der Marienburg eine Apotheose: »Des totgeglaubten Plauens Schreckensbild / Erblicken sie gewappnet auf der Zinne. – / Da fasst Entsetzen Herrn und Knecht', und mitten / Im Jubel wandte schaudernd sich der König.«[62]

Die Marienburg ist in Eichendorffs Drama der Ort, an dem sich der mehrschichtige Konflikt verdichtet. Nicht nur wird sie von außen bedroht, auch werden hier die Auseinandersetzungen innerhalb des Ordens ausgetragen, und nicht zuletzt ist sie Schauplatz des ersten Mordanschlags auf Plauen. Schließlich erfolgt auch hier die Absetzung Plauens. Ihrer doppelten Behauptung gegen den Feind entspricht aber auch ihre Funktion als Hoffnungssymbol: Sie steht für die ursprünglichen Werte und die Macht des Ordens.[63] Als eine derartige Bastion wird die Marienburg zum steinernen Symbol gegen die aus dem Osten drohende Gefahr – nicht nur, wie Martin Faber meint, für das Christentum[64], sondern für Deutschland.[65]

Doch die nationale Auseinandersetzung dominiert im Drama nicht. Nach den Napoleonischen Kriegen gab es preußisch-etatistische Motive[66], sich mit der Geschichte des Deutschen Ordens und dem Wiederaufbau der Marienburg zu befassen, und diese kommen in der politischen Vision und der Apotheose Plauens im letzten Akt zur Sprache. Eichendorff hatte diese traditionsbildende Kontinuitätslinie einige Jahre zuvor in seinem aus Anlass des Besuchs des Kronprinzen auf der Marienburg 1822 vorgetragenen Gedicht *Der Liedsprecher* bereits betont:

> Doch droben auf der Zinne / Steht noch der Heldengeist, der was die Zeit beginne, Still nach dem Kreuze weist. // Es wechseln viel' Geschlechter und sinken in die Nacht – / Stehfest, du treuer Wächter, / Und nimm Dein Land in acht! [...] // Das ist des Königs Walten, Was herrlich, groß und recht, / Im Wechsel zu erhalten / Dem kommenden Geschlecht. // Er hob die Heldenmale / Zu neuer Herrlichkeit, / Damit das Volk im Tale / Gedenk' der großen Zeit.[67]

Die Verbindung zwischen der Geschichte des Deutschen Ordens und dem modernen preußischen Staat besteht allerdings nicht allein in einer legitimierenden Traditionsbildung, sondern ist appellativ als Auftrag in die Zukunft gerichtet. Das verbindende Glied ist die Marienburg, einst Hauptsitz des deutschen Ordens, nun Denkmal preußisch-deutscher Größe.

In der 14 Jahre nach Erscheinen des Dramas publizierten Denkschrift Eichendorffs sind zwar antipolnische Tendenzen erkennbar[68], doch auch hier werden die Hauptursachen für den Verfall der Ordensherrschaft in der Entfernung der Ordensritter von ihren Idealen[69], in »Eigennutz, Sittenlosigkeit und Ungehorsam«[70] sowie in Auseinandersetzungen innerhalb des Ordensstaates[71] gesehen.

Die Polen stellen die äußere Seite des inneren Verfalls dar.[72] Insbesondere dem polnischen König Władyław II. Jagiełło wird Aggression, Neid und Raubgier unterstellt[73], was anhand der bereits bekannten Legende demonstriert wird.[74] Für die Zeit nach der Übernahme der Marienburg durch Polen werden Referenzbegriffe des Stereotyps »Polnische Wirtschaft« benutzt[75]; die schließliche Verwüstung der Marienburg wird den Polen angelastet:

> Besonders entstellt aber, ja fast alles Ansehens einer Festung beraubt wurde das Schloß [...]. Und so war denn nach und nach bis zur Mitte des 18. Jahrhunderts das ganze Schloß von einer schachernden Gesindelstadt umzingelt und umqualmt, deren elende Häuser die Burg [...] mit dem Schmutze des Lebens verdeckten.[76]

Eichendorffs Behauptungen »polnischer (miserabler) wirtschaftsökonomischer Organisation und [...] (mangelhafter) staatspolitischer Organisierung«[77] münden schließlich in der Selbstverschuldungsthese zur Legitimation der polnischen Teilungen: »Auf solche Weise hatten die Polen endlich ihr Staatsschiff [...] gründlich zerschlagen, es musste an der eigenen Maßlosigkeit zerschellen.«[78] Plauen dagegen wird das Verdienst zugeschrieben, diese Zustände von Chaos, Maßlosigkeit und Ineffizienz zunächst verhindert zu haben; nach der erfolgreichen Verteidigung der Marienburg war »Preußen [...] frei, und noch einmal hatte der heldenmütige Statthalter das deutsche Banner über dem Lande aufgerichtet«.[79]

Die gegenüber dem Drama deutlichere Nationalisierung der Geschichte wird besonders durch die Qualifizierung der Marienburg als Denkmal und als Aufforderung zur deutschen Aufgabe in Mitteleuropa deutlich:

> Es ist endlich der deutsche Sinn und Geist, der wie ein frischer Waldhauch durch die Säle weht und die auf die Vorhut gestellten Preußen mit ihren Stammgenossen im Westen fortdauernd verbrüdert; die stete, durch den ganzen Bau und seine Geschichte hindurchgehende Weisung auf das Kreuz

> [in Anspielung auf das Eiserne Kreuz[80]], unter dem das Volk schon einmal für König und Vaterland gestritten und gesiegt.[81]

3. Die Marienburg als Denkmal des Kaiserreichs: der historistische Wiederaufbau

Bereits wenige Jahre nach den Revolutionen von 1848 kritisierte der erste Konservator in Preußen, Friedrich von Quast, die Wiederherstellungsbemühungen aus der ersten Jahrhunderthälfte mit dem Argument, dass dem ganzheitlichen Wiederaufbau der Burg archäologisch-architektonische und historische Studien voranzugehen hätten[82] – eine Forderung, die nach der durch das Zerwürfnis Schöns mit Friedrich Wilhelm IV. bedingten Entlassung Schöns 1842 und seinem Engagement in der Preußischen Nationalversammlung 1848[83], das ihn schließlich zur »persona non grata«[84] degradierte, wesentlich erleichtert wurde. Der Forderung Quasts entsprachen dann die nach 1882 durch den Architekten Conrad Steinbrecht durchgeführten Rekonstruktionsarbeiten.[85] Die architektonischen Resultate der »romantischen Vision von der Burg«[86] wurden zugunsten »eines strengeren, auf ein breiteres Spektrum vergangener Kunst zielenden Historismus«[87] beseitigt. Innerhalb von 15 Jahren wurde das Hochschloss wiederhergestellt; die Arbeiten am Mittelschloss wurden 1923 weitgehend abgeschlossen. Wilhelm II., der den Wiederaufbau der Marienburg mit besonderem Interesse verfolgte und sie auch als kaiserliche Residenz nutzte[88], würdigte die Wiederherstellungsbemühungen 1902 durch einen Festakt: »Jetzt ist es wieder so weit. Polnischer Übermut will dem Deutschtum zu nahe treten, und ich bin gezwungen, mein Volk aufzurufen zur Wahrung seiner nationalen Güter.«[89]

Auch die literarische Umbewertung der Burg setzte schon bald nach den Revolutionen ein. 1851 entstand ein durch den evangelischen Pfarrer A. G. Schreckenbach verfasstes Gedicht unter dem Titel *Des Kreuzes Bewährung. Marienburgs Rettung durch Heinrich Reuß von Plauen*, in dem eine Symbiose aus religiöser Rechtgläubigkeit und nationalem Deutschtum kreiert wird. Aus der unmittelbaren Erfahrung der Revolution heraus wird die Restitution fürstlicher Macht als gottgewollte Ordnung begrüßt[90], den Fürsten das Vorbild Heinrich von Plauens empfohlen: »Himmlisches Licht erstrahle dem Bilde des treuesten Helden! [...] / Möchte nur jeglicher Fürst bei solchem Lichte, dem Volke / Als ein gesalbter des Herrn gehen im Kampfe voran.«[91] Die dürftige Schilderung der Schlacht bei Tannenberg wird genutzt, um die Kontrahenten zu charakterisieren. Während Jagello Eitelkeit, Selbstsucht und falsches Christentum unterstellt wird[92], wird Plauen als von göttlicher Vorsehung auserwählter Ritter nicht nur der christlichen, sondern auch der deutschen Sache präsentiert: »Und da war es, als ob Lichtesstrahlen / Aus des Himmels Höhen niedersänken, – / Nicht im Haupte nur, auch in dem Herzen / Ihm Begeistrung, heil'ge, zu entzünden.«[93] Diese Kontrastierung wird noch gesteigert, indem die Polen im Zusammenhang mit der auch hier aufgenommenen Legende vom Anschlag auf die Ordensritter durch die versuchte Zerstörung des Pfeilers im Sommerremter diabolisiert werden: »Wie die bösen Geister in der Hölle, Mit satan'scher Schadenfreude spähen […] / So Jagello jetzt mit seinen Argen!«[94] Der Plan misslingt, denn der Orden steht unter dem Schutz Gottes: »Doch, bald erfuhren Alle, / Wie der Herr die Hand gehalten hatte / Ueber seine Treuen, sie zu retten.«[95] In einer simplen Polarisierung erzählt Schreckenbach mit religiös-belehrendem Duktus die Geschichte der Verteidigung der Marienburg. Das nationale Anliegen tritt zwar etwas zurück, gerät aber nicht aus dem Blick: »Nicht um's eigne Leben war ihm bange, / Leichts Opfer einem gläub'gen Helden! / Nein, es galt ein ganzes Volk zu retten / Und zugleich des heil'gen Kreuzes Ehre.«[96] Entsprechend wird die Marienburg zur Schutzbastion gegen die aus dem Osten drohende Gefahr stilisiert: »In Marienburg, dem Haupt der Häuser, / Sollen alle sich zusammenfinden, / dass man seine königlichen Zinnen / Vor dem Frevel und Verderben schütze.«[97] Die von Kotzebue und Eichendorff noch geübte Kritik ist verschwunden – Schreckenbach geht es um drei Ziele: erstens um das Plädoyer für die durch das Gottesgnadentum getragene monarchische Gewalt, zweitens um die Durchsetzung deutscher Interessen im Osten und drittens um die religiöse Erbauung im protestantischen (gegen den Katholizismus gerichteten) Sinne.

Die Bemühungen um einen historistischen Wiederaufbau der Marienburg wurden 1862 durch Heinrich von Treitschkes Essay über *Das deutsche Ordensland Preußen*, der »die Größe, Tradition und die deutsche Sendung und Mission des preußischen Staates […] verherrlich[te]«[98], bestärkt. Für Treitschke drückte Geschichtsschreibung »den Willen zur politischen Auseinandersetzung mit der jeweiligen Gegenwart« aus; die historische Forschung war ihm darüber hinaus die »Erarbeitung allgemeingültiger Kategorien, deren Basis die strukturelle Gleichartigkeit verschiedener geschichtlicher Erscheinungen war«[99]. Treitschke intensivierte daher die Kulturträgertheorie durch die (gegenwartsbezogen auffordernd gemeinte) Rechtfertigung der gewaltsamen Germanisierung der prussischen und auch der polnischen Bevölkerung: »Es lebt ein Zauber über jenem Boden, den das edelste deutsche Blut gedüngt hat im Kampf für den deutschen Namen und die reinsten Güter der Menschheit.«[100] Treitschke erweitert die bereits im frühen 19. Jahrhundert verbreitete »These vom west-östlichen Kulturgefälle […] zur Theorie von der slavischen Kulturlosigkeit«, indem er »antipolnische, nationalistische und tendenziell bereits […] rassistische Theorien«[101] ideologisch verdichtet. Unter Einbindung des Stereotyps der »Polnischen Wirtschaft«[102] verurteilt er die mit dem Ende des Ordensstaates beginnende polnische Herrschaft über das westliche Preußen: »Das übrige Land jedoch empfand schwer die klägliche politische Unfähigkeit der Polen. Untergraben wurden die Grundlagen reinerer Menschensitte, die deutscher Fleiß gelegt«. Erst Friedrich der Große habe mit der Ersten Polnischen Teilung jenen »widernatürliche[n] Zustand, dass Slaven über Deutsche herrschten«, beendet. Der Kern aber

> dieses wüsten Regiments [der Polen ist] […] in den Schicksalen der Marienburg [zu erfassen]. Geplündert und geschädigt von der heiduckischen Besatzung fiel die Hochburg zuletzt an die Jesuiten, und was die Rohheit der Heiducken nur halb vollbracht, vollendete die Culturbarbarei der frommen Väter. […] Zwischen den Pfeilern der Remter zog der Pole dünne Wände, weil er der Kühnheit der deutschen Gewölbe nicht traute, und die ernste Wahrhaftigkeit des Ziegelrohbaus ward bedeckt mit der lügenhaften Hülle des Gipses.«[103]

Nicht nur bedient sich Treitschke nationalistischer Ideologeme, verstärkt durch den »stigmatisierenden Singular«[104] »der Pole«, auch instrumentalisiert er den konfessionellen Gegensatz. Er verstärkt bereits vor Gründung des Kaiserreichs das monarchische Element, indem er, der selbst einen Plan für ein Drama über diesen Hochmeister entworfen hat[105], den wegen des Bruchs der Ordensregel getadelten Heinrich von Plauen als »junge[n] Helden«[106] stilisiert. Doch Treitschke sieht den Ordensstaat auch als Modell und hebt dabei jene Elemente hervor, die er für die preußisch-deutsche Entwicklung und den auch von ihm erwünschten nationalen Staat unter preußischer Führung als relevant ansieht. Ihre eigentliche »historische Bedeutung erhält die Ordensgeschichte erst aus der Geschichte des modernen preußischen Staates«[107] und seiner zeitgenössischen Rolle. Für Treitschke symbolisiert die durch den preußischen Staat seiner Gegenwart betriebene Wiederaufrichtung der – in seiner Optik – seit ihrer Veräußerung an Polen 1457 im Verfall begriffenen Marienburg »den politischen und geistigen Wiederaufstieg des Landes zu neuer, den veränderten Bedingungen der Zeit gemäßer Größe […] [und den] Vergleich Altpreußens mit dem Deutschen Bund«[108].

Die von Treitschke vertretenen Prämissen beeinflussten auch Conrad Steinbrecht:

> In der Marienburg dagegen verkörperte sich das Wesen des ganz aus Deutschland hervorgegangenen Ordensstaates […]. Es ist mit einem Wort ein Schöp-

> fungsbau, und den müssen wir [...] wiederherstellen: [...] anschaulich für das Volk, damit das Deutschthum auf dem strittigen Boden an der Weichsel sich seines älteren Heimatrechts und seiner höheren Culturaufgaben bewusst bleibt.[109]

Deutlich beeinflusst von der durch Treitschke ausgedrückten nationalen Hochstimmung der Gründerzeit ist der von Rudolph Genée 1884 zu einem Zeitpunkt veröffentlichte Roman, als die historistische Wiederherstellung der Marienburg bereits aufgenommen worden war. Auch dieser Text zentralisiert die Verteidigung der Marienburg. Polen erscheint als Erzfeind nicht nur des Ordens, sondern der Deutschen insgesamt.[110] Die Aufgabe des Ordens wird nicht mehr in der Bekämpfung der Heiden, sondern in der Behauptung deutscher Macht im Osten gesehen. Der Konflikt wird deutlich nationalisiert; entsprechend wird die Darstellung des polnischen Königs äußerst negativ gestaltet: »Daß dieser tückische Hund [d. h. König Władysław II. Jagiełło] uns auch diese asiatischen Horden ins Land hetzt, das ist das schon Verruchteste, was er getan, und er selber soll es büßen!«[111] In Jagiełło, einem »aus Spekulation zum Christen gewordene[n] Heide[n]«[112], wird die antipolnische Stoßrichtung des Romans verdichtet: »Jagiellos Herrschergröße zeigte sich mehr in seinen Ränken voller Lug und Trug, als auf dem Schlachtfelde.«[113] Nachdem er durch den polnischen Hauptmann Wolsky (der abgründigsten Figur des Romans) vom Plan erfahren hat, die Gebietiger des Ordens im Sommerremter durch einen gezielten Schuss zu vernichten (auch hier wird die alte Legende bemüht), wird die Zweckmäßigkeit seiner christlichen Überzeugung deutlich: »Man soll Gott wohl dienen, aber man soll den Teufel nicht ärgern.«[114] Konterkariert wird diese Verurteilung des polnischen Königs durch den heroisierten Heinrich von Plauen, der im Verweis auf diesen Pfeiler die zentrale Bedeutung der Marienburg als Symbol »der deutschen Kraft«[115] hervorhebt[116]: »Ja, der Pfeiler steht, und so steht Heinrich von Plauen, Statthalter von Marienburg!«[117] Bei Genée stehen kontinentalimperialistische Aspirationen des deutschen Kaiserreichs im Vordergrund, die mit der Herrschaft des Ordens, der »seine große Kulturaufgabe für die deutschen Lande glorreich durchgeführt habe«[118], begründet werden. Bezeichnenderweise wird der deutsche Anspruch durch Plauen in seinem Gespräch mit Jagiełło deutlich zum Ausdruck gebracht: »Die zwei Jahrhunderte, in denen hier deutsche Kraft und deutscher Fleiß den Boden gepflügt und befestigt hat als einen Wall zum Schutze deutscher Sitten, die werdet ihr in Ewigkeit nicht tilgen können«.[119] Mit dem in diesen Worten mitschwingenden Hegemonialanspruch wird Preußens »deutsche Sendung« verbunden. Es ist der Held des Romans, der die Vision einer immer wieder beschworenen »neue[n]

Zeit« artikuliert: »Der neue Feind, der jetzt gegen den Orden steht, bekämpft in ihm schon eine neue Zeit, [...] die er [...] in dumpfem Ahnen fürchtet [...]: die Zeit in der sich aus deutschem Geiste ein neuer Geist des Christentums erheben und eine neue Herrschaft gründen wird.«[120] Diese Aussage, die die Säkularisierung des Ordens, in deren Nucleus bereits der moderne preußische Staat aufscheint, rechtfertigt, wird im Roman durch vom Kulturkampf des Bismarckreiches beeinflusste Angriffe gegen die Heuchelei der Polen und gegen den katholischen Klerus vorbereitet.[121] Plauen erscheint als Urvater des preußischen Staates, der nach 1871 die Führung im Deutschen Reich übernommen hatte:

> Die weit in die Zukunft hinausragende Bedeutung des Ereignisses konnten freilich nur wenige überschauen. Heinrich von Plauen [...] und sein greiser Verbündeter Friedrich von Zollern, sie wussten, was es zu bedeuten hatte, dass des deutschen Geistes Schutz und Hort gerettet war vor dem Andrang der slawischen Verbrüderung mit der Barbarei.[122]

Inmitten dieser nun deutlich mit nationalistisch-aggressiven Tönen versehenen Instrumentalisierung der Ordensgeschichte für aktuelle politische Zielsetzungen wird die Marienburg als »Krone des Ordensstaats«[123] platziert. Sie ist nicht nur die »starke Burg in Ehren / Ein Denkmal deutscher Kraft / Erbauet und bewehret von deutscher Ritterschaft«[124], sondern Bollwerk, Platzhalter und Appell deutscher Macht im östlichen Mitteleuropa: »Ein Denkmal alter Zeiten / Im neuen Vaterland / Stehst Du als deutsche Warte / Dem Osten zugewandt.«[125]

4. Resumé

In der Trias korrespondierender architektonischer Bemühungen, historiographischer Bewertungen und literarischer Gestaltungen im 19. Jahrhundert zerfällt die Stilisierung der mittelalterlichen Burg, durch die im Rekurs auf die Geschichte aktuelle politische Zielsetzungen und zukunftsgerichtete Aspirationen ausgedrückt werden sollten, in zwei Phasen, in denen bau-, historiographie- und literaturgeschichtlich die sich verändernden geschichtspolitischen Indienststellungen durch eine immense symbolische Aufladung der Marienburg reflektiert wurden.

Wirkte zunächst noch die aufgrund der gewaltsamen Unterwerfung des Prussenlandes und der insbesondere im 15. Jahrhundert deutlich zu beobachtenden Verfallserscheinungen eher negative Beurteilung des Deutschen Ordens durch die aufklärerisch beeinflusste Historiographie nach, so lassen sich andererseits bereits frühe Tendenzen zur Implementierung der Ordensherrschaft in die deutsche Nationalgeschichte feststellen, durch die die im 19. Jahrhundert so wirksame Kulturträgertheorie vorbereitet wurde. Bereits Kotzebue stilisierte Heinrich von Plauen zum Heros und bediente sich dabei zweier inhaltlich-kompositorischer Strategien, die für die Literatur des 19. Jahrhunderts wegweisend wurden: der Peripherisierung der historisch bedeutsamen Niederlage in der Schlacht bei Grunwald bei umso deutlicherer Hervorhebung der Verteidigung der Marienburg sowie einer alten Legende über den missglückten Anschlag auf die im von einem Pfeiler getragenen Sommerremter der Marienburg versammelten Ordensgebietiger.

Mit der um die Wende zum 19. Jahrhundert erfolgten »Wiederentdeckung« der Marienburg durch Künstler und Schriftsteller der Frühromantik, die vor dem Hintergrund der Napoleonischen Kriege maßgeblich den Wiederaufbau der Marienburg vorantrieben, änderte sich die Beurteilung des Deutschen Ordens. In der vor allem durch Johannes Voigt durchgesetzten positiveren Bewertung erwies sich die Marienburg als geeignet, den nach den Befreiungskriegen euphorisch artikulierten frühen liberal-nationalen Anliegen, denen der Deutsche Orden als Modell für »liberal-ständisch geprägte Erneuerungs- und Reformbestrebungen«[126] diente, einen historischen Bezugspunkt zu offerieren; entscheidender für den zunächst durch idealisierende romantische Vorstellungen vom Mittelalter verfolgten Wiederaufbau der Marienburg aber waren preußisch-etatistische Motive, durch die der Ordensstaat zur Legitimation der preußischen Mitteleuropapläne wie zur Betonung des preußischen Großmachtanspruchs in die retrospektiv konstruierte Traditionslinie des preußischen Staates integriert wurde. Mit der nach den Befreiungskriegen vorangetriebenen Nationalisierung der Ordensgeschichte verband sich auf diese Weise ein kulturmissionarischer Anspruch, der in den der Marienburg gewidmeten Texten Eichendorffs auch durch dessen im Vorfeld der Revolutionen von 1848 verstärkte Nutzung antipolnischer Stereotype seinen Ausdruck fand.

Nach dem politischen Scheitern der Märzrevolutionen dienten der Deutsche Orden und als dessen sichtbares Symbol die Marienburg dann diametral entgegengesetzt der Restauration monarchischer und fürstlicher Macht, als deren Archetypus Heinrich von Plauen ausgewiesen wurde. Noch vor der Reichsgründung nutzte Heinrich von Treitschke die Ordensgeschichte, um die Größe, die Tradition, die kulturelle Mission und schließlich die »deutsche Sendung« Preußens hervorzuheben, indem er nicht nur die monarchische Lesart im Hinblick auf die Hohenzollern-Dynastie verstärkte, sondern tendenziell rassistische Ideologeme über die Kulturlosigkeit der slawischen Völker, insbesondere der Polen, integrierte, um den Hegemonialanspruch Preußens durch die Behauptung der zivilisatorischen Höherwertigkeit aller Deutschen zu untermauern. Nachdem im Gefolge der Reichsgründung 1871 die mit bürgerlichen Partizipationsbestrebungen verbundenen nationalen Anliegen durch den obrigkeitlich geschaffenen kleindeutschen Nationalstaat unter Führung Preußens und der Hohenzollern ideologisch amputiert und staatspolitisch nutzbar gemacht worden waren, wurde die Ordensgeschichte in der durch Treitschke vorgezeichneten Linie auch literarisch genutzt, um die kontinentalimperialistischen Pläne des deutschen Kaiserreichs zu rechtfertigen. Die Polen, deren Katholizismus vor dem Hintergrund des Kulturkampfes als zusätzliche Angriffsfläche diente, wurden als Erbfeinde der Deutschen ausgewiesen; die für sie behauptete Minderwertigkeit wurde bei Rudolph Genée durch eine nationalistisch-aggressive Diktion, in der die begonnenen massiven Germanisierungsmaßnahmen als Heilsbringung ausgewiesen wurden, gesteigert. Die Marienburg, deren historistische Restauration ebenfalls in den 1880er Jahren aufgenommen wurde, galt Genée wie schon vorher Treitschke sowohl als sichtbarer Beleg für die kulturell-ethnische Höherwertigkeit der Deutschen wie auch als Schutzbastion gegen die aus dem Osten drohende Gefahr.

In besonders eindringlicher Weise reflektiert also die im 19. Jahrhundert architektonisch von einer Burgruine zum Denkmal erhobene Marienburg in ihrer Dominanz und politisch-propagandistischen Betonung abwechselnde Ideologeme durch historiographische und literarische Sinnzuweisungen, die sie wechselweise als Symbol des erwachenden liberalen Nationalismus, des preußischen Etatismus, der dynastischen Traditionsbildung der Hohenzollern im Rahmen restaurativer Bemühungen, der expansionistischen Zielsetzungen des Kaiserreichs und schließlich des rassistisch überformten Gegensatzes zwischen Polen und Deutschen erscheinen ließen.

Anmerkungen

1 Wohlleben, Denkmalpflege, S. 714.
2 Vgl. Haftka, Marienburg, S. 31.
3 Vgl. Wippermann, Ordensstaat, S. 107, 132, 155.
4 Gilly, Marienburg, S. 127-128.
5 Schenkendorf, Beispiel, S. 137-139.
6 Vgl. Boockmann, Marienburg, S. 17.
7 Vgl. Riemen, Orden, S. 450; Wippermann, Ordensstaat, S. 146. Boockmann, Marienburg, S. 18 weist zwar darauf hin, dass irrtümlicherweise nicht das Balkenkreuz des mittelalterlichen Ordens, sondern das Tatzenkreuz aus nachpreußischer Zeit als Muster herangezogen worden war, doch dieses für den preußischen Staat peinliche Versehen tat der beabsichtigten Wirkung keinen nachhaltigen Abbruch.
8 Schenkendorf, Kreuz, S. 139-140.
9 Eichendorff, Held, S. 383-384.
10 Ebd., S. 384.
11 Riemen, Orden, S. 450.
12 Vgl. Faber, Kreuz, S. 87.
13 Sösemann, Wissenschaft, S. 2.
14 Vgl. Boockmann, Eichendorff, S. 113.
15 Vgl. Boockmann, Marienburg, S. 19.
16 Wippermann, Ordensstaat, S. 124.
17 Vgl. ebd., S. 148.
18 Schön, Staatskanzler, S. 141.
19 Sösemann, Wissenschaft, S. 3.
20 Boockmann, Eichendorff, S. 116.
21 Vgl. Boockmann, Eichendorff, S. 124; Faber, Kreuz, S. 68.
22 Schön, Schinkel, S. 143.
23 Arnold, Vorbild, S. 69.
24 Vgl. Boockmann, Marienburg, S. 25.
25 Vgl. Faber, Kreuz, S. 68.
26 Eichendorff, Wiederherstellung, S. 22-23.
27 Riemen, Orden, S. 424-425.
28 Wippermann, Ordensstaat, S. 150.
29 Vgl. Themenvorschläge, S. 142. Vgl. auch die Abbildung des Fensterentwurfs zur »Vertheidigung der Marienburg nach der Schlacht von Tannenberg durch Heinrich Reuß v. Plauen« bei Kotte, Grunwald-Mythos, S. 29.
30 Vgl. hierzu Faber, Kreuz, S. 72, Anm. 33, dessen Hinterfragung des von Kotzebue selbst gewählten Begriffs »Trauerspiel« hier geteilt wird.
31 Vgl. ebd., S. 72.
32 Vgl. Wippermann, Ordensstaat, S. 107-114.
33 Vgl. ebd., S. 105.
34 Vgl. ebd., S. 107-114.
35 Vgl. ebd., S. 114-115.
36 Kotzebue, Plauen, S. 110 (I, 5).
37 Vgl. ebd., S. 204: »Mich duenkt, ich seh' den feigen Polen=König, / Wie er aus seinem goldenen Zelte tritt, / Erschrocken um sich blickt – [...] lauten Zorn nicht wagend, / Verstohlen knirscht.« (V, 2).
38 Vgl. ebd., S. 148-150: »Bagardin. Dort ist ein großer Saal, / Von einem maecht'gen Pfeiler nur getragen, / In dem die Ritter sich versammeln [...] Sieh, da hab' ich einen / verschmitzten Knecht bestochen, der soll flugs / Ein roth Barret mit schwarzem Federbusch / Auf's Fenster schieben, wenn sie drinnen alle / Beysammen; unser Buechsenmeister richtet / Die große Büchse drauf und schwört, er wolle / Den einz'gen Pfeiler treffen, der das weite / Gewölbe stützt. [...] Gedemin allein. So sollt' er fallen, dieser edle Greis? Verrat und Meuchelmord? – nein, bei den Goettern / So faellt er nicht.« (II, 9).

39 Vgl. dazu Haftka, Marienburg, S. 10; Kotte, Erinnerungsort, S. 255-256.

40 Vgl. die Jawinne gleich in der ersten Szene des ersten Akts in den Mund gelegten Worte: »Ha! Da / Umgiebt mich wiehernd eine rohe Schaar, / Jauchzt ob der Beute, ruehmt bey Fackelschein / Mit ekelhaftem Grinsen meine Schoenheit, Ergreift mich, will zum schnellen Morde mich / In's Dickicht schleppen [...] / Da donnert ploetzlich meines Engels Stimme: halt! [...] / Ich sehe, wie das rohe Volk versteinert, / Vor einem Greis die blut'gen Waffen senkt, / Deß strenger Blick, Unwillen gluehend, furchtbar / Den Moerdern droht – sie stehn gebannt und zittern. [...] / Da fließen von den Lippen sanfte Worte: / ›Sey ruhig Kind, Dir soll kein Leid geschehn.‹ [...] – Das tat Heinrich Reuß / und diesen Mann nicht Vater soll ich nennen?« Vgl. Kotzebue, Plauen, S. 104.

41 Plauen sammelt die Reste des fliehenden Heeres, um sie nach Marienburg zurückzuführen: »Dem Heinrich Reuß gelang es endlich, muehsam / Des Heeres kleinen Ueberrest zu sammeln, / Den fuehrt er nach Marienburg.« Vgl. Kotzebue, Plauen, S. 108 (I, 5).

42 Ebd., S. 155.

43 Mierzwiński, Marienburg, S. 30.

44 Wippermann, Ordensstaat, S. 116.

45 Ebd., S. 120.

46 Vgl. Boockmann, Marienburg, S. 25.

47 Vgl. Boockmann, Eichendorff, S. 115.

48 Voigt, Geschichte, S. 243.

49 Wippermann, Ordensstaat, S. 123.

50 Voigt, Ordenshaus, S. 3.

51 Eichendorff, Held, S. 249.

52 Nicht nur ruft Rominta gleich in der zweiten Szene neben Christus baltische Gottheiten an, auch gibt sie sich gegenüber Wirsberg als Prussin zu erkennen: »Rominta bin ich, hoher Fürsten Tochter, / Die dieses Land regiert, eh' Euer Schwert / Erklang in unserer Wälder Einsamkeit.« Ebd., S. 258.

53 In der zweiten Szene des zweiten Aufzugs sagt Czervany zu Langschenkel: »Ja, einhundert Rosenobel, wenn der Anschlag gelingt. Hab' alles abgemacht mit den Polacken.« Ebd., S. 283.

54 In der ersten Szene des vierten Aufzugs wird die Kritik an Plauen durch Renys deutlich angesprochen: »[S]o mich wie dich / Verdrießt des Plauen unangemeßnes Fordern. Zum Himmel schreit die Not und mich erbarmt's / Des armen Volk's.« Ebd., S. 335.

55 Ebd., S. 339 (IV, 5).

56 Plauen wirft Küchmeister in der zweiten Szene des dritten Aufzuges Ambitionen auf den Hochmeistertitel vor: »[D]en dunklen Abgrund / In deiner Seele aber hab' ich nun erkannt / Und sag' dir's unverhohlen, was dich treibt / Zu solchem frechen Wort: der Fürstenmantel / Auf meiner Schulter ist's, der dich verstört / Der Neid, der hünd'sche, ist's, der die Gestirne anbellt, weil er sie nicht erreichen kann!« Eichendorff, Held, S. 319.

57 In der dritten Szene des vierten Aufzugs fordern verschiedene Ordensritter Küchmeister auf, das Hochmeisteramt zu übernehmen: »Gr. Sayn [:] Fürwahr, wir hatten eines andern uns / Zu dir versehn. – Ich sprech' hier nicht für mich, / Im Namen sämtlicher Gebietiger red' ich. / Noch heut erst waren alle wir versammelt / Und sprachen viel [...] Schäven [:] Ja, großer Michel Küchenmeister! Held! – / Ich sagt' es nicht allein, sie alle sprachen: / ›Da ist der Marschall noch – dass Gott ihn segne! / Das ist ein Mann! Wo solche Tugend noch –‹«. Eichendorff, Held, S. 350.

58 Vgl. Eichendorff, Held, S. 372: »Heinrich von Plau'n, in der Gebiet'ger Namen / Steh' ich vor dir, vernimm des Ordens Schluß: / Erwägend deines Regiments Gewalt, / Die alle Satzung schrankenlos durchbrochen, / Der Ritter Jammer und des Land's Empörung, / Hat das Kapitel, seiner Pflicht gedenk / Und auf das Flehen aller Ordensbrüder, / Entsetzt dich deines Amt's als hoher Meister.« (V, 2).

59 Vgl. ebd., S. 264: »Und voran beim Widerschein der Fackeln / Sankt Georg auf weißem Roß in güldnem Harnisch / Die Fahne in der Hand.« (I, 2).

60 Vgl. ebd., S. 383: »Vermessen richtet' ich mich auf ob allen / Und in die dunklen Wolken griff ich über mir, / Des Herren Blitze wollt' ich strafend schwingen / Ich – Staub vom Staub' – im Zorn die Welt bezwingen.« (V, 4).

[61] Plauen gibt gegenüber seinem Vertrauten Schwarzburg in der vierten Szene des vierten Aufzugs seine Gründe für den von ihm geplanten Krieg gegen Polen zu erkennen: »Mit neuer strenger Satzung, wie's mir leuchtend / Bei Tag und Nacht die Seele füllt, will ich / Den Orden rüsten und ein stark Geschlecht / Von Brüdern auferziehn, an die kein Herr / Der Erde fürder mehr Gewalt soll haben, Weil sie dem höchsten Herren wahrhaft dienen. – / Doch dazu brauch' ich Krieg, dass er die Seelen / Aufrüttle aus dem Schlaf, und erst den Grund / uns feststampft zu dem Bau.« Eichendorff, Held, S. 356.

[62] Ebd., S. 385.

[63] Die in der zweiten Szene des ersten Aufzugs dem Orden noch feindlich gesonnene Rominta spricht diese Erkenntnis deutlich aus: »Noch steht Marienburg. – Auf den Trümmern / Des letzten aller deutschen Ritterschlösser / Ruf ich Viktoria erst, und werf' mein Schwert fort!« Ebd., S. 258.

[64] Vgl. Faber, Kreuz, S. 79.

[65] Vgl. ebd., S. 263: »Was ich in Deutschland will? / An alle Burgen will ich schlagen, / Daß es durchs ganze Land erschütternd Klang gibt [...] / Wacht auf! Der Christen Bollwerk ist gebrochen, von Osten braust die blinde Wut, wach't auf!« (I, 2).

[66] Vgl. Wippermann, Ordensstaat, S. 146.

[67] Eichendorff, Liedsprecher, S. 148-149.

[68] Vgl. Faber, Kreuz, S. 83.

[69] Vgl. Eichendorff, Wiederherstellung, S. 9: »Reichthum und Glück hatten unterdes nicht versäumt, ihre heimlich zersetzende Gewalt auch an dem Orden zu üben. Junkerhaft übermütig hatte er in den Welthändeln seine ursprüngliche Unschuld verspielt, seine geistige Grundlage, die Gelübde [...] waren innerlich schon zerbrochen; an die Stelle der eigenen begeisterten Kraft traten Schwärme kostspieliger und unzuverlässiger Söldner, überall müde Halbheit [...]; umso gefährlicher jetzt dem eifersüchtigen, kriegslustigen Jagiel gegenüber, der die Vergrößerung der benachbarten Ordensmacht schon längst mit kaum verhaltenen Groll betrachtete.« Vgl. ebd., S. 13: »Denn der Orden hatte seine Aufgabe längst ritterlich gelöst, das Land war bekehrt und deutsch, er focht nicht mehr um Gottes willen, es galt fortan nur noch das starre Behaupten seiner eigenen Herrschaft [...]. Die Langeweile der Nüchternheit bereitete Eigennutz, Sittenlosigkeit und Ungehorsam.«

[70] Ebd., S. 13.

[71] Vgl. ebd., S. 10: »Ritter und Bürger huldigten ehrvergessen der Gewalt und gleißenden Verführungen des Siegers«.

[72] Vgl. Riemen, Orden, S. 433-435.

[73] Vgl. Eichendorff, Wiederherstellung, S. 9: »Aber die Geschicke drängten in Sturmeseile; immer unverhohlener hatte Jagiel schon die Hand am Schwert«.

[74] Vgl. ebd., S. 11.

[75] Vgl. Orłowski, Polnische Wirtschaft, S. 235.

[76] Eichendorff, Wiederherstellung, S. 18.

[77] Orłowski, Polnische Wirtschaft, S. 235.

[78] Eichendorff, Wiederherstellung, S. 18.

[79] Ebd., S. 12.

[80] Vgl. Boockmann, Eichendorff, S. 133.

[81] Eichendorff, Wiederherstellung, S. 32.

[82] Vgl. Boockmann, Marienburg, S. 35; Kotte, Erinnerungsort, S. 259.

[83] Vgl. Sösemann, Wissenschaft, S. 5.

[84] Arnold, Vorbild, S. 67.

[85] Vgl. Steinbrecht, Wiederherstellung, S. 165.

[86] Mierzwiński, Marienburg, S. 30.

[87] Boockmann, Marienburg, S. 35.

[88] Vgl. Boockmann, Marienburg, S. 38.

[89] Wilhelm II., Rede, S. 86.

[90] Vgl. Schreckenbach, Bewährung, S. 6: »Und so ward sie bestanden, die stürmische Zeit. Es gehorchet / Wieder den Fürsten das Volk, wie es sich immer gebührt, / Ihnen vertrauend und Gott, der nur bei heiliger Vorsicht / Und durch heilige Kraft bringt zum erhabenen Ziel.«

[91] Ebd., S. 8.
[92] Vgl. ebd., S. 9: »Wladislaw Jagello, jener eit'le, / Stolze König in dem nahen Polen / Der in Wahrheit nimmer Gott in Christ, / Nur den eig'nen, schnöden Lüsten diente [...]«.
[93] Ebd., S. 13.
[94] Ebd., S. 41.
[95] Ebd.
[96] Ebd., S. 19.
[97] Ebd., S. 14.
[98] Wippermann, Ordensstaat, S. 156.
[99] Metz, Grundformen, S. 251.
[100] Treitschke, Ordensland, S. 96.
[101] Wippermann, Ordensstaat, S. 166.
[102] Vgl. Orłowski, Polnische Wirtschaft, S. 235f.
[103] Treitschke, Ordensland, S. 147.
[104] Orłowski, Polnische Wirtschaft, S. 236.
[105] Vgl. Metz, Grundformen, S. 278; Wippermann, Ordensstaat, S. 164.
[106] Treitschke, Ordensland, S. 137.
[107] Metz, Grundformen, S. 311.
[108] Ebd., S. 346.
[109] Steinbrecht, Wiederherstellung, S. 166.
[110] Vgl. Genée, Marienburg, S. 4: »Der Kampf dort wurde jetzt nicht mehr gegen die Heiden geführt, sondern gegen das sehr mächtig gewordene Polen, welches mit Hilfe seiner slawischen und asiatischen Verbündeten die größten Anstrengungen machte, um die Herrschaft der deutschen Ritter in dieser für Deutschland so wichtigen Stellung zu zertrümmern.«
[111] Ebd., S. 45.
[112] Ebd., S. 120.
[113] Ebd., S. 83.
[114] Ebd., S. 191.
[115] Ebd., S. 222.
[116] Vgl. ebd., S. 223: »Blickt her [...], und blickt zu dem Gewölbe, das über uns so wundervoll sich ausbreitet. Wenn dieser Pfeiler sinkt, auf welchem es ruht, so stürzt das Ganze auf unsere Häupter, und so auch wenn die Marienburg uns sinkt.«
[117] Ebd., S. 225.
[118] Ebd., S. 20.
[119] Ebd., S. 183.
[120] Ebd., S. 205.
[121] Hier sei nur ein Beispiel aus dem Dialog Plauens mit Jagiełło wiedergegeben: »Ein treuer Sohn der Kirche ist er [d. h. der Orden] stets gewesen; für diese Kirche hat er ja gestritten. Nur der Herrschsucht der Diener der Kirche hat sich der Orden nicht bequemen wollen.« Genée, Marienburg, S. 179.
[122] Ebd., S. 281.
[123] Ebd., S. 98.
[124] Ebd., S. V.
[125] Ebd., S. VII.
[126] Wippermann, Ordensstaat, S. 146.

Literaturverzeichnis

a) Quellen

Eichendorff, Joseph von: Der letzte Held von Marienburg. Trauerspiel in fünf Aufzügen (1830). In: Kosch, Wilhelm (Hg.): Sämtliche Werke des Freiherrn

Joseph von Eichendorff. 6. Bd.: Reinhard, Ewald (Hg.): Die Dramen des Freiherrn Joseph von Eichendorff. Regensburg 1950, S. 245-385.

Eichendorff, Joseph von: Der Liedsprecher. In: Boockmann, Hartmut: Die Marienburg im 19. Jahrhundert. Frankfurt a. M. / Berlin / Wien 1982, S. 148-149.

Eichendorff, Joseph von: Die Wiederherstellung des Schlosses der deutschen Ordensritter zu Marienburg (1844). In: Die Marienburg. 32 Bilder. Text von Joseph von Eichendorff. Königstein/Ts. / Leipzig o. J., S. 3-32.

Genée, Rudolph: Marienburg. Historischer Roman. Berlin 1884.

Gilly, Friedrich über die Marienburg (1796). In: Boockmann, Hartmut: Die Marienburg im 19. Jahrhundert. Frankfurt a. M. 1982, S. 125-131.

Kotzebue, August von: Heinrich Reuß von Plauen, oder die Belagerung von Marienburg (1805). In: August von Kotzebue's saemmtliche Schriften. Ein und zwanzigster Band. Leipzig 1828, S. 101-214.

Schenkendorf, Ferdinand Max von: Ein Beispiel von der Zerstörungssucht in Preußen (1803). In: Boockmann, Hartmut: Die Marienburg im 19. Jahrhundert. Frankfurt a. M. / Berlin / Wien 1982, S. 137-139.

Schenkendorf, Ferdinand Max von: Das Eiserne Kreuz (1812). In: Boockmann, Hartmut: Die Marienburg im 19. Jahrhundert. Frankfurt a. M. / Berlin / Wien 1982, S. 139-140.

Schön, Theodor von, an Karl Friedrich Schinkel. Schreiben vom Oktober 1821. In: Boockmann, Hartmut: Die Marienburg im 19. Jahrhundert. Frankfurt a. M. / Berlin / Wien 1982, S. 143-144.

Schön, Theodor von, an den Staatskanzler Karl August Graf von Hardenberg. Schreiben vom 22. November 1815. In: Boockmann, Hartmut: Die Marienburg im 19. Jahrhundert. Frankfurt a. M. / Berlin / Wien 1982, S. 140-142.

Schreckenbach, A. G.: Des Kreuzes Bewährung. Marienburgs Rettung durch Heinrich Reuß von Plauen. Weida 1851.

Steinbrecht, Conrad: Die Wiederherstellung des Marienburger Schlosses (1896). In: Boockmann, Hartmut: Die Marienburg im 19. Jahrhundert. Frankfurt a. M. / Berlin / Wien 1982, S. 165-167.

Themenvorschläge für die Glasmalerei des Sommerremters vom 16. Mai 1821. In: Boockmann, Hartmut: Die Marienburg im 19. Jahrhundert. Frankfurt a.M. / Berlin / Wien 1982, S. 142.

Treitschke, Heinrich von: Das deutsche Ordensland Preußen. In: Preußische Jahrbücher 10 (1862), S. 95-151.

Voigt, Johannes: Geschichte Preußens, von den ältesten Zeiten bis zum Untergang des deutschen Ordens. Zweiter Band: Die Zeit von der Ankunft des Ordens bis zum Frieden 1249. Königsberg 1827.

Voigt, Johannes: Das Ordenshaus Marienburg in Preussen. 3. verb. Aufl., Königsberg 1823.

Wilhelm II.: Rede auf dem Johanniterfest auf der Marienburg. In: Penzler, Johannes (Hg.): Die Reden Kaiser Wilhelm II. in den Jahren 1901 bis 1905. Bd. 3. Leipzig 1905. S. 84-89.

b) Forschungsliteratur

Arnold, Werner: »Ein Vorbild unscheinbarer Pflichtmäßigkeit und Größe«. Theodor von Schöns Urteil über die preußischen Reformer. In: Sösemann, Bernd (Hg.): Theodor von Schön. Untersuchungen zu Biographie und Historiographie. Köln / Weimar / Wien 1996, S. 63-73.

Boockmann, Hartmut: Eichendorff und die Marienburg. In: Jahrbuch der Eichendorff-Gesellschaft 49 (1989), S. 111-133.

Boockmann, Hartmut: Die Marienburg im 19. Jahrhundert. Frankfurt a. M. / Berlin / Wien 1982.

Faber, Martin: »Das Kreuz um des Kreuzes willen«. Die Sicht der Geschichte des Deutschordensstaats in Eichendorffs Drama *Der letzte Held von Marienburg*. In: Aurora 55 (1995), S. 67-103.

Haftka, Mieczysław: Marienburg. Bildband – Reiseführer. Historischer Grundriß und Informationen über die Sehenswürdigkeiten der Marienburg. Warszawa 2000.

Kotte, Eugen: Grunwald-Mythos und »Tannenberg«-Replik. Mythifizierende Geschichtsbilder als Unterrichtsgegenstand. In: Geschichte lernen 102 (2004), S. 29-35.

Kotte, Eugen: Vom Erinnerungsort zum außerschulischen Lernort: Die Marienburg in Polen. In: Hasberg, Wolfgang / Weber, Wolfgang E. J.: (Hg.): Geschichte entdecken. Karl Filser zum 70. Geburtstag. Berlin 2007 (= Geschichtsdidaktik in Vergangenheit und Gegenwart 4), S. 241-284.

Kotte, Eugen: Mythen und Stereotype im deutsch-polnischen Kontext. In: Instytut Filologii Germańskiej der Uniwersytet Opolski (Hg.): Regionalität als Kategorie der Sprach- und Literaturwissenschaft. Frankfurt a. M. 2002, S. 281-318.

Metz, Karl-Heinz: Grundformen historiographischen Denkens. Wissenschaftsgeschichte als Methodologie. Dargestellt an Ranke, Treitschke und Lamprecht. München 1979.

Mierzwiński, Mariusz: Die Marienburg. Warszawa 1993.

Orłowski, Hubert: »Polnische Wirtschaft«. Zum deutschen Polendiskurs der Neuzeit. Wiesbaden 1996 (= Studien der Forschungsstelle Ostmitteleuropa an der Universität Dortmund 21).

Riemen, Alfred: Der Deutsche Orden in Eichendorffs Sicht. In: Riemen, Alfred (Hg.): Ansichten zu Eichendorff. Beiträge der Forschung 1958-1988. Sigmaringen 1988, S. 415-452.

Sösemann, Bernd: Wissenschaft und Politik. Eine Kritik der Ansichten und Urteile über Schöns Leben und Werk in zwei Jahrhunderten. In: Sösemann, Bernd (Hg.): Theodor von Schön. Untersuchungen zu Biographie und Historiographie. Köln / Weimar / Wien 1996, S. 1-28.

Wippermann, Wolfgang: Der Ordensstaat als Ideologie. Das Bild des deutschen Ordens in der Geschichtsschreibung und Publizistik. Berlin 1979.

Wohlleben, Marion: Denkmalpflege und Geschichte. In: Bergmann, Klaus / Fröhlich, Klaus / Kuhn, Annette / Rüsen, Jörn / Schneider, Gerhard (Hg.): Handbuch der Geschichtsdidaktik. 5. überarb. Aufl., Seelze-Velber 1997, S. 714-718.

Die Beschreibung der Marienburg im Roman »Heinrich von Plauen« von Ernst Wichert

Sigita Barniškienė

1. Ernst Wicherts Schaffen

Ernst Wichert (geboren 1831 in Insterburg, gestorben 1902 in Berlin) war Jurist und Schriftsteller, der über 60 Erzählungen, 18 Romane, 30 Theaterstücke und viele Aufsätze hinterlassen hat.[1] Historische Romane nehmen in seinem Werk einen wichtigen Platz ein, sie behandeln meistens die mittelalterliche Epoche in Ostpreußen. Es handelt sich um folgende Romane: *Heinrich von Plauen* (1877), *Tileman vom Wege* (1890), *Die Thorner Tragödie* (1902), *Der Große Kurfürst in Preußen* (1887), *Der zerbrochene Krummstab* (1902).

Wichert war 1860 bis 1863 Richter in Prökuls (heute Priekulė), wo er sich mit dem Alltag der preußisch-litauischen Bauern vertraut machte und ihr Leben in den *Litauischen Geschichten* (1867-1891) schilderte. Helmut Motekat schätzt den literarischen Wert seiner Dorfgeschichten hoch ein:

> Es sind »Dorfgeschichten«, wie sie damals literarische Mode waren, aber es sind Dorfgeschichten von eigener Art und eigentümlichem Reiz. Der bis dahin unbekannte Nordosten Ostpreußens und seine alteingesessenen litauischen Bewohner wurden durch Wicherts »Litauische Geschichten« für die Literatur des 19. Jahrhunderts entdeckt und einem größeren Publikum bekannt gemacht. Ein alter Volksstamm, mit einer eigenen Sprache und mancherlei eigentümlichen Gewohnheiten und Sitten, der damals gerade seine kulturelle Eigenart aufzugeben begann, hat in Wicherts »Litauischen Geschichten« sein literarisches Portrait erhalten.[2]

Wichert war 25 Jahre lang als Stadt- und später als Oberlandesgerichtsrat in Königsberg tätig, seit 1887 war er Rat am Kammergericht in Berlin. Seine aktive Tätigkeit im gesellschaftlich-kulturellen Leben Berlins liegt auf der Hand: Er war Vorstandsmitglied des Allgemeinen Deutschen Schriftstellerverbandes, Vorsitzender des Vereins *Berliner Presse,* und 1863 hat er zusammen mit Rudolf Reicke die *Altpreußische Monatsschrift* gegründet. Rüdiger Bernhardt erklärt das Interesse Wicherts wie auch seines Zeitgenossen Hermann Sudermann an der Geschichte sowie den ethnischen und sozialen Verhältnissen ihrer ostpreußischen Heimat durch das Fehlen eines Zentrums im deutschsprachigen Raum bis Ende des 19. Jahrhunderts:

Die genannten literarischen Beispiele von Wichert bis Sudermann stehen für eine besondere Bedeutung der Provinz im preußisch-litauischen Raum gegenüber den nationalen Zentren. Einer verallgemeinernden These ist aber mit Vorsicht zu begegnen: Die deutschsprachige Literatur hat bis ans Ende des 19. Jahrhunderts die Provinz als ihren Lebens- und Wirkungsraum gehabt, es gab kein nationales Zentrum wie in Frankreich oder in England, in Italien oder in Spanien. Berlin wurde erst nach 1871 Reichshauptstadt und spielte unter den europäischen Hauptstädten keine herausragende Rolle.[3]

2. Historische und fiktionale Welt im historischen Roman

Das Ziel meines Beitrags ist es, die jeweilige Darstellung der Verteidigung der Marienburg nach der Schlacht bei Tannenberg 1410 zu analysieren, indem Methoden der Deskription im schöngeistigen Werk und in der Historiographie untersucht und verglichen werden.

Stephan Jaeger hebt in seinem Aufsatz *Erzählen im historiographischen Diskurs* als wichtigstes Merkmal des historiographischen Erzählens die Tatsache hervor, dass »eine ›Äquivalenzbeziehung‹ zwischen Text und einer außerhalb des Textes befindlichen Wirklichkeit angenommen werden kann«[4]. Im historischen Roman dagegen kann eine fiktionale Welt erschaffen werden, ein Wahrheitsanspruch wird dabei nicht erhoben. Der Schriftsteller hat die Freiheit, Handlungen und Figuren mit seiner Einbildungskraft zu erfinden, wobei der historische Rahmen aber erhalten bleibt. Der historische Roman vereint in sich historische Fakten und Fiktionalität, und der Leser versteht, »dass es sich um die Schilderung einer stark von der historischen Welt angeregten fiktionalen Welt handelt«.[5]

Ernst Wichert hat über die eigenen Bemühungen, historische Wahrheit und erfundene Begebenheiten in seinen historischen Romanen zu vereinen, Folgendes geschrieben:

> In letzterem Falle scheint es mir ein Vorzug des Romans zu sein, wenn er, ohne die Aufgabe des Geschichtsschreibers zu übernehmen, die historische Begebenheit und die historisch überlieferten Charaktere möglichst wenig verändert und ihnen die Erfindung so einpasst, dass sie mit ihr bestehen bleiben. Ich habe für meine historischen Romane und auch meist für die kleineren historischen Erzählungen diese zweite Art gewählt und viel Fleiß darauf gewandt, meiner Theorie zu genügen.[6]

Im Roman *Heinrich von Plauen* ist das zentrale historische Geschehnis die Schlacht bei Tannenberg, aber auch der Verteidigung der Marienburg, des Hauptsitzes des Deutschen Ordens, wird viel Aufmerksamkeit geschenkt, und einige Romankapitel werden diesem historischen Ereignis gewidmet.

Zuerst soll deshalb die Darstellungsweise der Verteidigung der Marienburg in zwei ausgewählten neueren geschichtswissenschaftlichen Veröffentlichungen von William Urban und Mečislovas Jučas skizziert werden.

3. Darstellung der Verteidigung der Marienburg in historiographischen Werken

Eine ausführliche Beschreibung der Ereignisse nach der Schlacht bei Tannenberg bietet der amerikanische Historiker William Urban in seinem Buch *Tannenberg and After: Lithuania, Poland, and the Teutonic Order in Search of Immortality* (2002). Der Autor hebt die Rolle des Komturs von Schwetz, Heinrich von Plauens, besonders hervor, der nach der verlorenen Schlacht bei Tannenberg nicht gezögert und die Verantwortung auf sich genommen hat, mit 3000 Streitern aus Schwetz nach Marienburg zu ziehen, um das Haupthaus des Ordens zu verteidigen. Heinrich von Plauen erteilte Weisungen an andere Komture, nicht nachzugeben, bat den Danziger Bürgermeister, Schiffsleute nach Marienburg zur Hilfe zu schicken und ersuchte den Hochmeister Livlands um ein Heer zur Unterstützung der Verteidiger der Marienburg.

Mit Hinweis auf die Historiker Markian Pelech, Marian Biskup und Johannes Voigt schreibt Urban, dass die erste Handlung Plauens in Marienburg sein Befehl war, die Stadt in Brand zu stecken, damit das Heer der Litauer und Polen keine Häuser und Vorräte vorfand.[7] Urban teilt nicht nur Tatsachen mit, er zieht Schlussfolgerungen und ist bestrebt, Motive für die Handlungen der historischen Persönlichkeiten zu finden; so erfährt der Leser, welche Hoffnungen König Jogaila bei der Belagerung der Burg hegte und warum er seine Pläne ändern musste. Jogaila gab den Befehl, die Marienburg zu belagern, in der Hoffnung, dass die Verteidiger dies nicht lange aushalten könnten. Doch die zweimonatige Belagerung der Marienburg durch das litauisch-polnische Heer musste am 19. September beendet werden, weil sie nicht erfolgreich war. Schwere Krankheiten suchten die Belagerer heim und zwangen sie zur Aufgabe ihrer Offensive. Großfürst Vytautas hatte schon ein paar Tage früher mit dem litauischen Heer die Belagerung abgebrochen und war nach Litauen zurückgekehrt. Heinrich von Plauen eroberte im Oktober fast alle Burgen in Preußen zurück und wurde zum Hochmeister erhoben.

Eine ähnliche Beschreibung der Belagerung der Marienburg findet sich auch im Buch *Žalgirio mūšis* (*Die Schlacht bei Tannenberg* des litauischen Historikers Mečislovas Jučas, der das Kapitel *Nuo Žalgirio lauko iki Marienburgo* (*Vom Schlachtfeld Tannenberg bis Marienburg*) mit den durch Jan Długosz überlieferten Fakten über die drei Tage andauernden Beerdigungen der gefallenen Ordensbrüder und der polnischen Anführer beginnt. Es wurden Listen von den Gefangenen zusammengestellt, und jeder Gefangene sollte schwören, dass er am 11. November, dem Martinstag, in der Krakauer Burg erscheinen und sich den dortigen Amtsleuten ergeben werde.[8] Nach den Angaben von Długosz hatten viele Fürsten dem König angeraten, gleich nach der Schlacht in die Hauptstadt des Ordens, nach Marienburg, zu ziehen, doch er habe unterwegs noch mehrere Städte und Burgen eingenommen, sodass in zehn Tagen nur etwa 100 Kilometer zurückgelegt worden seien.

Urban führt die Meinung eines anderen Chronisten, Johann von Posilges, an, der die langsame Bewegung des Heeres von Jogaila und Vytautas nach Marienburg dadurch erklärt, dass der König Geld sammeln musste, um seine Söldner zu bezahlen.[9]

Jučas hebt ebenso wie Urban die Verdienste des energischen Komturs Heinrich von Plauen bei der Vorbereitung auf die Verteidigung der Marienburg hervor. Er führt einige Ursachen der erfolglosen Belagerung der Marienburg an, auf die auch der polnische Chronist Długosz hingewiesen hat: 1) Die Verbündeten konnten keinen mächtigen Ansturm auf die Burg zustande bringen; 2) die Deutschen arrangierten immer verwegenere Aktionen und beschädigten die Artillerie der Verbündeten; 3) das Heer der Belagerer wurde durch Krankheiten und Plünderungen desorganisiert. Neue Söldner aus Deutschland, Böhmen und Ungarn leisteten den Ordensbrüdern Hilfe und verstärkten die Verteidigung der Burg.[10] Obwohl Vytautas am 18. September die Belagerung aufgab und mit seinen Litauern aus Marienburg abzog, während Jogaila noch ein paar Tage ausharrte, betrachtet Jučas die Tat des Großfürsten Vytautas nicht als Abtrünnigkeit oder Verrat. Seine Meinung begründet er durch die späteren gemeinsamen Handlungen und Eroberungspläne von Vytautas und Jogaila. Jučas führt einen Auszug aus dem Brief von Vytautas an die Statthalter der zurückeroberten Burgen Preußens an, in dem Vytautas im Dezember 1410 über seine und Jogailas Vorhaben, ganz Preußen zu erobern, schreibt.[11]

4. Beschreibung der Belagerung der Marienburg bei Ernst Wichert

In drei Kapiteln seines Romans *Heinrich von Plauen* beschreibt Wichert die Marienburg. Im sechzehnten Kapitel *Vor dem Sturm* geht es um die Ankunft Heinrich von Plauens mit seinem Heer in Marienburg »am Abend des dritten Tages nach seinem Ausmarsch«[12] aus Schwetz. Zuerst geht Plauen in die Marienkapelle, um Gott zu danken, dass er früher als das Heer von

Jogaila und Vytautas in Marienburg eingetroffen ist. Der Erzähler berichtet darüber, dass Plauen nur wenige alte Ritter in der Burg vorfand, unter ihnen auch den Chronisten des Orden, Wigand von Marburg. Da es in der Burg nur wenige Vorräte an Lebensmitteln und Waffen gibt, schickt der Komtur Boten, damit sie Vieh, Pferde und Nahrungsmittel von den Bauernhöfen in die Burg schaffen.

Dann folgt die Beschreibung der Schritte Plauens, um die Verteidigung der Marienburg zustande zu bringen. Diese Handlungen sind z. T. auch historisch belegt, wie z. B. der Brief an den Danziger Bürgermeister mit der Bitte um Unterstützung oder der Befehl des Komturs an die Ratsherren von Marienburg, die Stadt zu räumen, mit ihren Familien in die Burg zu ziehen und alle Häuser in Brand zu stecken, damit das feindliche Heer weder Unterschlupf noch Vorräte findet. Wie indes diese Maßnahmen getroffen und wie sie ausgeführt werden, wird nur dank der Einbildungskraft des Schriftstellers dargestellt, was im folgenden Zitat ersichtlich ist:

> Es war ein großes Jammern und Wehklagen in allen Häusern, aber bald überzeugten sich die Frauen, daß nur hinter den Mauern der Burg Sicherheit zu finden sei. Sie begannen, Leinenzeug und Betten, Kleider und Geschirre in Kisten und Laden zu verpacken. Erst wurde das Wertvollste ausgewählt und geborgen, dann – da der Feind länger, als erwartet, ausblieb, – kam auch der größere Hausrat an die Reihe. Die Speicher wurden geleert, auch das Vieh fand in der Burg ein Unterkommen. Ununterbrochen bewegte sich ein Zug von lasttragenden Menschen und bepackten Fuhrwerken von den Stadttoren über den Burggraben. Nur die kahlen Wände der meist von Holz erbauten Häuser blieben stehen.[13]

Allgemeine Beschreibungen der Geschehnisse wechseln mit den Szenen, in denen konkrete fiktive Helden des Romans agieren, wie zum Beispiel der Junker Hans von der Buche, der Waltrudis, die illegitime Tochter Plauens, auf die Marienburg bringt. In den Beschreibungen kann man spannende Details finden, deren Authentizität und Wahrhaftigkeit schwer nachzuweisen sind. Zu erwähnen sind Pechkränze, die in die Häuser geworfen werden, damit das Feuer rasch um sich greift, oder das Benetzen der Kleider der Feuerwache mit Wasser, damit die aufgestellten Kriegsmänner vor der Brandhitze geschützt werden.

Zu den Themen, die im 16. Kapitel des Romans behandelt werden, gehört auch die Wahl Plauens durch die Brüder zum Statthalter des Ordens. Auch das beeindruckende Bild des heranrückenden Heeres des Königs Jogaila und des Großfürsten Vytautas wird dem Leser angeboten, wobei selbst heimliche Gedanken und Erwartungen von Jogaila wiedergegeben werden:

> Der König hatte kaum auf ernstlichen Widerstand gerechnet. Überall vor ihm her hatten sich Burgen und Städte ergeben, die Landesbischöfe sich beeilt, ihm zu huldigen; er meinte nur mit seinem mächtigen Heere vor der Marienburg erscheinen zu dürfen, um der sofortigen Übergabe gewiß zu sein. Darin täuschte er sich. Die Vorhut fand die Brücke abgebrochen, die Stadt niedergebrannt und rings um die Burg glühende Aschenhaufen, die keine schnelle Annäherung gestatteten. Auf den Mauern aber und hinter den Zinnen standen Männer im Harnisch, aus den niedrigen Bogenöffnungen der Wehrgänge blickten drohend die Eisenköpfe der Kanonen, überall waren die Tore fest geschlossen, die Fallbrücke aufgezogen: man mußte sich auf einen unfreundlichen Empfang gefaßt machen und fürs erste unverrichteter Sache abziehen.[14]

Die Übergabe des Briefes von Jogaila an Heinrich von Plauen mit dem Angebot, sich der Gnade des Königs zu ergeben, und die Auslieferung des Sargs mit der nackten Leiche des Hochmeisters Ulrich von Jungingen an die Verteidiger der Marienburg bilden die abschließenden Episoden des Kapitels *Vor dem Sturm.*

Das folgende 17. Kapitel *Danziger Wirren* handelt von dem Schwanken Danziger Bürger zwischen Treue gegenüber dem Orden und Übertritt zum König Jogaila. Es wird darüber berichtet, dass der Bürgermeister Danzigs mit seiner Gefolgschaft nach Marienburg ritt. Im 18. Kapitel *Die Belagerung der Marienburg* wendet der Erzähler seinen Blick wieder auf den »eisernen Komtur« Plauen, wie ihn die Söldner genannt haben. Das zentrale Ereignis ist in diesem Kapitel das Zusammentreffen Plauens mit König Jogaila, um Friedensverhandlungen zu führen. Die Friedensverhandlungen erbringen keine Einigung, weil Jogaila auf der Übergabe der Marienburg besteht, während der Statthalter ihm Kulmerland, Michelau und Pommerellen als Geschenk für den Frieden anbietet. Obwohl es nicht zum Friedensabschluss kommt, kehrt Plauen in gehobener Stimmung in die Burg zurück. Wichert spart bei der Beschreibung der patriotischen Gefühle des Komturs nicht an Pathos:

> Kampffroh war seine Stimmung, als das Torgatter hinter ihm fiel. Auf dem Burghof unter freiem Himmel ließ er alles Volk in Waffen zusammentreten und verkündete mit lauter Stimme, welche Schmach der König ihm zugemutet hatte. Und wie vor Wladislaus Jagello, rief er auch hier vor den Seinen: »Gott und die heilige Jungfrau wird uns retten!« Und so kräftig antworteten sie mit einem vollstimmigen »Amen«, daß man es bis ins feindliche Lager und in des Königs Zelt vernahm.[15]

Der Bürgermeister Danzigs aber denkt und handelt pragmatischer und unterzeichnet mit dem König einen Vertrag, weil die unten angeführten Bedingungen ihm günstig erscheinen:

> Für die Unterwerfung versprach der König, dieser Stadt alle Freiheiten zu bestätigen, ihr Gebiet bis ans Meeresufer zu erweitern, ihr die Ordensspeicher zu übergeben, freie Verfügung über den Hafen und die Kornausfuhr zu lassen. Nachts im Lager wurde der Vertrag unterzeichnet. Der König ging bereitwillig auf alles ein, um nur erst schnell Herr des ganzen Landes zu werden. Seine Versprechungen kosteten ihn auch wenig.[16]

Das 19. Kapitel *Zwei Meisterschüsse* ist in Bezug auf das Thema der Marienburgverteidigung von Interesse: Der Autor ist bestrebt, König Jogaila sowie sein Heer zu diskreditieren und ihre Schwächen zu zeigen. Das Kapitel beginnt mit der Gegenüberstellung zweier feindlicher Lager: Die Verteidiger der Marienburg folgen dem stolzen Beispiel des Statthalters und demonstrieren den »mannhaften Trotz« und die »Todesverachtung ihres Führers«[17]. Sie setzen alle Kräfte ein, um die Burg diszipliniert zu verteidigen. Im Lager der Litauer und der Polen geht es nicht so vorbildhaft zu – bald sind sie gut mit Nahrung versorgt, bald müssen sie Hunger leiden und haben mit Krankheiten zu kämpfen. Die schwierige Lage des Heeres der Verbündeten wird folgenderweise beschrieben:

> Vom Sparen und Haushalten wollten die Polen und Litauer nichts wissen. Langten einige Frachtschiffe an, so wurde im Überfluß geschwelgt, bis alles verjubelt war. Dann gab es wieder Hungertage.
> Im Lager wüteten Krankheiten unter dem Kriegsvolk, das wochenlang unter freiem Himmel kampieren mußte; Tausende raffte die Ruhr hin. Man ließ in der Nacht die Leichen fortschaffen, damit die Entmutigung nicht das ganze Heer ergreife.[18]

König Jogaila wird von Wichert einerseits als religiöser und oft betender Herrscher, andererseits als tief abergläubischer Mensch dargestellt. Auch in dem hier interessierenden Kapitel erscheint er in dieser Rolle, als er seinen Kriegsobersten zu bedenken gibt, dass das Heiligenbild der Mutter Gottes in Marienburg diese Festung vor den Kugeln und Schleudersteinen der Belagerer schützt und letztere machtlos macht. Sein Büchsenmeister hört die Ausführungen des Königs und entschließt sich, einen Meisterschuss auf das Bild Marias auszuführen, um es zu zertrümmern. Polen und Litauer werden oft nach den Traditionen der Historiographie des 19. Jahrhunderts als Halbchristen, die Anfang des 15. Jahrhunderts noch viele heidnische Vorstellungen hegten, exponiert. So nimmt auch der Büchsenmeister vor der Ausführung des Schusses auf das Marienbild bei einem Priester Absolution und macht sich an das barbarische Werk, das ihm jedoch nicht gelingt, sondern zum Verhängnis wird: Das Rohr birst, wobei das Pulver den Büchsenmeister verbrennt und erblinden lässt. In der dargestellten Begebenheit ist der didaktische Sinn codiert: Nur die gerechte Sache der wahren Christen kann gelingen, die Abergläubischen aber werden hart bestraft.

Der zweite Meisterschuss ist auch mit Verrat verbunden und misslingt. Ein Spion des Bischofs von Kujavien, Liszek, hält sich in der Marienburg auf und bekommt vom Bischof den Auftrag, den Belagerern ein Zeichen zu geben, wann sich der Statthalter und seine Hauptleute im Remter befinden, damit man mit einem Schuss den Pfeiler treffen und alle Anführer der Ordensbrüder und ihrer Söldner unter den Trümmern begraben kann. Liszek hängt seine rote Mütze an die nötige Stelle, doch die steinerne Kugel verfehlt den Granitpfeiler um einen Zoll und richtet für die im Remter Versammelten keinen Schaden an. So ist auch der zweite Meisterschuss erfolglos. Diese zwei Geschichten entstammen wahrscheinlich der schriftstellerischen Fantasie, doch die weiter folgende Begebenheit – der Beschluss des Großfürsten Vytautas, die Belagerung aufzugeben und mit seinem Heer wegzuziehen – ist in der Geschichtsschreibung belegt. Im Roman von Wichert wird diese Tatsache als Dialog zwischen Vytautas und Jogaila dargestellt, in dem der König seinen Vetter der Rachsucht verdächtigt. Vytautas aber antwortet ihm:

> »Ich bin nicht erzürnt«, entgegnete er ruhig, »obwohl ich Grund hätte, es zu sein. Du hast auf meinen Rat nicht geachtet, mich zurückgehalten, wie du konntest, nicht wie einen Verwandten, sondern wie einen Diener behandelt. Aber bei der Freundschaft unserer Väter, ich komme nicht im Zorn, sondern weil die Not mich zwingt.«
> Der König ergriff seine Hand und drückte sie krampfhaft. »Gedenke unseres Eides, Witowd«, flüsterte er, »unseres Racheschwures! Sollen wir unsere Rache nicht bekommen, obwohl wir schon den Fuß auf den Nacken des verhaßten Gegners setzten? Bei der Freundschaft unserer Väter, bleibe!«[19]

Viele historische Persönlichkeiten werden im Roman erwähnt, zum Beispiel der Großschäffer von Königsberg, Georg von Wirsberg, der mit einer Flotte von Schiffen, beladen mit Lebensmitteln, über das Frische Haff zu Hilfe kommt. Auch über den Einbruch des Königs Sigismund von Ungarn in Polen wird kurz berichtet. Der Historiker William Urban erklärt diese Tat Sigismunds damit, dass dieser sich als Verteidiger der Interessen der deutschen Fürsten zeigen wollte, um von ihnen zum deutschen König gewählt zu werden.[20] Die Belagerung der Marienburg endet sowohl im Roman Wicherts wie auch historisch belegt am 19. September 1410 mit dem Abzug des polnischen Heeres. Das Romankapitel wird mit feierlichen Worten abgeschlossen: »In der Marienburg aber lagen Tausende auf den Knien und sangen inbrünstig mit den Ordenspriestern: Te deum laudamus!«[21]

Die Historiker sehen das größte Verdienst Heinrich von Plauens darin, dass der Deutsche Orden erhalten blieb und viele Burgen in Preußen zurückerobert wurden. Urban bemerkt auch, dass niemand im Oktober 1410 glaubte, dass die Schlacht bei Tannenberg zu einer unheilbaren Wunde im Körper des Ordens werden sollte.[22] Das Schicksal Heinrich von Plauens ist durch eine steil abfallende Linie gekennzeichnet: Nach seiner Wahl zum Hochmeister als Nachfolger des in der Schlacht gefallenen Hochmeisters Ulrich von Jungingen wurde ihm die Verletzung der Ordensstatute vorgeworfen, und er wurde abgesetzt, später geriet er in Gefangenschaft und starb 1429 im Pflegeramt zu Lochstedt.

Der Historiker Markian Pelech beschreibt detailliert das dramatische Schicksal Plauens:

> Jedoch begann er im September 1413 einen neuen Krieg gegen Polen und Stolp (Pommern). Unter den Großgebietigern entfachte dieses Verfahren den Widerstand. Schon am 9. Oktober 1413 wurde Plauen vom Hochmeisteramt abgesetzt und nach Engelsburg als Gefangener geschickt. Der Ordensmarschall Michael Küchmeister wurde zum Hochmeister erwählt. Infolge des Angriffs auf Polen begann ein neuer Krieg. Währenddessen wurde Plauen als Verräter angeklagt – angeblich habe er Beziehungen mit dem König von Polen angeknüpft, um seine Hilfe bei der Flucht aus dem Land und Wiedererlangung seiner Würde zu bekommen. Der Bruder des ehemaligen Hochmeisters, der 1413 vom Komturamt Danzig zum Pflegeamt Lochstedt versetzt wurde, floh nach Polen. Das ehemalige Oberhaupt des Ordens wurde zuerst zu Brandenburg und später zu Danzig in strenger Haft gehalten.
>
> Erst nach dem Tod seines Nachfolgers Michael Küchmeister 1422 wurde Plauen 1423 zu einer milderen Gefangenschaft nach Lochstedt geschickt.
>
> Am 28. Mai 1429 erhielt er vom Hochmeister Paul von Rusdorf das Amt des Pflegers von Lochstedt. Heinrich ist dort in demselben Jahr vor dem 28. Dezember gestorben und in der Gruft der Annenkapelle auf der Marienburg begraben. Von den vier Inschriften auf Grabsteinen von Hochmeistern, die dort überliefert sind, ist seine die einzige, die den Verstorbenen nicht als Hochmeister identifiziert.[23]

Ernst Wichert schreibt in seiner Autobiographie darüber, dass Heinrich von Plauen seines Erachtens die veränderte Lage des Ordens durchschaut und verstanden habe, dass auch Grundbesitzer und Vertreter der Städte in den Rat des Ordens aufgenommen werden sollten. Die Ordensbrüder aber waren nicht geneigt, die Macht mit den Ständen zu teilen. Daher entstanden Konflikte, und es sei auch deswegen zum Fall Heinrich von Plauens gekommen.[24]

Schlussfolgerungen

Die Analyse der ausgewählten Kapitel aus Ernst Wicherts Roman *Heinrich von Plauen*, in denen die Belagerung der Marienburg geschildert wird, hat gezeigt, dass der historische Roman in großem Maße der historischen Wahrhaftigkeit zu genügen sucht, aber auch fiktive Geschehnisse einführt, um die Fabel unterhaltender und für den Leser attraktiver zu gestalten.

Wenn auch die Tatsachen im Roman und in den geschichtswissenschaftlichen Veröffentlichungen einander entsprechen, sind die Darstellungsweisen doch unterschiedlich: Der Schriftsteller benutzt nicht nur Beschreibungen, sondern auch Dialoge zwischen den handelnden Personen und ist bestrebt, das Vergangene lebendig zu schildern. Der Historiker dagegen entwickelt seine Narration rational aufgrund von Hinweisen auf die Quellen und mit Hilfe der eigenen Argumente sowie Schlüsse.

Im Roman erscheinen nicht nur historische Persönlichkeiten, sondern auch fiktive Helden. Die Handlungen der historischen Personen können vom Autor des Romans erfunden werden oder historisch begründet und nachweisbar sein.

Der Vergleich des historischen und des fiktionalen Narrativs hat nicht nur inhaltliche Unterschiede, sondern auch verschiedene Darstellungsformen von identischen Ereignissen (der Verteidigung und der Belagerung der Marienburg) an den Tag gelegt.

Anmerkungen

1 Vgl. Motekat, Literaturgeschichte, S. 308.
2 Ebd., S. 305.
3 Bernhardt, Geschichten, S. 79.
4 Jaeger, Erzählen, S. 110.
5 Ebd., S. 112.
6 Wichert, Richter, S. 203.
7 Urban, Žalgiris, S. 201.
8 Vgl. Jučas, Žalgirio mūšis, S. 88.
9 Vgl. Urban, Žalgiris, S. 202.
10 Vgl. Jučas, Žalgirio mūšis, S. 89.
11 Vgl. ebd., S. 90.
12 Wichert, Heinrich von Plauen, S. 279.
13 Ebd., S. 281.
14 Ebd., S. 296.
15 Ebd., S. 335-336.
16 Ebd., S. 337.
17 Ebd., S. 343.
18 Ebd., S. 344.
19 Ebd., S. 352.
20 Vgl. Urban, Žalgiris, S. 207.
21 Wichert, Heinrich von Plauen, S. 356.
22 Vgl. Urban, Žalgiris, S. 208.
23 Pelech, Heinrich von Plauen, S. 117.
24 Vgl. Wichert, Richter, S. 206.

Literaturverzeichnis

a) Quellen

Wichert, Ernst: Richter und Dichter: Ein Lebensausweis. Berlin/Leipzig 1899.

Wichert, Ernst: Heinrich von Plauen. 1. Band. Berlin 1943.

b) Forschungsliteratur

Bernhardt, Rüdiger: »Litauische Geschichten« – Inhaltsangabe oder Gattungsbezeichnung? In: Albrecht, Dietmar / Degen, Andreas / Neumann, Bernd / Talarczyk, Andrzej (Hg.): Provinz als Zentrum. Aachen 2007, S. 61-80.

Motekat, Helmut: Ostpreußische Literaturgeschichte mit Danzig und Westpreußen. München 1977.

Jaeger, Stephan: Erzählen im historiographischen Diskurs. In: Klein, Christian / Martínez, Matías (Hg.): Wirklichkeitserzählungen. Felder, Formen und Funktionen nicht-literarischen Erzählens. Stuttgart / Weimar 2009, S. 110-135.

Jučas, Mečislovas: Žalgirio mūšis. Vilnius, 2009.

Pelech, Markian: Heinrich von Plauen. In: Arnold, Udo (Hg.): Die Hochmeister des Deutschen Ordens 1190-1994. Marburg 1998 (= Quellen und Studien zur Geschichte des Deutschen Ordens, Bd. 40), S. 114-117.

Urban, William: Žalgiris ir kas po jo. Lietuva, Lenkija ir Vokiečių ordinas – nemirtingumo beieškant. Vilnius 2004 (US-amerikanisches Original: William Urban: Tannenberg and After: Lithuania, Poland, and the Teutonic Order in Search of Immortality. Chicago 2002).

»*Basis und Grundstein*« des preußischen Staates – Die Konstruktion des Mythos Marienburg in der antipolnischen Stereotypie des 19. Jahrhunderts

Christoph Kienemann

»Marienburg hatte ich vor dem Kriege 1806 zweimal in seiner tiefsten Erniedrigung gesehen, aber ich hatte es mehr als Curiosität, wie als Sprache des Himmels betrachtet. Im Jahr 1816 sah ich es wieder, und ich sah etwas anderes, als ich früher gesehen hatte«[1], mit diesen Worten beschreibt Theodor von Schön die Veränderung seiner Wahrnehmung der Marienburg, die ihn dazu veranlasste, sich dem Wiederaufbau der Ordensburg zu widmen.

Durch die napoleonische Besatzungszeit Preußens, die Befreiungskriege und die Reformjahre wandelte sich die deutsche Nationalbewegung in Preußen von der Phase der Bestimmung der »nationalen Koordinaten« zu der Phase der aktiven Verbreitung der nationalen Identität.[2] Die Wahrnehmung der Marienburg durch Theodor von Schön scheint sich entsprechend gewandelt zu haben, und so standen die 1817 beginnenden Restaurierungsarbeiten an der Ordensburg unter der Prämisse der Errichtung eines deutschen National-Monuments. Im preußisch-deutschen Diskurs des 19. Jahrhunderts wurde die Marienburg zu einem Mythos im Dienste des Nationalismus erhöht, mit dem Ziel, eine kulturell und historisch einheitliche Nation zu etablieren. Im Folgenden soll daher erarbeitet werden, wie der Mythos Marienburg im 19. Jahrhundert konstruiert wurde.

I. Methodische Vorbemerkungen

Dieter Langewiesche hat deutlich gemacht, dass sich die Bildung einer Nation als doppelseitiger Prozess vollzieht, der eine Gruppe nach innen stabilisiert und nach außen abgrenzt.[3] Mythen leisten diese Integrationsaufgabe, indem sie die Einheit aller Mitglieder der Nation in einer Gruppe rechtfertigen und klare Grenzen zu den Mitgliedern anderer Gruppen ziehen.[4] Die Konstruktion eines Systems von Werten und Ideen, mit denen sich die Mitglieder einer Nation identifizieren können und anhand derer sich ihre Verhaltensweisen und Ansprüche legitimieren lassen, ist die zentrale Aufgabe, die Mythen erfüllen müssen.[5] Möglich wird die Konstitution einer Nation über die Etablierung nationaler Wir-und-sie-Identitäten. Innerhalb des Mythos wird die Geschichte so geformt, dass sie den Wir-und-sie-Gruppen entspricht, die der Nationalismus fordert. Die Geschichte wird innerhalb des Mythos in den Dienst von Gegenwart und Zukunft gestellt, mit dem Ziel, eine nationale Gruppe nach innen zu integrieren und nach außen abzugrenzen.

Ein Mythos soll daher als eine sinnstiftende Erzählung verstanden werden, die die Geschichte einer Gesellschaft aus ihrem zeitlichen Hintergrund löst und auf eine überzeitliche Ebene hebt. Diese politisch-soziale Funktion des Mythos steht für uns im Zentrum des Interesses.[6] Mythen sind gerade deshalb so wirkungsmächtig, da sie auf einer Bildstruktur basieren, die von sozialen Gruppen unbewusst geteilt wird.[7] Aufgabe einer kulturgeschichtlichen Analyse muss es daher sein, diese unbewusste, geteilte Bildstruktur offenzulegen und so auf das geteilte Wissen einer Gesellschaft zu schließen.[8] Die geteilte Bildstruktur einer Gesellschaft wird durch die Analyse der Stereotypen ersichtlich, durch die sich eine Gesellschaft ihr nationales Selbst- und Fremdbild konstruiert.

Die Konstruktion des Mythos Marienburg lässt sich über die Analyse der im antipolnischen Diskurs des 19. Jahrhunderts auftretenden Stereotype nachvollziehen. An dieser Stelle soll unter einem Stereotyp eine wertende Verallgemeinerung verstanden werden, die den Anspruch hat, alle Mitglieder einer sozialen Gruppe zu beschreiben. Dabei ist jedes Stereotyp Teil eines übergeordneten Systems und stark emotional aufgeladen, wodurch es sich von bloßen Bezeichnungen unterscheidet. Bei Mythen handelt es sich nicht per se um Stereotype, sondern ein Mythos ist aus Stereotypen aufgebaut.[9] Ein Mythos kann daher als die gezielte Anordnung bestimmter Stereotype verstanden werden, die in ihrem konstruierten Sinnzusammenhang die gruppenbildende Funktion des Mythos ermöglichen. Mythen wären ohne Stereotype nicht denkbar, gleichzeitig legitimieren Mythen die einzelnen Stereotype, indem der Mythos diese historisiert.[10]

Entscheidend für die Konstruktion eines Mythos ist die wechselseitige Bedingtheit von Auto- und Heterostereotyp. Der Informationsgehalt eines Stereotyps liegt nicht darin, dass es präzise Aussagen über das bezeichnete Objekt enthält, sondern Stereotype ermöglichen vielmehr einen Einblick in die mentale Verfasstheit des Subjekts, also des Trägers des Stereotyps.[11] Findet sich im Diskurs ein negatives polnisches Heterostereotyp, kann daraus auf das positive deutsche Autostereotyp des Sprechers geschlossen werden und umgekehrt, und zwar hinsichtlich der inhaltlichen Akzente, auf die sich das jeweilige Stereotyp bezieht. Es wird daher entscheidend sein, das Wechselspiel zwischen Hetero- und Autostereotyp, das sich innerhalb des Mythos Marienburg abspielt, herauszuarbeiten. Auf diese Weise lässt sich die Konstruktion des Mythos verstehen. In dieser wechselseitigen Bedingtheit von Auto- und Heterostereotyp liegt schließlich auch die gruppenbildende Kraft des Stereotyps begründet, da auf diese Weise klar voneinander abgegrenzte Wir-und-sie-Gruppen konstruiert werden können[12], in diesem Fall die Konstruktion eines deutsch-polnischen nationalen Gegensatzes.

II. Die Konstruktion des Mythos vor der Reichsgründung – Voigt und Eichendorff als Beispiele

Die grundlegenden Stereotype, die für die Konstruktion des Mythos Marienburg entscheidend sind, lassen sich exemplarisch in den Arbeiten des Historikers Johannes Voigt und des Dichters Joseph von Eichendorff erkennen. An ihnen können die sinnstiftenden Elemente des Mythos abgelesen werden: die Konstruktion einer historischen Kontinuität zwischen dem Preußen des 19. Jahrhunderts und dem Ordensstaat, die Kontinuität der Grenzen der Staaten und die Legitimation der aktuellen machtpolitischen Ansprüche des preußischen Staates gegenüber Polen. Voigt betont in seinem Reiseführer die Bedeutung der Marienburg für die Zivilisierung Preußens. Die Burg sieht er als Ausgangspunkt und Zentrum der Christianisierung und Zivilisierung der Preußen.

> Für das ganze Land erschien der erste Tag eines neuen Lebens, als gehe nun erst vor dem prächtigen Heiligengebilde an der Burg Seegen und Gedeihen in vollem Maaße über das ganze Ordensgebiet. [...] Die zwei großen Gewinne des blutigen Streites, daß ein neues Volk Christum anbetete [...] und daß der für Kultur und Bildung befruchtende germanische Geist der Natur eines neuen Volkes eingepflanzt war, diese Gewinne [...] gingen schon bis an die Gränzen Litthauens.[13]

Die Betonung der deutschen Kulturleistungen für den Osten war ein prägendes Element des deutschen Mythos über den Osten, wie auch für den Mythos der Marienburg. Dichter wie Historiker verwenden in ihren Arbeiten Stereotype, die sich in den Werken zahlreicher Historiker zu Beginn des 19. Jahrhunderts nachweisen lassen. Beispielweise sprach Leopold von Ranke über die Germanisierung der Slaven und Pruzzen als Zivilisierung dieser rückständigen Völker, während Hegel die Slawen als kulturlose Völker beschrieb.[14] Der Mythos Marienburg wurde aus den grundlegenden Elementen eines deutschen Mythos über den Osten konstruiert. Dieser Mythos stützt sich auf das von westeuropäischen Intellektuellen konstruierte Osteuropabild, das sich während der Aufklärung herauskristallisierte und geprägt war durch Vorstellungen von

Schmutz, Chaos und Unordnung – Vorstellungen, die letztlich zur Identitätsbildung der Westeuropäer beitrugen.[15] Diese Konstruktion stellt die unbewusst geteilte Bildstruktur dar, die dem Mythos Marienburg zugrunde liegt. Bei Eichendorff lässt sich eines der wichtigsten Stereotype finden, das die Präsenz des Ordens und damit auch die Präsenz des preußischen Staates auf polnischem Staatsgebiet legitimieren sollte: »Wacht auf! Der Christen Bollwerk ist gebrochen, von Osten braust die blinde Flut, wacht auf!«[16]

Das Stereotyp des »Bollwerks«, im Zusammenspiel mit der herannahenden Flut, ist ein grundlegender Teil in der Mythisierung der Geschichte der Marienburg. Das Bollwerk-Stereotyp lässt sich u. a. in der Arbeit Johann Gottfried Herders *Ideen zur Philosophie der Geschichte Menschheit* (1784-1791) finden, in der er den Deutschen den Nationalcharakter als Bewahrer des Christentums und des Friedens in Europa zuschrieb.[17] Das Heterostereotyp der »slawischen Flut« suggeriert einen Nationalcharakter, der dem eines Naturvolkes ähnelt. Es wird die Bedrohung einer Kulturnation durch ein kulturell minderwertiges Volk konstruiert. Diesem Stereotyp lag die Angst vor einer Verdrängung der Deutschen durch die angeblich kulturell niedriger stehenden Polen und die Furcht vor einer durch polnische Infiltration hervorgerufenen Polonisierung zugrunde. Das Autostereotyp des Bollwerks gegen das Slawentum dient der Legitimation der Gebietsansprüche Preußens gegenüber Polen. Der preußische Staat führt in dieser Argumentation die Aufgabe des Bollwerks gegen die Slawen fort, die der Deutsche Orden einst begonnen hatte. Die staatliche Kontinuität zwischen Orden und Preußen bringt Eichendorff in der Schlussszene des Dramas zum Ausdruck: »So laß den Orden nur zusammenstürzen / Das Kreuz bleibt stehen, das er gepflanzt im Norden«.[18]

Das Wappen des Deutschen Ordens wird zu einem Nationalsymbol für Preußen. Es wird bei Eichendorff verknüpft mit dem Boden, auf dem der Ordensstaat existierte und auf dem nun sein Nachfolger wieder entstanden ist, der preußische Staat.[19] Ein ähnliches Motiv finden wir auch schon 1820 bei Voigt, der darauf verweist, dass der Ordensstaat die Grundlage für das spätere Königreich Preußen gelegt hat: »Unter Kampf und Verheerung hatte der Orden, – und nur der Orden – den Saamen zu Preußens Glück und Heil für alle Zeiten der Zukunft ausgeworfen.«[20]

Die durch den Mythos ermöglichte Legitimation der preußisch-deutschen Ansprüche auf das polnische Teilungsgebiet wird in den Ausführungen Eichendorffs über die Wiederherstellung der Marienburg verdeutlicht. Hier operiert der Dichter mit dem bekannten deutschen Autostereotyp des Kulturträgers, dessen Kern die Annahme einer kulturellen Diffusion deutscher Kulturleistungen in den kulturlosen Osten war.

So sieht er die Ordensritter als entscheidend für die mentale Verfassung des heutigen Europas an:

> [D]ie deutschen Ritter allein, die, [...] mit Kreuz und Schwert mitten in den nordöstlichen Wildnissen ein neues Deutschland eroberten, ohne dessen christliche Vormauer der ganze Norden Europa's eine andere, jetzt kaum mehr berechenbare, geistige Gestaltung genommen hätte.[21]

Kennzeichnend sind hier das Verständnis des östlichen Europas der damaligen Zeit als »Wildnis«, die Charakterisierung des Ordensstaates als »neues Deutschland« und eine andere Formulierung des Bollwerk-Stereotyps als Vormauer. Das Vormauer-Stereotyp lässt sich auch in den polnischen Diskursen des 19. Jahrhunderts als »Antemurale Christianitatis« nachweisen. Während das Stereotyp bei Eichendorff die Polen aus der europäischen Gemeinschaft ausschließen sollte, verwies man innerhalb des polnischen Diskurses auf die Verdienste Polens für Europa. In beiden Fällen diente das Stereotyp zur Abgrenzung der europäischen von der östlich-asiatischen Kultur, jedoch grenzte der deutsche Diskurs die Polen aus der europäischen Kulturgemeinschaft aus.[22] Eichendorff verdeutlicht daher, dass es sich bei der Zivilisierung der »Wildnis« um eine Aufgabe handelt, die dem »Deutschen« von Natur aus innewohnt.

> Für den ganzen Norden aber, weil der junge Staat nicht umhin konnte, deutsch wie er war, die Wurzeln deutscher Bildung und Gesittung weit über seine Grenzen hinaus zu verbreiten und Liefland, Esthland und selbst einen Teil Polens geistig zu verbinden.[23]

Das Scheitern des Ordens erklärt Eichendorff mit dem »junkerhaften Übermut«[24] der Ordensritter. Mit der Abwesenheit des Ordens zeigt sich nun das völlige Unvermögen der Polen, die ehemaligen Ordensgebiete und insbesondere die Marienburg zu verwalten. Eichendorff breitet in seiner Schrift einen ausführlichen Stereotypenkomplex aus, der sich an das Heterostereotyp der »polnischen Wirtschaft« anlehnt. Dessen grundlegenden Dimensionen Verfall des Raumes, allgemeine Unreinlichkeit, Leichtsinn und Unfähigkeit zu einer vorausschauenden Wirtschaftsweise lassen sich in der Denkschrift Eichendorffs nachweisen.[25] Die ›polnische Wirtschaft‹ wird am Beispiel der Marienburg in einer Art Mikrokosmos sichtbar. So war das unter dem Orden »blühende« Land nun »verwüstet und verwildert«.[26] Die stereotype Unfähigkeit der Polen zur Bewirtschaftung und Verwaltung des Landes legitimiert die Ansprüche Preußens auf die Gebiete des Ordens. Auf diese Weise wird die Rechtmäßigkeit der Teilungen Polens erklärt, da hier ein ursprünglich deutsches Gebiet wieder zu seinem legitimen Besitzer zurückgekehrt ist.[27] Verdeutlicht wird dies durch die Tatsache, dass das Stereotyp der polnischen Wirtschaft nicht nur im Kleinen auf die Marienburg angewendet werden konnte, sondern auch auf den gesamten polnischen Staat: »[A]llein die inneren Parteien wüteten gegen einander und gegen die Russen im Lande unaufhaltsam fort und versenkten das unglückliche Reich immer tiefer in die vollständige Anarchie.«[28]

Wie die Marienburg durch die polnische Anarchie verwahrlost, scheitert der gesamte Staat an der polnischen Anarchie. Die Konstruktion des Mythos kontrastiert die stets vorbildliche deutsche Vorgehensweise mit der anarchischen und unzivilisierten polnischen Regierungspraxis. Durch die Verbindung des polnischen Staates mit den Stereotypen der polnischen Anarchie und Wirtschaft sollten die Gebietsgewinne der Teilungen historisch legitimiert werden. Nicht die Machtpolitik der Teilungsmächte oder die politische Verfassung des polnischen Staates hat – so die Unterstellung – zu den Teilungen geführt, sondern der Nationalcharakter der Polen.

> Auf solche Weise hatten die Polen endlich ihr Staatsschiff […] gründlich zerschlagen, es mußte an der eigenen Maßlosigkeit zerschellen. Am Ufer aber saßen die Nachbarn und übten das uralte Strandrecht an den Trümmern; so entstand im Jahre 1772 die erste Teilung Polens […].[29]

Es zeigt sich, dass durch die Mythisierung der Geschichte der Marienburg eine staatliche und räumliche Kontinuität für den preußischen Staat geschaffen werden konnte, dessen Legitimität sich zudem aus der Unfähigkeit der Polen zur Staatsführung speiste. Die deutsche zivilisatorische Überlegenheit legitimiert so innerhalb des Mythos die preußische Staatlichkeit und weist gleichzeitig die polnischen Forderungen nach der Wiederherstellung eines polnischen Staates zurück.[30]

III. Die Marienburg im Wilhelminismus – Höhepunkt der Mythisierung

Der Mythos präsentierte die Marienburg weiterhin als ein Abbild des deutschen Staates, als Barriere zwischen deutscher Hochkultur und polnischer »Unkultur«. So findet sich in einem Reiseführer aus dem Jahr 1898 folgende Charakterisierung der Ordensritter:

> Für die Brüder vom deutschen Hause – jene deutschen Ordensritter, die schlichte Frömmigkeit und kühnen Kriegsmuth, strengen Ordnungssinn, weise Wirthschaftlichkeit und staatsmännischen Weitblick in ihrem Wesen so wunderbar vereinigten, war die Marienburg Wohnung und Festung, Kirche und Rathhaus, Lustbarkeitsort und Begräbnißstätte.[31]

Die Ordensritter werden mit den positiven Autostereotypen des Komplexes der polnischen Wirtschaft belegt, dank dieser Eigenschaften sind sie in der Lage, die deutsche Zivilisierungsmission fortzuführen. Im Reiseführer wird diese Mission dem Touristen so dargelegt, dass der Orden in den »Wildnissen östlich der Weichsel«[32] ein neues Betätigungsfeld gefunden hat und zwar »[...] nicht nur für den Kampf mit ›Ungläubigen‹, sondern für das harte, aber erfolg- und segensreiche Ringen gegen halbasiatische Unkultur, ohne deren Beseitigung u. a. niemals das jetzige deutsche Reich erstanden wäre«[33].

Eine Rückkehr dieser Unkultur würde folglich eine Bedrohung für das Deutsche Reich darstellen, die es abzuwehren galt. Im Jahre 1901 forderte der Pfarrer Wilhelm Johnsen, dass das Deutsche Reich die »Mission der christlich-deutschen Kultur« fortsetzen sollte und propagierte die Reaktivierung der Marienburg als Ausgangspunkt dieser Mission:

> Warum trauert denn die herrliche Marienburg jedem historischen Sinn zum Trotz immer noch im Wittwenschleier? Warum weht nicht das heilige Ordensbanner, geschmückt mit den neuen Ehrenzeichen des Vaterlandes, hoch vom Turm?[34]

Johnsens Wunschs nach einer »Reaktivierung« der Marienburg sollte sich am 5. Juni 1902 erfüllen. Das vom Johanniterorden auf der Marienburg ausgerichtete »Ritterfest«, dessen Höhepunkt eine Rede Kaiser Wilhelms II. darstellte, kann als Gipfel der Mythisierung der Marienburg gesehen werden. Der Kaiser ging in seiner Rede auf die Geografie des Ortes ein, die Marienburg hätte sich schon immer an den Grenzen des Deutschen Reiches befunden, die Aufgabe des Ordens hätte stets an dieser Stelle gelegen: »Nicht auf fremden Boden, [...] sondern daheim an des Reiches Grenze, da steckte die Vorsehung dem Orden die Aufgabe.«[35]

Diese Aufgabe, so führte der Kaiser aus, sollte nach wie vor in der Verbreitung deutscher Kultur im Osten liegen. Das für den Mythos Marienburg zentrale Motiv der deutschen Kulturträger wird auch hier verwendet. Es dient zur Legitimation der deutschen Ansprüche auf Westpreußen und rechtfertigt die sich ab 1885 radikalisierende deutsche Germanisierungspolitik in Westpreußen und Posen. Wilhelm II. greift auch auf das schon bekannte »Bollwerk«-Stereotyp zurück, denn der deutschen Hochkultur steht das Heterostereotyp der polnischen Wirtschaft gegenüber. In der Periode des Wilhelminismus erlangte es eine immer größere Bedeutung, hier verstärkt sich, im Gegensatz zur Periode des Vormärz, die Konstruktion einer akuten Bedrohung des Deutschtums durch die Slawen: »Jetzt ist es wieder so weit. Polnischer Übermut will dem Deutschthum zu nahe treten, und ich bin gezwungen, Mein Volk aufzurufen zur Wahrung seiner nationalen Güter.«[36]

Das Stereotyp des Bollwerks ist hier verknüpft mit dem Stereotyp des polnischen Übermutes. Die Deutschen seien im Jahr 1902, wie schon in der Zeit des Deutschen Ordens, einer polnischen Aggression ausgesetzt, gegen die sie sich verteidigen müssen. Dieses Stereotypenkonstrukt bestätigt das deutsche Vorgehen in der Polenpolitik des Kaiserreichs und lässt es als legitime Abwehrmaßnahme erscheinen. Diese Konstruktion einer fortwährenden Bedrohung des deutschen Volkes ist typisch für den aufkommenden völkischen Diskurs dieser Zeit.[37] Die Ausführungen des Kaisers sprechen ein dauerndes Problem des Deutschen Reiches an: die Lokalisation der Grenzen des Nationalstaates, insbesondere der Ostgrenze. Die Unklarheiten über diese nationale Frage führten zu einer stetigen Intensivierung der antipolnischen Stereotypen der Zeit, mit dem Ziel, die deutsche Nation immer klarer von der polnischen abzugrenzen und die scharfen Germanisierungsmaßnahmen der Gegenwart zu legitimieren.[38] Die Marienburg konnte nun als Symbol eines fortwährenden Abwehrkampfes des Deutschtums gegen das barbarische Slawentum dargestellt werden, sie lieferte quasi den historischen Beweis für die Barbarei und die Deutschtumsfeindlichkeit der Slawen. Die historische Aufgabe der Marienburg bestand darin, das Deutschtum vor den Slawen zu verteidigen:

> Zur Landmeisterzeit sind diese festen Ordensschlösser die Stützpunkte gewesen, von wo der Orden den heidnischen Preußen im Norden die Kultur brachte. Sie waren es, die [...] dem gewaltigen Ansturme der Slaven im Osten lange Zeit hindurch nachhaltig Trotz geboten haben.[39]

Wie sich aus den Äußerungen Wilhelms II. schließen lässt, wiederholt sich dieser Ansturm der Slawen in der Gegenwart erneut, der deutsch-polnische Gegensatz wird somit gleichzeitig historisiert und aktualisiert. Die Konsequenzen einer Niederlage des Deutschtums sind aus der Vergangenheit heraus offensichtlich. Die Aufgabe des Ordens wird vor dem Hintergrund der aktuellen Ereignisse und des beschworenen Volkstumskampfes immer mehr verzerrt. Die Marienburg wird mithilfe des Stereotyps der deutschen Kulturmission zu einem überzeitlichen Symbol des Kampfes »deutscher Kultur« gegen die »polnische Barbarei«.

IV. Die Integration der Niederlage bei Tannenberg 1410

Eine besondere Herausforderung für den Mythos Marienburg musste die Integration der Niederlage des Hochmeisters Ulrich von Jungingen gegen die vereinigten polnisch-litauischen Streitkräfte am 15. Juli 1410 bei Tannenberg darstellen. Die Niederlage des Ordens ließ sich nicht mit dem Stereotypenkonsens des Mythos in Einklang bringen, da hier die »Barbarei« über eine überlegene Kultur siegte, wie Klingemann in den *Alldeutschen Blättern* ausführte: »Sie feiern ihren Sieg, den unfruchtbaren Sieg der Barbarei über die Gesittung, einen Sieg, dessen Folgen nur an Verfall und Verwüstung kenntlich geworden sind.«[40]

Die Stereotype sollen hier zeigen, dass die Grunwaldfeiern des Jahres 1910 lediglich einen Pyrrhussieg rühmen. Wichtiger ist hier die Erklärung für die Niederlage des Ordens, die die *Alldeutschen Blätter* anführen: »Unmöglich wäre die Niederlage von Tannenberg gewesen, wenn ein seiner Kraft und seinen Aufgaben bewußter deutscher Volksstaat seine Siedlungsgebiete gedeckt und gestützt hätte.«[41]

Die Niederlage des Ordens wird mit der fehlenden Unterstützung des »Grenzstaates« durch das deutsche Mutterland erklärt. Die Ordensritter wurden sich selbst überlassen und sind an der »Uneinigkeit« der Deutschen gescheitert.[42] Dieses Schicksal droht sich nach Klingemann in den deutsch-polnischen Auseinandersetzungen in der »Ostmark« zu wiederholen. Die Niederlage bei Tannenberg wird zu einem warnenden Beispiel und zu einem Aufruf an die Entschlossenheit des Staates, die Germanisierungspolitik in den Ostmarken voranzutreiben. Der deutsch-polnische Gegensatz wird auf eine überzeitliche Ebene gehoben und zu einem nationalen Überlebenskampf stilisiert. Die polnischen Grunwaldfeiern dienten demnach nur dem einem Zweck: »in allen Polen den Hass gegen das Deutschtum zu schüren und die Hoffnung auf eine Wiedererstehung Polens neu zu beleben.«[43]

Die Verklärung der Niederlage des Ordens findet sich jedoch nicht erst in der Phase des Wilhelminismus. Schon in der ersten Hälfte des Jahrhunderts verklärte der Historiker Johannes Voigt die Niederlage in einen heimlichen Sieg, da deutsche Tugend über polnische Untugend gesiegt habe:

> So endete das blutige Werk der Schlacht, ruhmvoller für den Meister, der ritterlich und tapfer für die Seele seines Rechts und für die Ehre seines Ordens kämpfte und fiel, als für den siegenden König, der feig und zaghaft den schweren Tag überlebte, um das Spiel seiner Argheit und den Plan seiner wortbrüchigen Seele auch ferner noch fortzusetzen.[44]

V. Schluss

Die Konstruktion einer akuten Bedrohung des Deutschtums durch das Slawentum begegnet uns nicht nur im Rahmen des Mythos, vielmehr erlangte dieser Teil des Mythos auch eine Bedeutung für die deutsche Außenpolitik.

Während das Auswärtige Amt des Deutschen Reiches infolge des Balkankrieges im Jahr 1912 noch an einem Ausgleich mit England interessiert war, betrachteten führende Vertreter des Staates wie Wilhelm II. und der Chef des Generalstabes der Armee, Helmuth Johannes Ludwig von Moltke, den aufziehenden Konflikt als »Endkampf« zwischen Germanen- und Slawentum: »Nach wie vor bin ich der Ansicht, dass ein europäischer Krieg über kurz oder lang kommen muß, in dem es sich in letzter Linie handeln wird um einen Kampf zwischen Germanentum und Slawentum.«[45]

Es zeigt sich, dass politische Entscheidungen nicht nur als Reaktion auf Handlungsergebnisse anderer Protagonisten gesehen werden dürfen, sondern vielmehr spielt der mentale Hintergrund der Handelnden eine entscheidende Rolle.[46] Dies zeigt sich an den Ausführungen des ehemaligen Reichskanzlers Bernhard von Bülow, der den Erhalt der deutschen Ostsiedlung in das Zentrum der Außenpolitik des Reiches stellte und die Ostsiedlung als größtes »Kolonisationswerk« der Deutschen pries:

> Eine Kulturmission ist es gewesen, die uns Deutsche einst über die Elbe und die Oder nach dem Osten geführt hat. Das Kolonisationswerk im deutschen Osten, das, vor beinahe einem Jahrtausend begonnen, heut noch nicht beendet ist, ist nicht nur das größte, es ist das einzige, das uns Deutschen bisher gelungen ist.[47]

Bülow betont in seiner Rückschau auf die deutsche Ostmarkenpolitik die Kontinuitätslinien von der mittelalterlichen Ostsiedlung über die Politik Friedrichs des Großen bis hin zur Polenpolitik Bismarcks. Für Bülow war die Aufgabe einer deutschen Ostmarkenpolitik daher, das »Kolonisationswerk im Osten« zu erhalten und gegen die Polen zu verteidigen. Wie sich in der starken Popularität der Marienburg im preußisch-deutschen Diskurs des 19. Jahrhunderts zeigt, erreichte der Mythos eine beträchtliche Wirkungsmacht. Dies liegt wohl nicht zuletzt darin begründet, dass die Ordensburg als architektonischer Zeuge für die Geschichtskonstruktion des Mythos dienen konnte und so die Wirkung des Mythos bestärkte. In dem Mythos Marienburg greifen die »real überlebende« Geschichte und das »kollektive Gedächtnis« der Nation ineinander, die Vergangenheit musste hier nicht gänzlich erfunden werden, sie wurde im Sinne des Nationalismus bearbeitet.[48]

Anmerkungen

[1] Schön, Schriften 1, S. 609.
[2] Vgl. Hroch, Europa, S. 45-46.
[3] Vgl. Langewiesche, Nationalismus, S. 9.
[4] Vgl. François / Schulze, Fundament, S. 18.
[5] Vgl. Hein-Kircher, Überlegungen, S. 19-20.
[6] Vgl. François / Schulze, Fundament, S. 19.
[7] Vgl. Jung, Archetypen, S. 55.
[8] Vgl. Liulevicius, Myth, S. 3.
[9] Vgl. Hahn, Stereotyp, S. 250-251.
[10] Vgl. ebd., S. 251.
[11] Vgl. Hahn / Hahn, Stereotypen, S. 27.
[12] Vgl. ebd., S. 34-35.
[13] Voigt, Ordenshaus, S. 12.
[14] Vgl. Liulevicius, Myth, S. 76.
[15] Vgl. hierzu Larry Wolffs Studie »Inventing Eastern Europe«.
[16] Eichendorff, Held, S. 263.
[17] Vgl. Liulevicius, Myth, S. 57.
[18] Eichendorff, Held, S. 383.
[19] Vgl. Boockmann, Orden, S. 237.
[20] Voigt, Ordenshaus, S. 12.
[21] Eichendorff, Wiederherstellung, S. 3.
[22] Vgl. Morawiec, Antemurale, S. 249.
[23] Eichendorff, Wiederherstellung, S. 9.
[24] Ebd., S. 35.
[25] Vgl. Orłowski, Wirtschaft, S. 319-346.
[26] Eichendorff, Wiederherstellung, S.49.
[27] Vgl. Boockmann, Orden, S. 236.
[28] Eichendorff, Wiederherstellung, S. 64.
[29] Ebd., S. 64.
[30] Vgl. Burleigh, Knights, S. 39.
[31] Fischer, Marienburg, S. 3.
[32] Ebd., S. 4.
[33] Ebd., S. 4.
[34] Johnsen, Domus, S. 125.
[35] Wilhelm II., Rede, S. 86.
[36] Ebd.
[37] Vgl. Hahn / Hahn, Vertreibung, S. 129.
[38] Vgl. ebd., S. 130-132.
[39] Deeleman, Ritterorden, S. 49.
[40] Klingemann, Tannenberg, S. 241.
[41] Ebd.
[42] Ebd., S. 242.
[43] Alldeutsche Blätter 20, Nr. 29 (1910), S. 246.
[44] Voigt, Geschichte, S. 99.
[45] Moltke zit. nach: Conrad, Dienstzeit, S. 146.
[46] Vgl. Hahn, Stereotypen, S. 51.
[47] Bülow, Politik, S. 259.
[48] Vgl. dazu: Hroch, Nationen, S. 49.

Literaturverzeichnis

a) Quellen

Alldeutsche Blätter 20, Nr. 29 (1910).

Bülow, Bernhard Fürst von: Deutsche Politik. Berlin 1916.

Hoetzendorf, Conrad von: Aus meiner Dienstzeit 1906-1918. 3. Band. Wien / Leipzig / München 1922.

Deeleman, Marinus: Der deutsche Ritterorden einst und jetzt. Wien 1903.

Eichendorff, Joseph von: Der letzte Held von Marienburg. In: Kosch, Wilhelm (Hg.): Sämtliche Werke des Freiherrn Joseph von Eichendorff. 6. Band: Dramen. Regensburg 1950, S. 245-358.

Eichendorff, Joseph von: Die Wiederherstellung des Schlosses der deutschen Ordensritter zu Marienburg. Berlin 1844.

Fischer, Paul: Die Marienburg. Illustrierter Führer durch die Geschichte und Räume der bedeutendsten deutschen Kulturstätte der Ostmark. Mit elf Bildern und einem Plane. Graudenz 1898.

Johnsen, Wilhelm: Domus hospitalis Sanctae Mariae Theutonicorum Jerusalem. Eine geschichtliche Studie, zugleich eine Jubiläumsschrift zur siebenten Säkular-Feier der Stiftung des deutschen Ritterordens. Berlin 1901.

Klingemann, Carl: Tannenberg. In: Alldeutsche Blätter 20, Nr. 29 (1910), S. 241-242.

Schön, Theodor von: Persönliche Schriften 1. Die autobiographischen Fragmente. Köln / Weimar / Wien 2006.

Voigt, Johannes: Das Ordenshaus Marienburg in Preußen. Halle 1820.

Voigt, Johannes: Geschichte Preußens. Bd. 7. Die Zeit vom Hochmeister Ulrich von Jungingen 1407 bis zum Tode des Hochmeisters Paul von Rußdorf 1441. Königsberg 1836.

Wilhelm II.: Rede auf dem Johanniterfest auf der Marienburg. In: Penzler, Johannes (Hg.): Die Reden Kaiser Wilhelms II. in den Jahren 1901 bis 1905. Bd. 3. Leipzig 1905, S. 84-89.

b) Forschungsliteratur

Boockmann, Hartmut: Der Deutsche Orden. Zwölf Kapitel aus seiner Geschichte. München 1981.

Burleigh, Michael: The Knights, Nationalists and the Historians. Images of Medieval Prussia from the Enlightenment to 1945. In: European History Quarterly 17 (1987), S. 35-55.

François, Etienne / Schulze, Hagen: Das emotionale Fundament der Nation. In: Flacke, Monika (Hg.): Mythen der Nationen ein europäisches Panorama. Berlin 1998, S. 17-32.

Hahn, Eva / Hahn, Hans Henning: Die Vertreibung im deutschen Erinnern. Legenden, Mythos, Geschichte. Paderborn 2010.

Hahn, Hans Henning / Hahn Eva: Nationale Stereotypen. Plädoyer für eine historische Stereotypenforschung. In: Hahn, Hans Henning (Hg.): Stereotyp, Identität und Geschichte. Die Funktion von Stereotypen in gesellschaftlichen Diskursen. Frankfurt a.M. 2002, S. 17-56.

Hahn, Hans Henning: Stereotyp – Geschichte – Mythos. Überlegungen zur historischen Stereotypenforschung. In: Hahn, Hans Henning, Hein-Kircher, Heidi / Suchoples, Jarosław (Hg.): Erinnerungsorte, Mythen und Stereotypen in Europa – Miejsca pamięci, mity i stereotypy w Europie. Wrocław 2008, S. 237-255.

Hein-Kircher, Heidi: Überlegungen zum Verhältnis von »Erinnerungsorten« und politischen Mythen. Eine Annäherung an zwei Modebegriffe. In: Hahn, Hans Henning, Hein-Kircher, Heidi / Suchoples, Jarosław (Hg.): Erinnerungsorte, Mythen und Stereotypen in Europa – Miejsca pamięci, mity i stereotypy w Europie. Wrocław 2008, S. 11-26.

Hroch, Miroslav: Das Europa der Nationen. Die moderne Nationsbildung im europäischen Vergleich. Göttingen 2005 (= Synthesen: Probleme europäischer Geschichte 2).

Jung, Carl Gustav: Die Archetypen und das kollektive Unbewusste. 3. Aufl. Olten 1978.

Langewiesche, Dieter: Nationalismus im 19. und 20. Jahrhundert. Zwischen Partizipation und Aggression. Vortrag vor dem Gesprächskreis Geschichte der Friedrich-Ebert-Stiftung in Bonn am 24. Januar 1994. Bonn 2004 (= Gesprächskreis Geschichte 6). In: http://library.fes.de/fulltext/historiker/00625.htm (15.01.2011).

Liulevicius, Vejas Gabriel: The German Myth of the East. 1800 to the Present. New York 2010.

Morawiec, Małgorzata: Antemurale Christianitatis. Polen als Vormauer des christlichen Europa. In: Jahrbuch für europäische Geschichte 2 (2001), S. 249-260.

Orłowski, Hubert: »Polnische Wirtschaft«. Zum deutschen Polendiskurs der Neuzeit. Wiesbaden 1996 (= Studien der Forschungsstelle Ostmitteleuropa an der Universität Dortmund 21).

Wolff, Larry: Inventing eastern Europe. The Map of Civilization on the Mind of the Enlightenment. Stanford 1994.

»Das Kreuz mit den Rittern« Die Darstellung der Ordensritter in der polnischen Literatur des 19. Jahrhunderts

Christoph Garstka

Von Mickiewicz zu Sienkiewicz

In Henryk Sienkiewiczs Roman *Die Kreuzritter* (pl. Krzyżacy) nähert sich gegen Ende des Romans, aus Süden kommend, auf der Nogat eine Gefolgschaft des Hochmeisters des Deutschen Ordens in der Marienburg. Aus der Perspektive der mitreisenden polnischen Delegation schildert der Erzähler nun den Eindruck, den die Ordensburg auf die slawischen Ritter macht:

> Musste denn nicht schon allein der Anblick von Marienburg das Herz jedes Polen mit Schrecken erfüllen, der Anblick dieser aus dem Hochschloss, dem Mittelschloss und der Vorburg bestehenden Feste, mit der keine Burg auf der ganzen Erde auch nur annähernd verglichen werden konnte. Schon aus der Ferne, während sie die Nogat hinabfuhren, sahen die Ritter die mächtigen Basteien gen Himmel ragen. Der Tag war licht und klar, folglich traten die gewaltigen Bollwerke deutlich hervor, und als nach geraumer Zeit die Barken sich immer mehr ihrem Ziel näherten, da glänzten die Spitzen der Kirche über dem Hochschloss und den gigantischen, übereinandergetürmten Mauern hervor, die, aus roten Ziegelsteinen aufgeführt, aber zum größten Teil mit der berühmten, grauweißen Tünche bestrichen waren, die nur die Maurer des Ordens herzustellen verstanden. Solch wuchtige Bauwerke hatten die polnischen Ritter noch nie zuvor geschaut. Man hatte den Eindruck, als ob ein Bau aus dem anderen hervorwachse, man staunte, inmitten dieser Ebene plötzlich einen Berg vor sich zu sehen, dessen Gipfel das Hochschloss, dessen Seiten das Mittelschloss und die Vorburg bildeten. Dieser riesenhafte Hort der streitbaren Mönche [gniazda zbrojnych mnichów] bot einen solch sprechenden Beweis für deren Stärke und Macht, dass sich sogar das düstere Antlitz des Hochmeisters erhellte, als sein Blick darauf ruhte. »Marienburg ex luto – das aus dem Sumpf emporgestiegene Marienburg!« bemerkte er, sich zu Zindram wendend, »doch keine menschliche Macht kann es zermalmen.«[1]

Der Stolz des Hochmeisters ist für die polnischen Ritter nur der Ausdruck eines gefährlichen Größenwahns. Wie die Hauptstadt des anderen Feindes der polnischen Nation, St. Petersburg, ist auch die Marienburg als Hauptort des Deutschen Ordens auf Sümpfen entstanden, also der Natur abgetrotzt worden. Die prometheische Anmaßung, wider die Natur leben zu können, muss jedoch konsequenterweise zu Bestrafung und Untergang führen. Die Konfrontation von kaltem (germanischen) Stein und slawischer, zumeist »hölzerner« Natur wird nicht nur in Sienkiewiczs Roman leitmotivisch verwendet werden.

Der Roman des späteren polnischen Nobelpreisträgers erschien 1900 und stellte einen Höhepunkt antideutscher Ressentiments dar, auf deren Grundlage die politisch geteilte polnische Nation um ihr Existenzrecht kämpfte. Henryk Sienkiewicz aber, darüber ist sich die polnische Forschung seit längerem einig, hat der Gattung des historischen Romans weder formal noch inhaltlich etwas »Neues« hinzugefügt,[2] wir finden bei ihm nur die Vollendung und höchste Ausprägung zuvor schon vorhandener Aspekte. Im Folgenden sollen diese zuvor schon vorhandenen inhaltlichen Aspekte bei der Behandlung der Deutschordensritterproblematik in Polen, wie sie sich im 19. Jahrhundert nach den Teilungen entwickelt haben, näher beleuchtet werden.

Der Begriff »krzyżak« – der Kreuzritter – bezieht sich im Polnischen ausschließlich auf die Ritter des Deutschen Ordens und nicht auf die christlichen Ritter, die nach Jerusalem ins Heilige Land zogen (es existiert noch der allgemeine Begriff »krzyżowiec«). Im 19. Jahrhundert wird er dann – wie auch in der jeweiligen Form im Weißrussischen und im Litauischen – synonym verwendet mit »Niemiec«, also »Deutscher«. Schon Rolf-Dieter Kluge stellte in seinem Forschungsbericht fest, dass die Ordensgeschichte »in der polnischen schönen Literatur unter allen anderen historischen Stoffen den ersten Platz«[3] einnimmt. Im Bemühen um die Stabilisierung einer nationalen Identität Polens gerade in staatenloser Zeit wurde die Erinnerung an den Sieg über den Deutschen Orden bei Grunwald / Tannenberg 1410 zunehmend zu einem zentralen Bezugspunkt, der auch im 20. Jahrhundert in einer Phase der äußersten Bedrohung durch das Dritte Reich erfolgreich aktiviert werden konnte. Die Tatsache, dass dann das kommunistische Regime diese etablierte Erinnerung aufgrund ihres antideutschen Gehalts gegen vermeintliche und tatsächliche revanchistische Tendenzen funktionalisierte, auch weil es die nationale Bedrohung aus dem Osten, von Russland ausgehend, ausklammerte, bedarf einer gesonderten Ausarbeitung.

Die polnische Literatur zum Deutschen Orden, oder besser zur Konfrontation des Ordens mit Polen, ist äußerst umfangreich. Zwei Ereignisse stehen dabei im Vordergrund: die gewonnene Schlacht bei Grunwald / Tannenberg 1410 und die sogenannte Preußische Huldigung (*Hołd Pruski*), bei der Albrecht von Brandenburg 1525 dem polnischen König Sigismund I. auf dem Krakauer Wawel den Lehnseid leistete. Schon unmittelbar nach 1410 entstanden populäre Volkslieder auf den Sieg bei Grunwald. Bis zu seiner Umwandlung in ein weltliches Herzogtum ist der

Orden Gegenstand einer umfangreichen politisch-literarischen Polemik, es existieren zahllose Gedichte und Flugschriften auf Lateinisch und Polnisch und mehrere Geschichtswerke, von denen die Annalen des Jan Długosz aus dem 15. und des Maciej Stryjkowski aus dem 16. Jahrhundert zu den bekanntesten zählen, auf die sich noch die Dichter des 19. Jahrhunderts stützen sollten. Auch der große Renaissancedichter Jan Kochanowski greift in seinem langen Gedicht *Proporzec albo Hołd Pruski* (Das Banner oder die preußische Huldigung, 1569) die Lehnsverleihung durch den polnischen König auf.[4] In diesem wirkungsmächtigen Text wird die Marienburg zwar nur einmal kurz erwähnt; trotzdem ist er für die hier behandelte Thematik von einigem Interesse. Kochanowski gestaltet in seinem Gedicht den Sarmatenmythos aus, nach dem die polnische Szlachta von diesem sagenhaften, antiken asiatischen Reitervolk abstammte. Stolz verkündet er, dass es bei ihnen »weder Burg noch Stadt« gegeben habe, aber »Zelte und unermessliche Herden wilder Pferde«[5]. Nach dem Selbstverständnis dieser Sarmatenideologie ist also die steinerne Trutzburg dem slawischen, insbesondere dem polnischen Adel eigentlich wesensfremd. Im 17. und 18. Jahrhundert tritt der Stoff dann in den Hintergrund, die Kriege mit den Schweden, Russen, Ukrainern und Türken absorbieren jetzt die Aufmerksamkeit.

Erst die polnischen Romantiker greifen das Deutschordensthema wieder auf und erschaffen dann das eigentliche, bis heute in Polen gültige Stereotyp vom Kreuzritter. In den Beschreibungen des Ordens und auch seines Hauptsitzes, der Marienburg, mischen sich romantische Mittelalterbegeisterung – angereichert mit Elementen der schaurigen »Gothic-Novel«-Tradition – mit Ideen einer positiven Bewertung des halbbarbarischen Naturzustands und vor allem mit der Überzeugung der Dichter, eine nationale Aufgabe erfüllen zu müssen und der polnischen Nation einen Ausweg aus ihrer hoffnungslosen Situation zu weisen. Juliusz Słowacki hat in diesem Sinn drei Werke geschaffen, in denen er den Orden als finstere Autorität erscheinen lässt, die durch eine rigoros ausgelegte kirchlich-asketische Doktrin und durch die Überbetonung des weltlichen Machtanspruchs den Menschen ein Leben in freier, mit Liebe erfüllter Selbstbestimmung versagt.[6] Ein ständig wiederkehrendes Motiv ist dabei das der »schönen Polin oder Litauerin«, der ein deutscher Rittermönch in Liebe verfällt, was dann auf beiden Seiten zu Konflikten hinsichtlich der jeweiligen Sitten, Regeln und Verpflichtungen führen muss. Eine solche »schöne« Litauerin ist auch Grażyna, die Heldin des gleichnamigen Versepos von Adam Mickiewicz (1823)[7], dem berühmtesten polnischen Dichter. »Graži« bedeutet auf Litauisch »schön«, wie der Autor selbst erklärt. Mickiewicz variiert das Motiv insofern, als er Grażynas

Gatten Litawor als Verräter darstellt, der mit den Kreuzrittern ein Abkommen schließen will. Grażyna jedoch hintertreibt die Pläne ihres Ehemanns und rüstet sich, verkleidet als ihr Gatte, mit Getreuen zum Kampf gegen die deutschen Ritter. Erst als sie hierbei den Heldentod findet, kommt Litawor zur Besinnung und erschlägt schließlich den Hochmeister. Das Poem bietet eine Reihe von negativen Bewertungen der Kreuzritter, die als feste Sentenzen in den polnischen Sprachgebrauch eingegangen sind, so z.B. »Drück eher glühend Eisen, denn eines Kreuzritters Hand« (»Raczej żelazo rozpalone w dłoni, / Niźli krzyżacką prawicę uściskać«)[8], oder »Kein Gastmahl, keine Bitte oder Gabe wird je besänftigen die Kreuzritterbrut« (»Lecz krzyżackiego gadu nie ugłaszcze / Nikt ni gościną, ni prośbą, ni dary!«)[9]. Die Marienburg wird in dem Poem von 1823 zwar noch nicht erwähnt, trotzdem erschafft Mickiewicz hier ein Bild für die Burgen des Ordens allgemein, das sich entsprechend verbreiten sollte. Es heißt hier: »So reiten die Kreuzritter aus ihrem Hundestall / gemästet, denn sie schlürfen täglich preußisches Blut« (»To jakiś urwisz od psiarni Krzyżaków, / Tuczny, bo pruską krew codziennie chłepce«[10]). Der Begriff »Zwinger« könnte hier in der deutschen Übersetzung in seiner doppelten Bedeutung als Befestigungsanlage und Hundegehege eingesetzt werden.

Doch Mickiewiczs wichtigstes Werk, in dem er sich mit dem Orden auseinandersetzte, entstand erst fünf Jahre später, 1828, in einer ganz spezifischen biographischen Situation. Der polnische Dichter war wegen konspiratorischer Umtriebe nach Russland verbannt worden. Hier, in St. Petersburg, der Hauptstadt des größten Feindes der polnischen Nation, wie Mickiewicz es empfand, schrieb er sein Verspoem *Konrad Wallenrod* über das Schicksal eines Hochmeisters des Deutschen Ordens im 14. Jahrhundert.[11] Der Titelheld erweist sich als ein geraubtes litauisches Kind, das vom Orden unter dem Namen Walter oder Alf erzogen worden ist. Allein der geheimnisvolle Sänger Halban kann im Kind die Erinnerung an seine litauische Sprache und Heimat aufrechterhalten. Die Sehnsucht nach der Heimat wird so stark, dass der Heranwachsende beim ersten Gefecht des Ordens mit den Litauern, an dem er teilnehmen darf, überläuft und fortan beim litauischen Fürsten Kiejstut lebt. Er verliebt sich in dessen Tochter Aldona, bekehrt sie zum Christentum und heiratet sie. Konrad wird trotz seines familiären Glücks von Rachegedanken getrieben. Er kennt ja die Deutschen und ihre Stärken und Schwächen am besten und kann so seiner Heimat helfen. Er zieht schließlich fort und kämpft mehrere Jahre in Kastilien gegen die Mauren, erlangt Ruhm, tritt unter dem Namen Konrad von Wallenrod in den Orden ein und gelangt so auf die Marienburg. Auf der Burg hat sich zwischenzeitlich eine Eremitin einmauern lassen. Es stellt sich heraus, dass sie Aldona, Konrads verlassene Ehefrau, ist. Mit Hilfe ihrer Weissagung wird er zum Hochmeister gewählt, und nun ist die Zeit der Rache angebrochen. Das Kreuzritterheer drängt zum Kriegszug gegen die Litauer, und Konrad soll es anführen. Doch die Expedition wird zu einem grandiosen Fehlschlag. Stark dezimiert durch Schlachten, Hunger und Kälte, tatsächlich aber durch Konrads gewollte Unfähigkeit als Heerführer kehren die Reste des Heeres auf die Marienburg zurück. Dort beschließt ein Fehmegericht den Tod des Hochmeisters, doch bevor das Urteil vollstreckt werden kann, verübt Konrad Selbstmord, nicht ohne zuvor festgestellt zu haben: »Genug der Rache – auch die Deutschen sind Menschen.«[12] Und doch bleiben diese Deutschen dem Erzähler fremd. Konrad gelingt es, durch seine Liebe die litauische Fürstentochter zum Christentum zu bekehren. Der Kriegsgrund zum Zug gegen die Litauer ist dagegen eindeutig nicht als Christenmission gekennzeichnet: Es geht um Rache und gekränkte Eitelkeit, weil der Verräter Witold wiederum Verrat begangen hat. Die mönchischen Ritter sind zudem sehr erbost über den neugewählten Hochmeister Konrad und seinen »Makel«: Er will nämlich nicht an den Festen und Saufgelagen teilnehmen, sondern singt lieber abseits traurige Lieder in einer fremden Sprache. Schlimmer noch, er zwingt die ganze Bruderschaft zu einem mönchisch-asketischen Leben, maßvoll, in Armut und ohne Frauen.

Das Thema des kompromisslosen Verrats hat viele polnische Leser zunächst verschreckt, die darin einen dem polnischen Wesen, das mehr an Ritterlichkeit und Ehre orientiert sei, fremden Zug erkennen wollten. Der Wallenrodismus ist gleichwohl für die kommenden Aufstände der Polen zu einem wichtigen Bezugspunkt geworden. Mickiewicz hatte schon durch ein einleitendes Machiavelli-Zitat darauf hingewiesen, dass er sich der moralischen Anrüchigkeit seines Helden durchaus bewusst ist. Seiner Meinung nach ist die Macht der Kreuzritter jedoch gleich der Macht eines Tyrannen, und gegen Tyrannenherrschaft sei jede Art von Aufstand gerechtfertigt.[13] Der Schlüssel zum Verständnis seines Werkes ist jedoch vor allem in seiner biographischen Situation zu suchen. Als Gefangener der Russen, wenn auch hervorragend behandelt, muss sich Mickiewicz zwangsweise im Machtzentrum seines Feindes aufhalten. Ein direkter literarischer Angriff war aufgrund der strengen Zensurbedingungen unmöglich. Und so wählte er eine äsopische Sprache und übertrug den Hass gegen seine Unterdrücker auf den Deutschen Orden. Die Verstellungstaktik des Autors wirkt sich auch auf die Erzählform aus: Leicht übersieht man bei den zahlreichen Abschweifungen dieses byronistischen Poems durch die vorgetragenen Lieder und Balladen, in denen das Schicksal des Helden rückblickend enthüllt wird, dass die gesamte Handlung ausschließlich auf der Marienburg, dem Hauptort des Ordens, spielt. So wird die Lebensgeschichte Konrads in Lied und Erzählung eines alten litauischen Barden während eines Festmahls der Ordensritter präsentiert – allerdings auf Litauisch, was die meisten deutschen Ritter nicht verstehen. Die versteckte Verhöhnung des deutschen Feindes erfährt in der »Erzählung des Wajdelot« einen kuriosen Höhepunkt, wenn er in dem Moment, als er die glückliche Heirat Konrads mit Aldona schildert, die deutschen Ritter in der fremden Sprache direkt anspricht und sagt: »Passt auf, Ihr Deutschen, Ihr denkt wohl, an dieser Stelle ende das Poem, wie es bei Euren Liebesromanzen so üblich ist, wenn der Ritter die Braut endlich heiratet. Doch familiäres Glück kann es nicht geben, wenn das Vaterland im Unglück ist.«[14] Die metapoetische Ironie dieser Stelle lässt sich direkt auf den Autor selbst und seine gesellschaftliche Position in Russland beziehen. Verstärkt durch das Bild der eingemauerten Eremitin wird Mickiewiczs eigene prekäre Situation in Russland dadurch noch umso deutlicher. Nirgendwo jedoch wird die Marienburg eingehender beschrieben. Sie ist hier nur ein Symbol der Unterdrückung wie das steinerne Petersburg oder der altmoskowitische Kreml. Man kann also festhalten, dass das Poem »Konrad Wallenrod« keinen spezifischen Deutschenhass forciert, wie er sich später in der polnischen Literatur noch so oft ausdrücken sollte, zumal ja auch im ganzen Werk kein einziges Mal »Polen« erwähnt wird: Es geht vordergründig allein um die Auseinandersetzung des Ordens mit den Litauern.

Was die romantischen historischen Erzählungen immer betonten, war die Verortung ihres Gegenstandes in eine ferne, fast mythisch zu nennende Vergangenheit. Der historische Stoff konnte nur insofern als *exemplum* für die Gegenwart dienen, als sich in ihm eine höhere Wirklichkeit offenbarte. In der zweiten Hälfte des 19. Jahrhunderts ist jedoch diese spekulative Historiosophie zunehmend durch eine tendenziöse Historiographie auch in der Belletristik abgelöst worden. Vor dem Hintergrund einer zunehmenden Germanisierungspolitik in den preußischen Teilungsgebieten Polens – erst durch den preußischen Staat, dann durch das Deutsche Reich – wurden historische Linien gezogen und vorgebliche Traditionen aufgebaut, nach denen sich das deutsche und das polnische Wesen seit 1000 Jahren fremd und feindlich gegenüberstünden. Die Geschichte des Ordens ist dabei nur ein früher Höhepunkt, ein frühes Beispiel für den rücksichtslosen und gewaltbereiten teutonischen Drang nach Osten. Als eine für die Etablierung dieser Ansicht zentrale Gestalt muss der Historiker, Dichter und Publizist Karol Szajnocha gesehen werden. Sein Hauptwerk, *Jadwiga i Jagiełło*, 1855/56 erstmals erschienen, wird bis heute noch aufgelegt, sein allgemeiner Einfluss auf das Kreuzfahrerbild in Polen, unter anderem auch auf Sienkiewicz, kann nicht überschätzt werden. Szajnochas umfangreicher historischer Essay an der Grenze von Geschichtsschreibung und historischer Fiktion beschreibt die Hintergründe zur Entstehung der Personalunion zwischen dem Großfürstentum Litauen und dem Königreich Polen 1386 mit den beiden Figuren Hedwig von Anjou und Władysław II. Jagiełło im Zentrum. In unserem Zusammenhang sind vor allem zwei Kapitel des Buches von Interesse: das über die »Kreuzritter« und das über den »Teutonismus«. Der in Galizien aufgewachsene Autor war in seiner Jugend von den österreichischen Behörden wegen konspiratorischer Umtriebe verhaftet und misshandelt worden. Sein Hass auf die Habsburger im Speziellen und auf die Deutschen im Allgemeinen ist dementsprechend überall spürbar. Szajnocha sieht das Wirken des Ordens äußerst negativ. An der Unvereinbarkeit der völlig überzogenen Machtansprüche sowohl im geistlichen als auch im weltlichen Bereich sei der Orden zerbrochen. Das eigentliche Existenzrecht des Ordens sei das Heidentum der Litauer gewesen, wenn sie dieses jedoch gemäß ihrem Missionierungsauftrag bekämpften, untergrüben sie gleichzeitig ihre eigene Raison d'être. So offenbare sich an diesem Widerspruch das eigentliche Antlitz des Kreuzfahrerstaates: Er sei ein auf reinen Machterhalt und Machtausbau ausgerichteter Repressionsstaat gewesen, streng hierarchisch aufgebaut und nur durch schärfste Strafandrohungen zusammengehalten.

Und genau auf dieser Folie ist nun das folgende Kapitel über den »Teutonismus« zu lesen. Szajnocha stellt hier die Verbindung her vom Ordensstaat in die bis zu den Ottonen zurückreichende Vorzeit der aggressiven deutschen Ostexpansion einerseits und bis zur in die zeitgenössische Gegenwart reichenden preußischen und österreichischen Unterdrückungspolitik gegenüber den Polen andererseits. Dieses Kapitel stellt in seiner antideutschen Polemik einen Höhepunkt in der diesbezüglich reichhaltigen polnischen Literatur dar. Hämisch wird dort die Frage gestellt: »Was brachten die Deutschen den Polen?« Die lapidar zusammengefasste Antwort lautet: Die heimatliche Bevölkerung wurde vom eigenen Land vertrieben und ihrer Bürgerrechte beraubt, die wilden Sitten der Deutschen verbreiteten sich, zu denen Aberglaube, Gauklerei, Trunksucht und Falschspiel gehörten. Auch der Erfolg der Hanse sei nur möglich gewesen, weil sie auf den Ruinen der slawischen Handelswege aufgebaut worden sei. Szajnocha kommt zu dem vernichtendem Ergebnis: »Weder in Preußen noch in Pommern haben sich die Kreuzritter auch nur im geringsten um die Hebung der Bildung, um die Fundierung einer höheren Wissenschaft gekümmert.«[15] Stattdessen hätten sie den schädlichen Glauben an die Astrologie, an Zauberei und Magie mit sich gebracht und in Polen verbreitet. Der polnische Historiker greift hier ein Motiv auf, das auch Sienkiewicz ausgestaltet und das vielleicht auf die mehrbändige *Histoire*

De L'Ordre Teutonique des Wilhelm Eugen J. Wal (Paris 1780-1790) zurückzuführen ist. Demnach hätten sich die deutschen Ordensritter sehr viel mit Okkultismus und Alchemie beschäftigt, so dass ihre Lebensweise keineswegs einem christlich-mönchischem Ideal entsprach. Zudem soll es auf der Marienburg auch ein »öffentliches Haus« gegeben haben. Szajnocha widerspricht damit vehement der These, dass der Orden als Kultur- und Zivilisationsbringer in einem wilden Osten fungiert habe. Bei ihm ist das polnische Rittertum, der polnische Adel noch in einem, man könnte sagen »vorsarmatischen« Zustand. Es ist eben nicht in seinem kulturellen Habitus »östlich« geprägt, sondern erfüllt geradezu vorbildlich den Ehrenkodex des europäischen mittelalterlichen Rittertums. Damit wird Polen als Teil der westlichen Zivilisation dargestellt und sein Adel konfrontiert mit einer degenerierten Form des Rittertums im Deutschen Orden, in dem Raubritter die hohen Ideale verraten haben. Indem Szajnocha nun in dem Kapitel über den Teutonismus diese am Sonderfall der Konfrontation mit dem Orden gewonnene Einsicht in eine historische Linie stellt, will er das »deutsche Wesen« allgemein als degeneriert, aggressiv und kulturell minderwertig darstellen, um so den in einem geteilten Staat lebenden Landsleuten zumindest das Gefühl einer kulturellen Superiorität gegenüber ihren germanischen Unterdrückern zu vermitteln.

Man sollte festhalten, dass Szanjnochas extreme Position nicht für alle polnischen Historiker repräsentativ ist. Besonders nach der Katastrophe des Aufstandes von 1863/64 bemühten sich Geschichtsschreiber der Krakauer Schule, aber auch eine ganze Reihe von Schriftstellern, die dem Positivismus zugerechnet werden, um eine ausgewogene Bewertung der eigenen Vergangenheit, die auch polnische Fehler thematisierte.[16] In unserem Zusammenhang ist dabei Józef Ignacy Kraszewskis historischer Roman *Krzyżacy. Obrazy z przeszłości 1410 roku* aus dem Jahre 1874 von Interesse. Der Autor von insgesamt 94 historischen Romanen offenbart in diesem Werk seine didaktische Absicht sehr deutlich.[17] Zwar wird der Deutsche Orden auch sehr negativ als Repräsentant germanischer Aggression bewertet, es geht aber eher darum, wie sich die Polen im Angesicht eines solchen mächtigen Feindes zu bewähren haben. Und dabei konstatiert Kraszewski durchaus Fehler und Misserfolge. In einer Kritik von 1881 mokiert sich Sienkiewicz über die fehlende Begeisterung und die nur äußerst schwache Darstellung der Schlacht bei Grunwald.[18] Die lebendige politische Geschichte sei zur Archäologie erstarrt, es seien eben nur »Bilder aus der Vergangenheit«, die nicht durch eine bewegende Narration zu einem nationalen Manifest verbunden worden seien. Der Gegensatz zu Sienkiewiczs späterem Roman zeigt sich schon in der unterschiedlichen Struktur ihrer Werke. Während der Nobelpreisträger seinen Roman nach der siegreichen Schlacht 1410 mit pathetischen Aufrufen enden lässt, schildert Kraszewski noch die anschließende erfolglose Belagerung der Marienburg. Bei ihm entsteht so der Eindruck, dass der Feind zwar einmal besiegt worden sei, aber nun wieder seine Kräfte sammle und zurückschlagen werde. Sienkiewicz lobt in seiner Kritik allerdings die wunderbare Beschreibung der Marienburg bei Kraszewski. Im Folgenden eine Passage vom Beginn des Romans:

> Die untergehende Sonne ließ die roten Mauern der Marienburg in einem grellen Licht erstrahlen. Eigentlich waren es drei Burgen, die auf einer Anhöhe errichtet waren, von der sich ein weiter Blick auf die Sümpfe des Nogats eröffnete. [...] Nicht weit hinter der Mauer, hinter der sich die Wände der Sankt-Marien Kirche mit ihrem gewaltigen Madonnenbild vor einem goldenen Hintergrund erhoben, saß eine Reihe von Bettelmönchen bei ihrem abendlichen Gesang. Die Kirchenglocken riefen die Brüder und Ritter zum Stundengebet auf, zum abendlichen Vespergottesdienst. Jede dieser Glocken hatte ihren eigenen Klang, an dem man sie erkennen konnte und der jeweils etwas anderes besagte. [...] In den tiefen Sonnenstrahlen erschienen die orangefarbenen Mauern der Marienburg ex luto in einem rubinroten Ton, so als ob sie mit einem purpurnen Gewand überkleidet wären. Es schien, als seien die Ziegel, mit denen sie erbaut wurden, mit Blut vermischt, in Blut getaucht und mit Blut übergossen worden. [...] Überwältigend und zugleich schrecklich war der Anblick dieser Burganlage zur abendlichen Stunde mit ihren roten Wänden, die zur Hälfte im Schatten lagen und zur Hälfte von den letzten Strahlen der Sonne erhellt wurden, und wer diesen Anblick teilte, musste vor der Macht des Ordens erzittern, der aus einem Zelt heraus zu derartiger Größe angewachsen war und von diesem Ort aus sich auf den eroberten Staat ergoss.[19]

Schon durch diese wenigen Zeilen ist ersichtlich, dass Kraszewski den Orden nicht gänzlich verdammt. Faszination und Schrecken, Licht und Schatten mischen sich in der Beschreibung. Die gewaltige Aufbauarbeit des Ordens wird gewürdigt, gleichzeitig aber darauf verwiesen, dass den Polen hier ein mächtiger Feind gegenübersteht.

Das bis heute in Polen wirksame und gültige negative Stereotyp des Ordensstaates schuf jedoch erst Henryk Sienkiewicz an der Wende zum 20. Jahrhundert. Sein Roman *Krzyżacy* erlebte eine Millionenauflage und war das erste Werk, das in dem von den Nazis befreiten Land nach 1944 wieder gedruckt wurde. Es schien, als hätten die Gräueltaten der Faschisten in Polen Sienkiewiczs vernichtendes Deutschlandbild nachträglich bestätigt. Der Romancier erkannte in der Germanisierungspolitik Bismarcks und – aktuell um 1900 – besonders in der Tätigkeit des Deutschen Ostmarkenvereins, in Polen Hakata genannt, eine Gefährdung der nationalen polnischen Identität, und er sah sich dazu gedrängt, seiner Nation ein belletristisches Manifest an die Hand zu geben, um ihren Stolz zu stärken. So schrieb er *Die Kreuzritter* zu einem Zeitpunkt nationaler Erniedrigung aus einem Gefühl des nationalen Stolzes heraus. Die abschließende Bemerkung zu seiner Trilogie, sie sei »zur Stärkung der Herzen«[20] geschrieben, lässt sich mit vollem Recht auch auf seinen späteren Roman beziehen. Es ging dem Autor nicht um eine abwägende und neutrale Darstellung der Vergangenheit im fiktionalen Gewand, sein Werk war allein auf die Gegenwart ausgerichtet, in der es den Feind der polnischen Nation, Deutschland, polemisch angreifen und die eigenen Landsleute patriotisch aufrichten sollte. Sienkiewicz vereint dementsprechend alle negativen Ansichten über den Orden, die in Polen im Laufe des 19. Jahrhunderts geäußert wurden, und baut sie in eine gut lesbare, spannende Romanze ein, mit dem Orden als Verkörperung des absolut Bösen.

Die literarische Konventionalität erfährt durch die Aktualität der Thematik eine gefährliche politische Brisanz. Dies erhellt allein schon ein kurzer Blick auf die symbolische Bedeutung von Burg und Hof in diesem Roman. Die kleineren Ordensburgen und Komtureien werden dabei den polnischen Adelshöfen entgegengesetzt und in Korrelation dazu die Marienburg dem polnischen Königshof in Krakau. Weil der Orden nur mit Gewalt seine Herrschaft aufrechterhalten kann, sind seine Burgen gewaltige ummauerte Festungen und Waffenschmieden, die polnischen Höfe dagegen sind offen, weitläufig und vor allem auf eine sinnvolle und ertragreiche Agrarproduktion ausgerichtet. Es fehlt den Deutschen aber, und auch das ist ein stereotypisches Klischee im germanisch-slawischen Antagonismus, die Harmonie, die Seele. Auf den prahlerischen Hinweis eines Kreuzritters im Roman, die Marienburg sei sechsmal größer als der Wawel, antwortet ein Pole ganz lapidar, bei ihnen sei das Herz größer, das Herz einer Burg ist die Kirche, und die ist auf dem Wawel erheblich größer als auf der Marienburg.[21] Der Hauptsitz des Deutschen Ordens wird in Sienkiewiczs Roman schon ganz zu Anfang und dann durchgehend in Gesprächen angeführt, aber erst unmittelbar vor der Schlacht von Grunwald ist die Marienburg auch als Handlungsort präsent. Durch diese Strukturierung seines Romans, dass die Marienburg und das Schlachtfeld bei Grunwald / Tannenberg dicht nebeneinander als Handlungsorte gewählt sind, kommentiert Sienkiewicz die zeitgenössischen Bemühungen um die Restauration und Mythisierung der Marienburg von Seiten der preußisch-deutschen Behörden. In seinem Roman wird der Leser mit den Augen der polnischen Delegation durch die Festung geführt, die als Kloster, Warenumschlagplatz und als »Kruppsche Waffenschmiede« erscheint. Es heißt dort: »In diesem schreckenerregenden Hort, der unbezwingbar erschien, hatten sich die beiden größten Mächte jener Zeit zusammengefunden: die Macht der Kirche und die Macht des Schwertes.«[22] Zwar sind Ritter und Knechte aus vielen Staaten anwesend, Franzosen, Engländer, Italiener etc., aber keine Slawen. Die Autorintention, den Konflikt als Ausdruck eines existentiellen slawisch-germanischen Gegensatzes zu präsentieren, wird klar, wenn es heißt: »Der Orden der Livländischen Ritter hatte in Russland erfolgreich Einfälle gemacht, so dass sich die beiden Orden immer mehr ausbreiteten gleich den Wogen eines unermesslichen deutschen Gewässers, das die slawische Erde mehr und mehr überschwemmt.«[23] Doch jetzt sei dem Orden durch die polnisch-litauische Union eine ebenbürtige, wenn nicht überlegene Macht erwachsen, sei der pangermanischen Union eine erweiterte panslawische Union unter polnischer Führung entgegengestellt. Durch das von Polen (!) vermittelte Christentum der Litauer ist dem Orden das Existenzrecht entzogen, und die Kreuzritter müssten jetzt eigentlich nach Palästina zurückkehren. Sie wollen aber nicht auf Macht, Reichtum und Herrschaft verzichten: »So krümmte sich denn der Orden vor Wut und Schrecken gleich einem ungeheuren Drachen, den ein spitzer Pfeil getroffen hat.«[24] Zu Ehren der polnischen Gäste wird ein abendliches Festmahl gegeben im Konventsremter des Hochschlosses mit allen Ordensmitgliedern und den in Marienburg anwesenden Gästen. Dieses Essen ist aber wenig »mönchisch« und schon gar nicht höfisch. Allein die Polen beweisen trotz aller Vorurteile gute Manieren, die Ordensritter gebären sich jedoch bacchantisch und ausschweifend, es spielt eine grauenhafte Musikkapelle, Spielleute und Gaukler mit derben Scherzen sind anwesend, Bären und barfüßige Mädchen tanzen. Das Anwesenheitsverbot für Frauen im Hochschloss ist demnach längst aufgegeben. Hier zeigt sich also in aller Deutlichkeit die innere Degeneration des Ordens, so dass die folgende Schlachtschilderung notwendig und konsequent den äußeren Untergang des Kreuzritterstaates folgen lässt. Die Stärkung des polnischen Patriotismus durch Sienkiewicz stößt jedoch auch auf Schwierigkeiten: Einerseits soll ein slawisch-germanischer Gegensatz betont werden, es wird von der »Ritterschaft des Westens« gesprochen, die bei Grunwald eine vernichtende Niederlage erfuhr, und es wird immer wieder darauf hingewiesen, dass die westlichen Länder, der Papst, Frankreich und England auf Seiten des Ordens stehen. Andererseits aber soll Polen durch die Zuordnung zum »Osten« keinesfalls stigmatisiert werden, denn dort steht der andere Feind der Nation, und Polen könnte durch eine panslawistische Bewegung unter russischer Vorherrschaft vereinnahmt werden. Daher kann man das Bemühen um eine kollektiv-nationale Identitätsfindung im komplizierten Wechselspiel von Abgrenzung und Affirmation als nichtbarbarischer, kultivierter und besserer, weil echt ritterlicher »Westen« in Sienkiewiczs Werk beobachten.

Sienkiewiczs Roman wurde sofort nach seinem Erscheinen zu einem großen Erfolg. Der Autor stärkte noch die patriotische Tendenz seines Werkes, indem er z.B. die Schlachtbeschreibung vor dem Gemälde Jan Matejkos in öffentlicher Lesung vortrug. Matejko hatte sein berühmtes Kolossalgemälde der Schlacht von Grunwald auf Szajnochas Beschreibungen aufgebaut. Sienkiewicz folgte bei seiner Darstellung den Vorgaben des Malers und so auch Szajnochas, allerdings wich der Romancier in einem Punkt von der Meinung des Malers und des Historikers ab. Für ihn stand König Władysław Jagiełło im Zentrum als idealer Ritter und umsichtiger Feldherr, bei Matejko und Szajnocha jedoch war der König als Zauderer und Feigling dargestellt. Bei ihnen ist der litauische Fürst Vitold der eigentliche Held und Sieger der Schlacht. Sienkiewiczs Sichtweise sollte jedoch auch im 20. Jahrhundert, zumindest bis 1989, die vorherrschende bleiben. Die Marienburg war das düstere Symbol für den gewaltsamen und aggressiven Expansionsdrang der Deutschen nach Osten. Sie war der Zwinger, von dem aus die »deutschen Hunde« über die heimatliche polnische Erde losgelassen wurden. Und genau so wird die Marienburg auch in der Verfilmung des Romans von Sienkiewicz 1960 in der Volksrepublik Polen dargestellt. Der Regisseur Aleksander Ford hatte zum 550. Jahrestag der Schlacht einen Staatsauftrag zu erfüllen, indem er die angeblichen Revanchisten in der Bundesrepublik Deutschland (wo der Film ein Aufführungsverbot erhielt) an ihre schmachvolle Niederlage erinnern sollte. Der Film wurde zur aufwändigsten und teuersten Produktion in der polnischen Kinogeschichte und hat bis heute in Polen die höchsten Zuschauerzahlen erreicht. Die Marienburg erscheint als ein düsterer Ort des Schreckens, an dem die einfache Bevölkerung durch Peitschenhiebe gezwungen wird, Waffen herzustellen. Sie ist eine gigantische Militärfeste als Befehlszentrale eines Unterdrückungsstaates, zugleich aber auch eine Lasterhöhle, in der die Mönchsritter einem ausschweifenden Lebensstil nachgehen. Jedem polnischen Zuschauer soll sofort klargemacht werden: Von der Marienburg ist es nicht weit bis zur Wolfsschanze, und das nicht nur im geographischen Sinne.

Anmerkungen

1 Sienkiewicz, Krzyżacy, Bd. 2, S. 377f., vom Verf. leicht geänderte Übersetzung nach E. und R. Ettlinger. Auch an anderen Stellen in diesem Roman wird immer wieder der furchteinflößende Anblick der Marienburg *aus polnischer Sicht* und der hochmütige Stolz der deutschen Ritter über ihre Feste beschrieben. So heißt es kurz darauf: »[E]inen jeden, der als Neuling nach Marienburg ex luto kam und dessen Wälle sah, die Bastionen, die schwarzen Kreuze auf den Toren, die Rüstkammern und die Vorratshäuser, den musste vor allem die Überzeugung erfassen, dass dieser im Norden gelegenen Hauptstätte der Kreuzritter selbst die Hölle nichts anhaben konnte.« Ebd., S. 388.

2 Siehe dazu z.B. Dubowik / Konieczny / Malinowski, powieść.

3 Kluge, Darstellung, S. 35. Siehe auch Mick, Vorvätern.

4 Vgl. Kochanowski, Dzieła polskie, T. 1, S. 29-41.

5 Ebd., S. 38: »Nie widziałeś tam zamku ani miasta zgoła / […] / Aleś widział namioty rózno rozsadone / I koni niezrobionych stada niezliczone.«

6 Im Einzelnen sind das das Verspoem »Hugo. Powieść krzyżacka« (1830, Słowacki, Dzieła, t. 2, S. 109-121), das Dramenfragment »Mindowe – Król litewski – Obraz historyczny w pięciu aktach« (1829, Słowacki, Dzieła, t. 6, S. 5-80) und das Versepos »Zawisza Czarny« (1844/45, Słowacki, Dzieła, t. 10, S. 5-153), das heute noch in Polen als Drama aufgeführt wird.

7 Vgl. Mickiewicz, Grażyna, S. 9-66.

8 Ebd., S. 21.

9 Ebd.

10 Ebd., S. 12.

11 Vgl. Mickiewicz, Konrad, S. 67-146.

12 Ebd., S. 129: »Już dosyć zemsty – i Niemcy są ludzie.«

13 Vgl. Krejči, Doktrin.

14 Mickiewicz, Konrad, S. 109: »Niemcy, wy pewnie myslicie, / Że tu koniec powieści; w waszych miłosnych romansach / Gdy się rycerze pożenią, kończy trubadur piosenkę, / Tylko dodaje, że żyli długo i byli szczęśliwi. / […] / Szczęścia w domu nie znalazł, bo go nie było w ojczyźnie.«

15 Szajnocha, Jadwiga, S. 374f., Übersetzung C. G.

16 Vgl. Stanley, Introduction.

17 Vgl. Kraszewski, Krzyżacy. Noch in einigen anderen seiner Romane hat sich Kraszewski mit der Deutschordensthematik beschäftigt. Von besonderem Interesse ist dabei der 1881 erschienene Roman *Kunigas. Dzieje Litwy i krzyżaków w początkach XIV wieku*, in dem ebenfalls die Marienburg zentraler Handlungsort ist. Dieser Roman variiert die Raub-, Rache- und Verrätermotive des *Wallenrod*.

18 Siehe die Rezension in Sienkiewicz, Dzieła, t. 52, S. 249f.

19 Kraszewski, Krzyżacy, S. 5f., Übersetzung C. G.

20 So das Ende des berühmten Schlusssatzes seines Romans *Pan Wołodyjowski*: »Na tym kończy się ten szereg książek pisanych w ciągu kilku lat i w niemałym trudzie – dla pokrzepienia serc.« Sienkiewicz, Pan Wołodyjowski, S. 711.

21 Sienkiewicz, Krzyżacy, S. 381.

22 Ebd., S. 386.

23 Ebd., S. 388.

24 Ebd.

Literaturverzeichnis

a) Quellen

Kraszewski, Józef Ignacy: Krzyżacy. Obrazy z przeszłości 1410 roku. Warszawa 1929.

Kraszewski, Józef Ignacy: Kunigas. Dzieje Litwy i krzyżaków w początkach XIV wieku. Warszawa 1928.

Mickiewicz, Adam: Grażyna. In: Mickiewicz, Adam: Dzieła. T. 2: Poematy. Warszawa 1994, S. 9-66.

Mickiewicz, Adam: Konrad Wallenrod. In: Mickiewicz, Adam: Dzieła. T. 2: Poematy. Warszawa 1994, S. 67-146.

Sienkiewicz, Henryk: Dzieła. T. 52: Wiadomości bieżące II. Warszawa 1950, S. 249-250. [Rez. zu Kraszweskis *Krzyżacy*].

Sienkiewicz, Henryk: Krzyżacy. T. 1 und 2. Warszawa 1955.

Sienkiewicz, Henryk: Pan Wołodyjowski. Warszawa 1955.

Sienkiewicz, Heinrich: Die Kreuzritter. Historischer Roman aus dem XV. Jahrhundert. Nach dem Polnischen übersetzt von E. und R. Ettlinger. 2 Bde. Einsiedeln / Waldshut / Köln 1901.

Słowacki, Juliusz: Dzieła. Pod red. J. Krzyżanowskiego. T. 1–14, wyd. 3. Wrocław 1959.

Szajnocha, Karol: Jadwiga i Jagiełło, 1374-1413. Opowiadanie historyczne. Wstępem opatrzył Stefan M. Kuczyński. T. 1+2, T. 3+4. Warszawa 1969.

b) Forschungsliteratur

Dubowik, Henryk / Konieczny, Jerzy / Malinowski, Jan: Polska powieść historyczna. Wybrane zagadnienia z dziejów recepcji i warsztatu twórczego. Bydgoszcz 1968.

Kluge, Rolf-Dieter: Darstellung und Bewertung des Deutschen Ordens in der deutschen und polnischen Literatur. In: Zeitschrift für Ostforschung 18 (1969), Nr. 1, S. 15-53.

Kochanowski, Jan: Dzieła polskie. T. 1. Kraków 1952.

Krejči, Karel: Die Doktrin »De caede tyranni« und Mickiewiczs »Konrad Wallenrod«. In: Adam Mickiewicz. Leben und Werk. Hrsg. v. Bonifacy Miązek. Frankfurt/M. u.a. 1998, S. 129-141.

Mick, Christoph: ›Den Vorvätern zum Ruhm – den Brüdern zur Ermutigung.‹ Variationen zum Thema Grunwald/Tannenberg. http://www.zeitenblicke.de/2004/01/mick/index.html (01.06.2012).

Stanley, John D.: Introduction. In: Brock, Peter / Stanley, John D. / Wróbel, Piotr J. (Hg.): Nation and History. Polish Historians from the Enlightenment to the Second World War. Toronto 2006, S. 3-17.

Geschichtsrückbau. Die Dekonstruktion des Motivgeflechts »Deutscher Orden« in der deutschsprachigen Literatur seit Kriegsende (1945-2012)

JÜRGEN JOACHIMSTHALER

1.

Bis 1945 bildeten der »Deutsche Orden« und ihm zugeordnete Motivkomplexe wie die Marienburg, die Pruzzen, Herkus Monte, Tannenberg, die Litauer u.a.m. zentrale Topoi (»Erinnerungsorte«) des preußisch-deutschen Kultur-Innenraums, die in zahllosen Erzähltexten, Gedichten und Theaterstücken immer wieder neu vergegenwärtigt wurden.[1] Mit ihrer scheinbaren Geschichtstiefe trugen sie dazu bei, Selbstbilder der deutschen Nation in die Bewusstseine ihrer Mitglieder so einzusenken, dass diese den Eindruck haben konnten, ihr antrainiertes Verständnis von Deutschland und insbesondere seiner territorialen Ansprüche im »Osten« sei historisch unterkellert, wo nicht gar zeitlos mythisch gegründet und jedenfalls unhinterfragbar selbstverständlich. Die stete Wiederholung bestimmter Signifikantenverbindungen (z.B. »Ordensritter« + »deutsch« + »Kulturbringer«) täuschte eine gewissheitsgewährende Stabilität kulturell antrainierter Geschichts- und Selbstbilder vor. Kein anderes nationales Narrativ war so eng verknüpft mit der Germanisierungspolitik des wilhelminischen Reiches, kein anderes wurde im Zuge der nationalsozialistischen Eroberungspolitik im »Osten« so häufig aufgerufen, kaum ein anderes aber war dann auch nach 1945 dermaßen diskreditiert. Der Häufigkeit, mit der es bis 1945 immer wieder variiert worden war, entspricht deshalb sein fast völliges Verschwinden aus der deutschen Literatur seit dem Untergang des »Dritten Reiches«. In den wenigen Fällen, in denen auf das Motiv in der Höhenkammliteratur seither überhaupt wieder zurückgegriffen wurde, fand es ausschließlich zum Zweck seiner Dekonstruktion Verwendung. Die entsprechenden Texte sind nicht mehr leserfreundlich verfasst in der Form historisches Wissen vermittelnder, national sinnstiftender Geschichten[2], in deren Bedeutungsraum der Leser mit Hilfe Identifikation ermöglichender Figuren auf didaktische Weise nach und nach eingeführt wird, sie sind nun anspruchsvoll, oft auch »hermetisch« und experimentell und setzen die Kenntnis des nicht weiter erklärten Narrativs voraus, um es nur für diejenigen, die darum noch wissen, demontieren zu können. Geschichte wird nicht mehr errichtet, sondern zurückgebaut.

Die Autoren (oder ihre Familien) stammen vorrangig (nicht immer) aus Ost- oder Westpreußen, sie oder ihre Eltern haben also während ihrer Schulzeit und Jugend dieses Narrativ unvermeidlich kennengelernt, das für sie über 1945 hinaus Bedeutung deshalb behielt, weil es die mit Flucht und Vertreibung unwiederbringlich verlorene regionale Lebenswelt ihrer Kindheit und Jugend erklärend und deutend durchdrungen hatte. Landschaftserinnerung und oft auch intimste persönliche Erlebnisse sind durchsättigt davon. Mit seinen durchaus bunten Bildern und spannenden Geschichten bot das Motivgeflecht Heranwachsenden umfangreichen Stoff für Phantasien und Tagträumereien, die einem Günter Grass im Nachhinein so unangenehm sind, dass er in seiner Autobiographie *Beim Häuten der Zwiebel* die Erinnerung daran in einen eigenartigen Konjunktiv verpacken muss:

> Wie peinlich wäre es, wenn sich unter den Ergüssen des pubertierenden Knaben Gereimtes fände, das, auf den 20. April datiert [...] den durch nichts zu kränkenden Glauben an den Führer feierte. [...] Oder wenn sich im Fragment des Erstlingsromans rassistischer Unsinn auf Kosten der armen Kaschuben niedergeschlagen hätte: Ein langschädliger Ordensritter köpft slawische Rundschädel im Dutzend. Und weitere Produkte des eingeimpften Wahns.[3]

Der Modus der Aussage möchte als zweifelhaft erscheinen lassen, was sie selbst doch zugleich erst evoziert und einem in die dritte Person ferngerückten »pubertierenden Knaben« wie einem Fremden zuschreibt. Nur im Gestus ihrer Zurücknahme erlaubt Grass sich die Andeutung vergangener Identitätskonstruktion. Komplementär dazu formuliert er im Indikativ Erinnerungen an angelernte historische Motive, die in der Art ihrer Aufzählung wie ein imaginativer Seitenwechsel zu den Pruzzen und Slawen, den Opfern der Ordensritter anmuten:

> Sobald ich vereinzelt auf Wache stand, versuchte ich meine Angst durch Gedankenflucht zu mindern. Darin war ich geübt. Geschichte trat hinter sich und verwandelte sich schnurstracks in Legenden. Altpruzzische Gottheiten wie Perkun, Pikoll und Potrimp, die pommerellische Fürstin Mestwina, Fürst Swantopolk [...] bevölkerten meine Wachträume und halfen, die Furcht vor Partisanen kleinzuhalten.[4]

Diese Ambivalenz zwischen Identifikation mit dem Deutschen Orden einerseits und seinen Feinden – insbesondere den Pruzzen – andererseits ist nicht nur das Ergebnis nachträglicher Geschichtsbereinigung eines Autors, der sich wünscht, schon immer auf der nun moralisch »richtigen« Seite gestanden zu haben, sie entspricht durchaus einer eigenartigen Doppeldeutigkeit im Umgang mit diesen Motiven bereits vor 1945. Um ihre Entwicklung nach 1945 verstehen zu können, muss hier kurz darauf eingegangen werden.

2.

Im Zuge der Modernisierung hatte sich während des 19. Jahrhunderts in Ost- wie Westpreußen eine modernisierungskritisch konservative Vorstellung von »Altpreußen« herausgebildet, die nicht im modernen »Staat« der Ordensritter (so Treitschkes wirkungsvolle Deutung[5]) den identitätsbildenden Kern der Großmacht Preußen sah, sondern mit ihrer Berufung auf die zunächst blutig unterdrückten und dann in den Ostpreußen aufgegangenen Pruzzen dazu genutzt werden konnte, antizentralistisch regionalen Eigensinn zu behaupten. In der Folge wurden (im Gegensatz zu den Slawen) die Pruzzen (wie auch die Litauer) als mit den Deutschen bzw. »Germanen« eng verwandtes »Urvolk« imaginiert, das 1933 von der überzeugten Nationalsozialistin Agnes Harder in das vorgestellte rassische Kollektiv des mit der Machtergreifung quasi neu zu sich gekommenen nationalsozialistischen »Volkes« hereinphantasiert werden konnte[6], während umgekehrt die ebenso überzeugte Nationalsozialistin Agnes Miegel in ihren Werken die Pruzzen als zu Recht unterlegene minderwertige Gegner der Deutschen Ordensritter betrachtete.[7] Alfred Brust (gest. 1934) wiederum verwendete das von ihm identifikatorisch genutzte Motiv der Pruzzen für einen antirassistischen Roman der Mischung[8], der aufgrund »nur« in ihr Gegenteil verdrehter rassischer Argumentationsfiguren ausgerechnet den Nationalsozialisten zeitweise sehr gefiel (ehe sie Brusts Bücher für unerwünscht erklärten). Historische Motive sind arbiträr und erhalten ihre Bedeutung erst im Zuge ihrer Nutzung.

Zum Umfeld Brusts gehörte der junge Johannes Bobrowski, der sich während der NS-Zeit in der oppositionellen »Bekennenden Kirche« engagierte. In seinen frühen Gedichten griff Bobrowski freilich noch nicht die für Brust zentrale Pruzzenthematik auf, sondern nutzte in stark architektonisch geprägter Symbolsprache Kirchen auch des Deutschen Ordens als innere Stabilität markierende Bilder einer sich ganz auf die eigenen Werte konzentrierenden christlichen (genauer: baptistischen) Verweigerungshaltung dem nationalsozialistischen Zeitgeist gegenüber:

> *Ordenskirche / Tilsit*
> Der altersgraue Bau am breiten Fluß
> weiß gut, wie man dem Herren dienen muß
> in Ruh und Sicherheit und treuem Sinn
> und tat's schon lang und tuts noch förderhin.[9]

Konventioneller Strophenbau und unoriginelle Sprache am Rande des Kitsches sind bezeichnend für diesen Versuch, sich im Geiste der »Inneren Emigration« von der als unmoralisch empfundenen Umwelt durch Konzentration auf christliche Werte abzugrenzen. Die Kriegserfahrung zerbrach diese Selbstgewissheit. Als Nachrichtentechniker hinter der Ostfront wurde Bobrowski Zeuge der NS-Gräuel und veränderte Stil und Inhalt seines Schreibens; an die Stelle des Kirchenbaus als Gewähr moralischer Gewissheit traten in seiner Lyrik damals die von den Deutschen zerbombten russischen Kirchen als nicht mehr mit rettendem Sinn beleg-bare Chiffren einer schuldhaften Ver- und Zerstörung, in die verwickelt zu sein das lyrische Ich seiner Gedichte seit 1943 als seine moralische »Kriegsverletzung«[10] zu reflektieren begann. Sein späteres Werk war dem Abtragen dieser Schuld gewidmet. Ordensbezüge konnte er fortan nicht mehr so naiv verwenden wie noch in *Ordenskirche / Tilsit.*

3.

Doch lohnt es sich, Bobrowskis Entwicklung zu synchronisieren mit anderen, gleichzeitigen Aufarbeitungen des Ordensthemas. Diese summieren sich zu einer in sich erstaunlich stimmigen (von Bobrowski stark mitgeprägten) Motivgeschichte, aus der nur eine gewichtige Stimme herausfällt. 1945, mehr als ein Jahr nach seiner Befreiung, schrieb Paul Celan in Bukarest ein Gedicht mit dem Titel *Ein Lied in der Wüste* (es war das erste Gedicht nach seinem Umzug dorthin und gehört zeitlich zum Umfeld der *Todesfuge*). Darin heißt es:

> Ein Kranz ward gewunden aus schwärzlichem Laub in der Gegend von Akra:
> dort riß ich den Rappen herum und stach nach dem Tod mit dem Degen.
> Auch trank ich aus hölzernen Schalen die Asche der Brunnen von Akra
> und zog mit gefälltem Visier den Trümmern der Himmel entgegen.
>
> Denn tot sind die Engel und blind ward der Herr in der Gegend von Akra,
> und keiner ist, der mir betreue im Schlaf die zur Ruhe hier gingen.[11]

In für Celan typischer Vieldeutigkeit überblendet der Ortsname »Akra« die Ukraine mit der antiken Festung Akra bei Jerusalem und der von den Kreuzrittern eroberten, manchmal auch »Akra« genannten Hafenstadt Akko(n) bzw. (wie die Kreuzritter sie tauften) Saint Jean d'Acre, dem Gründungsort des »Deutschen Ordens«[12], dessen in der deutschen Geschichtsbelletristik des 19. Jahrhunderts entsprechend prominent gedacht worden war.[13] Hier kann nicht einmal annähernd auf die komplexe Vielschichtigkeit der in diesem Text sich überlagernden Motive eingegangen werden, zu erwähnen ist allenfalls, »daß die Kreuzritter vielen Tausenden europäischer Juden den Märtyrertod bereiteten, bevor sie daran gingen, das Heilige Land von anderen Ungläubigen zu befreien«.[14]

In der Forschung bisher kaum berücksichtigt wurde freilich, dass der »Deutsche Orden« für Celan nicht nur ein angelesenes Bildungsthema war. In Czernowitz hatte er antisemitische Diskriminierungen und Ausschreitungen bereits vor Einmarsch der Deutschen durch Angehörige der faschistischen »Eisernen Garde« (»Legiunea Arhanghelul Mihail«, »Legion des Erzengels Michael«) kennengelernt – einer seiner Lehrer war Mitglied derselben[15] –, die zeitweise sogar an der Regierung beteiligt und vorübergehend mit dem rumänischen Diktator Antonescu verbündet war. Die Angehörigen dieser Garde beriefen sich u.a. auf die Kreuzritter und den »Deutschen Orden« (der sich ja zeitweise im Banat anzusiedeln versucht hatte, auf welchen einst dacischen Landstrich in Rumänien schon vor 1945 Anspruch erhoben wurde) und traten gelegentlich auch in fantastisch überhöhter Kreuzritterkleidung auf. Das Motiv entspringt also Celans unmittelbarer Erfahrung. Als Eröffnungsgedicht seines offiziell ersten Bandes *Mohn und Gedächtnis* (1952) nimmt der Text eine privilegierte Stellung in seinem Werk ein. Dass den Mittelpunkt dieses Bandes die *Todesfuge* bildet, stellt die Verhältnisse zwischen spektakulär auftretender, Ritualmorde nicht scheuender, im Vergleich zum industriellen Massenmord im »Dritten Reich« aber doch weit weniger schrecklicher »Eiserner Garde« einerseits und deutschem Genozid andererseits unmissverständlich klar: »[D]er Tod ist ein Meister aus Deutschland«.[16] Diese berühmte Verszeile korrespondiert mit dem *Lied in der Wüste* inhaltlich dadurch, dass mit der Erinnerung an die Gründung des »Deutschen Ordens« das deutsche Vorbild der »Eisernen Garde« in den Blick gerät.

4.

1947, also noch während seiner Kriegsgefangenschaft, verfasste Bobrowski ein (von ihm selbst nie publiziertes) Gedicht, in dem er nochmals die Ordensthematik aufgriff, abermals festgemacht an der für ihn noch zentralen architektonischen Leitmotivik:

Die Burg

Stumm war das Land, das sie erobert hatten.
Was Blut erwarb, blieb fremd und kahl und kalt.
Und jeder Pfad, den Mann und Roß eintraten,
verwuchs schon hinter ihrem Tritt, der Wald
brach über sie herein gestrüppverkrallt,
noch eh' die Nacht herschlich und Drachensaaten

auswarf, und ihre Feuer glommen kalt.
[...]

Und nur im Ring der Mauern und der Steine
im Hofe stand die Sonne wie von je.
Da blieben sie noch oft im Abendscheine
Lang beieinander, aber so alleine,
als wär' ihr Sein vergangen in den Schnee.

In ihren Hallen brannten oft die Feuer,
und doch drang Frieren lärmend in sie ein,
[...][17].

In der Form noch einmal konventionell bedeutet dieses Gedicht doch einen expliziten Abschied von der Sicherheit, die Bobrowski früher mit Bauwerken verbunden hatte: Die Eroberer sind einsam und allein im eroberten Land. Ihre Mauern mögen sie physisch noch schützen, doch ist die defensive Feindseligkeit, mit der ihre Umgebung auf sie und ihre Gewalttätigkeit reagiert, nicht mehr von der Hand zu weisen: »Was Blut erwarb, blieb fremd und kahl und kalt.« Moralische Gewissheit vermag diese Selbstpanzerung und Selbst-Einmauerung nicht mehr zu gewähren, das den Besiegten und Unterworfenen angetane Leid beherrscht noch nicht die Textoberfläche, ist im Text aber doch bereits gegenwärtig genug, um das traditionelle Bild der Ordensritter durch eben das zu konterkarieren, was in diesem bis 1945 keinen Platz hatte finden können: Die Unfähigkeit, aus ihrer herrschaftlichen Rüstung, ihrer auch architektonischen Panzerung heraus in zwischenmenschlichen Kontakt zu ihrer Umgebung zu treten, stellt das doch christlich und missionarisch begründete Eroberungswerk der Ordensritter in Frage, die sich nicht einmal innerhalb der Isolation ihrer Burg wirklich ungehemmt der Illusion hingeben können, ihr Tun wäre sinnvoll und gerechtfertigt.

Fortan wird Bobrowski auf die architektonische Leitmotivik seines Frühwerks verzichten, die fest aufragenden Mauern werden ersetzt durch die verletzliche Offenheit der Ebene und fließender Ströme, Durchlässigkeit tritt an die Stelle schützender Panzerung, die Perspektive seiner Lyrik wandelt sich: Nicht mehr der in sich isolierte deutsche Blick auf erobertes Gelände strukturiert sein langsam an literarischem Format gewinnendes lyrisches Gelände, sondern der Versuch, den Opfern eine Stimme zu verleihen. An die Stelle lyrischer Selbstbehauptung tritt selbstkritische Reflexion, die Ordensmotive nicht mehr naiv identifikatorisch verwenden kann, sondern nur noch als Chiffren des Schreckens und auch eigener Schuld.

5.

Bobrowskis Auseinandersetzung mit der Ordensthematik während der 1940er und 1950er Jahre lief parallel zur Erarbeitung seines spezifischen Stils und fand praktisch im Geheimen, ohne Beachtung in der Öffentlichkeit statt. Vor ihm gelangte einer zu Ruhm, der sich zuvor in Paris bereits mit Paul Celan angefreundet hatte und bald zu Bobrowskis Lesern gehören und in seinem weiteren Werk dann auch von diesem beeinflusst werden sollte: Günter Grass wurde 1959 mit der *Blechtrommel* schlagartig berühmt. In dieser nutzte er die Ordensthematik in erster Line als Motivspender für sein Sprachtheater. Die Landschaften der Kaschubei und Polens, durch die sich vor dem Ersten Weltkrieg der polnische Freiheitskämpfer Joseph Koljaiczek bewegt, verdichtet der Ich-Erzähler, Koljaiczeks Enkel Oskar Matzerath, zu einer intertextuell mit vielerlei Bezügen angereicherten, collageartigen Vision, dem Entwurf eines Gemäldes (Oskar ist auch Maler), in das zahlreiche Motive der polnischen Kultur und Kunst und Geschichte einfließen. Eines von vielen anklingenden Elementen ist Jan Matejkos berühmtes Gemälde *Bitwa pod Grunwaldem* (Die Schlacht bei Grunwald) von 1878, das der Niederlage des Deutschen Ordens in der (so die deutsche Bezeichnung) Schlacht bei Tannenberg (1410) identitätsstiftend mythische Bedeutung für die polnische Nationalbewegung in der zweiten Hälfte des 19. Jahrhunderts verlieh und damit der Geschichtskonstruktion des polnischen Kultur-Innenraums dieser Zeit entsprach. Signifikanten des deutschen Kultur-Innenraums werden so im Text gezielt mit denen des konkurrierenden polnischen konfrontiert und vermischt. Darüber hinaus holt Matzerath in dieses Gemäldes anachronistisch verschiedenen Zeiten entstammende Elemente herein und verknüpft sie in der Beschreibung seines Bildentwurfs zu einem Sprachgefüge, das nicht mehr historisch sein soll, sondern in erster Linie polenbezogene Bewusstseinspartikel Oskar Matzeraths vorführt:

> Hecken, Hohlwege, eine Kesselkuhle mit Ginster, plan zwischen Einzelgehöften, geschaffen für Kavallerieattacken, für eine links im Sandkasten einschwenkende Ulanendivision, für über Hecken hetzende Husaren, für die Träume junger Rittmeister, die schon dagewesen, die immer wieder kommt, für das Gemälde: Tataren flach, Dragoner aufbäumend, Schwertritter stürzend, Hochmeister färbend den Ordensmantel, dem Küraß kein Knöpfchen fehlt, bis auf einen, den abhaut Masowiens Herzog, und Pferde, kein Zirkus hat solche Schimmel, nervös, voller Troddeln, die Sehnen peinlich genau und die Nüstern gebläht, karminrot, draus Wölkchen, durchstoßen von Lanzen, bewimpelt, gesenkt und den Himmel, das Abendrot teilend, die Säbel und dort, im Hintergrund – denn jedes Gemälde hat einen Hintergrund – fest auf dem

> Horizont klebend, schmauchend ein Dörfchen friedlich zwischen den Hinterbeinen des Rappen, geduckte Katen, bemoost, strohgedeckt; und in den Katen, das konserviert sich, die hübschen, vom kommenden Tage träumenden Panzer, da auch sie ins Bild, hinausdürfen auf die Ebene hinter den Weichseldeichen, gleich leichten Fohlen zwischen der schweren Kavallerie.[18]

Aus Oskar Mazeraths Perspektive werden hier nicht nur nationalpolnische Motive despektierlich ironisiert, sondern auch konterkariert durch das nachträgliche Wissen um spätere, oft in berühmten Gemälden festgehaltene und nicht immer siegreiche Schlachten der polnischen Geschichte und schließlich den Zweiten Weltkrieg. Oskars Motiv- und Zeichenmischung erinnert auch die zum deutschen Klischee erstarrte (falsche) NS-Propagandameldung, polnische Kavalleristen hätten den deutschen Vormarsch in Polen durch einen Angriff auf deutsche Panzer aufzuhalten versucht. Durch diese Motivvermischung ändert sich die Bedeutungsdimension des nur noch mit anzitierten Historiengemäldes von Matejko radikal: Der polnische Sieg von Grunwald bzw. Tannenberg wird relativiert und ersetzt durch ein epochenübergreifendes Kontinuum polnischer Kämpfe um die eigene Nation. Oskars Perspektive ist dabei weder deutsch noch polnisch, sondern die eines willkürlich über die Zeichen vergangener Zeiten verfügenden verantwortungslos infantilen Spielers, der vieles im Unklaren belässt, etwa die Frage, welcher Seite die Panzer denn nun wirklich zuzuordnen sind – dass »auch sie ins Bild, hinausdürfen«, lässt ausgerechnet diese Panzer wie kleine Kinder, Haustiere oder von einem Kind imaginativ verlebendigte Spielzeugfiguren erscheinen. Ihre kriegerische Gewalttätigkeit wird durch diese Verniedlichung stark reduziert, was den kämpfenden Rittern, Dragonern, Husaren etc., zwischen denen sie plötzlich auftauchen, ihre heroische Würde raubt – nicht nur müssen all diese neben Panzern überholt und hilflos wirken, dass die Panzer selbst in dieser Darstellung nicht gerade ernsthaft und gefährlich zu sein scheinen, lässt den kriegerischen Ernst gerade der Kreuzritter wie ihrer Gegner als umso deplazierter, wenn nicht gar als lächerlich erscheinen.

6.

1961 erschien Bobrowskis erster Gedichtband *Sarmatische Zeit*, in dem er in betörend neuartiger lyrischer Sprache ein in die Vergangenheit projiziertes Wunschbild eines paradiesisch gezeichneten multikulturellen Ostmitteleuropa (»Sarmatien«) heraufbeschwört, das mit dem gewaltsamen Einbruch der Deutschen zerstört worden sei. In struktureller Übereinstimmung, aber radikaler Umwertung des nationalsozialistischen Geschichtsbildes, dem zu

Folge Hitlers Eroberungs- und Vernichtungskrieg in der Tradition des »Deutschen Ordens« als des eigentlichen »Kulturbringers« in der Region gestanden habe, sieht Bobrowski (entsprechend dem Geschichtsbild der DDR[19], in der er ja lebte) das Eindringen des »Deutschen Ordens« in diesen Raum als eine alles zerstörende Ursünde an, die mit dem Nationalsozialismus ihren vernichtenden Höhepunkt erreichte.

Der zweite (ungefähr mittige) Abschnitt des Bandes besteht aus einem einzigen Gedicht, der *Pruzzischen Elegie*, in der herausgehobenen Platzierung wohl nicht ohne Absicht vergleichbar mit der *Todesfuge* im Zentrum von Celans *Mohn und Gedächtnis*. Das lange Gedicht ruft das »Volk« der Pruzzen an und auf und beschwört dessen Geschichte; die christlichen Eroberer kommen nur in syntaktischer Abhängigkeit von diesem »Volk« zur Sprache, dessen Kultur von diesen gleichwohl grausam zerstört wird:

> Volk,
> vor des fremden Gottes
> Mutter im röchelnden Springtanz
> stürzend -
> Wie vor ihrer erzenen
> Heermacht sie schreitet, aufsteigend
> über dem Wald! wie des Sohnes
> Galgen ihr nachfolgt![20]

Mit den Pruzzen hatte Bobrowski ein quasi symbolisches Objekt von geschichtstranszendenter Unschuld gefunden, in das er fortan die Vorstellungen eines von den Deutschen zerstörten Heils hineinprojizieren konnte. Dies ging einher mit der Konstruktion einer Textlandschaft, die Bobrowskis Geschichtsbild mit Hilfe einer vielschichtigen Signifikantenstaffelung evozierte: Palimpsesthaft in die Texte eingestreute pruzzische Wörter (*Gestorbene Sprache*[21]) stehen für einen verlorenen Urzustand und werden überlagert von der zunehmend selbstreflexiver werdenden deutschen Sprache, die sich selbst als an jener Zerstörung beteiligt bewusst zu werden beginnt, nach deren Opfern sie doch sucht. Motive des »Deutschen Ordens« erscheinen in dieser Textur nur noch rudimentär als Chriffren jener Gewalt, die diese Sprache zu ihrem eigenen Leidwesen in sich selbst trägt. Bald beginnt sie deshalb, sich selbst und ihre Signifikantenverknüpfung, *ihren* Wunschtraum von den Pruzzen bzw. einem vorhistorisch paradiesischen Sarmatien, *ihre* Mischung von Zeichen und Farben in Frage zu stellen:

> Zeichen, Farben, es ist
> Ein Spiel, ich bin bedenklich,
> es möchte nicht enden
> gerecht.[22]

7.

1963 erschien Günter Grass' Roman *Hundejahre*, in dem von drei aus Danzig stammenden Erzählern nachträglich ihre drei miteinander verknüpften Lebensgeschichten (seit 1917) erzählt werden. Die Ordensthematik erscheint hier als vor 1945 eingetrichterter Schulstoff, der bereits damals Anlass zu Karikaturen gab, welche nun wiederum in der Bundesrepublik so erinnert werden, dass deren schriftliche Wiedergabe einen Tanz der Signifikanten auslöst (in den Grass nun auch den Namen »Bobrowski« mit einbeziehen kann):

> Parallel zur Schulstunde, dem Lehrstoff angepaßt, [...] entstanden nacheinander vogelscheuchende Gebilde, die außer den [altslawischen und pruzzischen] Göttern die Reihe der Hochmeister des deutschen Ritterordens, von Hermann Balke über Konrad von Wallenrod bis zu dem von Jungingen, als Modell wertete: Da schepperte viel rostiges Weißblech, und an nagelgespickten Faßdauben schlitzten sich weiße Ölpapiere schwarze Kreuze. Kniprode, Letzkau und dem von Plauen gegenüber mußten dieser und jener Jagiello, der große Kasimir, der berüchtigte Räuber Bobrowski, Beneke, Martin Bardewiek und der arme Leszcynski herhalten.[23]

Die von Vogelscheuchen nachgestellte Geschichte zerfällt zu dem zufälligen Material, aus dem die Vogelscheuchen gebastelt wurden, zu Weißblech und Faßdauben. In dieser atomisierten Form erscheinen die einst dicht miteinander verfugten Signifikanten als willkürlich kombinierbare Überreste funktionslos gewordener Narrative, die dieses ihr früheres »Ganzes« allein dadurch, dass sie so aus ihm heraustreten, unwiederbringlich als Konstruktion entlarven. Nicht umsonst gehört zu Grass' liebsten Textsorten die komische Aufzählung, in der die ›niederen‹ Bestandteile ›hoher‹ Themenkomplexe diese in ihrer Machart und damit deren scheinbare Würde satirisch vorführen.

> Zwölfhundert Beinschienen, Armbrüste, Brustharnische, faulende Halbstiefel, zerkautes Zaumzeug, siebzig Ballen Steifleinen, zwölf Tintenfässer, zwanzigtausend Fackeln, Talglichte, Pferdestriegel, Rollen Packzwirn, Stangen Süßholz – Kaugummi des vierzehnten Jahrhunderts – rußige Schwertfeger, Koppeln Hunde, Deutschherren beim Brettspiel, Harfner Gaukler Lasttiertreiber, Gallonen Gerstenbier, Bündel Wimpel, Pfeile, Lanzen und Bratenwender für Simon Bache, Erik Cruse, Claus Schone, Richard Westrall, Spannerle, Tylman und Robert Wendell beim Brückenschlag, Übergang, im Hinterhalt, Dauerregen: Bündel Blitze, Eichen splittern, Rosse scheuen, Eulen äugen, Füchse wechseln, Pfeile sirren: Deutschherren werden nervös; und im Erlengebüsch ruft die blinde Seherin »Wela! Wela!«[24]

8.

In der letzten Phase seines kurzen Lebens verabschiedete Bobrowski sich zunehmend von der zuvor doch selbstgeschaffenen Welt seines »sarmatischen Divans«, indem er diese als abermals koloniale Phantasie über die Völker des »Ostens« zunächst hinterfragte und dann aufgab. Eines seiner letzten Gedichte endet mit den Zeilen, »mein Schatten / lehnte am Holzzaun, er sagte: / Nimm mich zurück.«[25] Sein eigenes Geschichtsbild zerfällt dem Autor als eine ebenso problematische Fügung wie jenes, gegen das er es einst ins Spiel gebracht hatte. Sein zweiter und letzter Roman *Litauische Claviere* inszeniert im Memel-Gebiet kurz vor Ausbruch des Zweiten Weltkrieges einen Wettbewerb deutscher und litauischer Geschichtsdeutungen, wobei auf litauischer Seite auf Vytautas, den Großfürsten Witold, den zeitweisen Gastfreund und späteren Gegner des Deutschen Ordens zurückgegriffen wird.[26] Die gegeneinander aufgestellten nationalen Geschichtsdeutungen beginnen sich wechselseitig zu bespiegeln und vor dem Hintergrund der zerstörerisch zunehmenden Macht des Nationalsozialismus innerhalb der erzählten Zeit und Welt gegenseitig in Frage zu stellen. Am 2. September 1965 starb Johannes Bobrowski.

9.

Mit der extremsten Form historischer Bedeutungsverweigerung, mit gezielter Bedeutungsvernichtung durch Vernichtung der Bedeutungsträger beginnt Siegfried Lenz' zum Bestseller gewordener Roman *Heimatmuseum* (1978) um den masurischen Teppichmacher Zygmunt Rogalla. Dieser hat das von ihm im Zuge der Flucht aus Ostpreußen nach Schleswig-Holstein gerettete und dort wieder aufgebaute Heimatmuseum seines Onkels Adam niedergebrannt, um es vor einer Vereinnahmung durch die Vertriebenenverbände zu retten; aus diesem Anlass erinnert er seine Kindheit in Ostpreußen, die von diesem Heimatmuseum und damit von steter Auseinandersetzung um die Deutung der Geschichte der Region, der Pruzzen und des Ordens mitgeprägt war.

Der Roman reflektiert das Zustandekommen historischer Bedeutungszuschreibungen und wie diese verinnerlicht werden (etwa durch Volksschauspiele, in denen die Geschichte in großen Freilichtaufführungen nachgespielt wird[27]). Das Heimatmuseum als Medium und Verkörperung des Kampfes um die Geschichte zerlegt diese in ihre Bestandteile, archäologische Fundstücke, historische Überreste, »Werkzeuge aus Feuerstein, Waffen aus Bronze und Eisen, Karten und Stiche [...], Münzen, [...]

Schmuckspangen, Spinnwocken, schön gebleichte Tierskelette«[28] etc., die aus ihrem Kontext herausgelöst und in Magazinen und Inventarlisten nach zufälligen Mustern angeordnet werden. Diese Katalogisierung provoziert Diskussionen darum, in welche möglichen Ordnungen diese Signifikanten denn in Ausstellungen und Geschichtsrekonstruktionen gebracht werden könnten, um dieses oder jenes Geschichtsmodell zu unterstützen. Tatsächlich handelt es sich bei ihnen nur noch um ihrer einstigen Funktion(en) und Bedeutung(en) entkleidete, in ihrer nackten Materialität bloßgestellte Zeichen und Chiffren, deren aktuelle Bedeutungslosigkeit der Streit um ihre Bedeutung offenlegt. Rogalla verbrennt sie, um sie davor zu bewahren, abermals von Ideologemen überschrieben und missbräuchlichen Deutungen unterworfen zu werden. »Die gehüteten Befunde sind zerfallen, die Spuren gelöscht.«[29]

10.

Horst Bienek siedelt seinen letzten Erzähltext *Königswald oder die letzte Geschichte*[30] (1984) kurz vor Ende des Zweiten Weltkrieges in einem ehemaligen Ordensschloss in Böhmen an; die Handlung mündet in den endgültigen Abschied vor der Roten Armee flüchtender Deutscher von ihrer Heimat im »Osten«. Das Schloss überlassen sie am Ende ihrem bisherigen polnisch- und tschechischstämmigen Dienstpersonal, von dessen schwieriger Situation während der NS-Zeit in den vorangegangenen Romanen Bieneks die Rede gewesen war. Den Abschied vom »Osten« ausgerechnet im Ordensschloss zeichnet Bienek als ein Moment individueller wie historischer Gerechtigkeit; er beendet damit die lange Geschichte historischer Rechtfertigung deutscher Ostpolitik, für die der Orden so lange genutzt worden war.

11.

In seinem Roman *Die Rättin* (1986) jagt Günter Grass alle Motive seines bisherigen Werks durch eine pessimistisch postapokalyptische Handlung, die die Sprache selbst in einen alles verzerrenden Signifikantenstrudel treibt, den nichts unverändert überlebt. Die postatomare Zukunft, so einer von vielen miteinander verschlungenen Handlungssträngen, sei bevölkert von intelligenten Ratten, die sich in den von den Menschen hinterlassenen Ruinen einrichten und mehr und mehr deren Kultur nachzuspielen beginnen. In die neu entstehende Welt der Ratten um

Danzig dringen dann jedoch langsam die Watsoncricks vor, von menschlichen Genetikern vor dem Untergang noch geschaffene Mensch-Ratten-Hybride:

> So etwa [...] mögen dazumal die Deutschritter ihrem Orden Platzrecht verschafft haben. Doch weil sie so fraglos von der Speicherinsel Besitz ergriffen, wurden die Gekommenen von den ansässigen Rattenvölkern nicht nur geduldet, sondern als Zeugen höherer Gewalt auch respektiert: aus gehöriger Distanz. [...] Allenfalls kommt man sich neuerdings auf den Brücken nah, wittert einander: fremd.[31]

Dieses Motiv der Fremdheit gemahnt an Bobrowskis Nachkriegsgedicht *Die Burg*, und auch insgesamt entsprechen die Watsoncricks mehr und mehr dessen Deutung der Ordensritter als Vorläufer der Nationalsozialisten: Sie nehmen faschistoides Gepräge an, welches Grass durch Signifikantenmischung mit bekannten Comiclauten und -figuren zu einem Satyrspiel auf die Geschichte ins sprachlich Lächerliche zieht – ihre Marschbefehle lauten: »Rechtsschlumpfmarsch! Schlümpft um! Im Gleichschritt Schlumpf! Schlümpf zwo drei vier, Schlümpf zwo drei vier, Schlümpf ...«[32] Diese Watsoncricks errichten schließlich eine brutale Herrschaft unter Ausbeutung und gelegentlicher »Verdünnung der Rattenvölker«, deren Angehörige sie sogar wie Schlachtvieh halten und kannibalisch verzehren.[33] In der Groteske zeigt Geschichte ihr brutales, im Kern bereits von Bobrowski vorgezeichnetes Gesicht, nur dass hier nun die Ratten erfolgreich aufbegehren und die letzten Watsoncricks (mit deutlichen Anspielungen auf die Flucht der Deutschen am Ende des Zweiten Weltkriegs) schließlich vor der Rache der Ratten zu flüchten versuchen – in diesem Fall freilich vergeblich.[34] »Der Rest geht in Gelächter unter«.[35]

12.

Der wohl letzte noch lebende Vertreter der hermetischen lyrischen Tradition aus der Generation von Celan und Bobrowski ist der seit 1951 in Finnland ansässige Schriftsteller und Übersetzer Manfred Peter Hein, der 1999 mit der Erinnerungserzählung *Fluchtfährte* überraschte, in dem eine ideologisch überformte Kindheit im Ostpreußen der NS-Zeit rekonstruiert wird. In der Tradition Bobrowskis (und auch Grass') ist dieser Roman eines der komplexesten intertextuellen Textgefüge der deutschen Prosa-Geschichte, in die auch der Ostpreußen-Thematik zuzurechnende Signifikanten dicht einverwoben sind. Hein versucht, die kindliche Perspektive in ihrer naiven Gläubigkeit wiederzugeben. Ein Höhepunkt ist eine Klassenarbeit des Protagonisten voll imaginativer Verschmelzung mit den Ordensrittern, die der Lehrer vorlesen lässt:

> auftauchend am, Horizont: Helm Kettenhemd eingelegte Lanze, aus jeder Richtung der Berittene; zuletzt nachts das Geschnauf seines Schecken, ihn aufschreckend über ihm, der Reisige nirgends. Abgetaucht, ihm das Ross überlassend, am Sparren die Rüstung. Keine Frage, er ist gemeint. Ausreitend zur letzten Etappe, die endet im Schilf.[36]

Die lyrische verkürzende Sprache lenkt das Augenmerk nicht nur auf ihren Inhalt, sondern auch auf ihre Verfasstheit, auf die in ihr kombinierten versatzstückartigen Signifikanten, die aufgrund ihrer teilweisen syntaktischen Unverbundenheit ebenso nackt und entlarvend aus dem »Ganzen«, das sie doch repräsentieren sollen, herausfallen, wie wir dies schon bei Grass gesehen haben. Der Vater des Protagonisten, ein überzeugter Nationalsozialist, gibt dem Text den Titel »Heimgang«,

> besser als *Ostlandritt* jedenfalls. [...] Der Vater sprach von ostischer Mystik, das O jedesmal langdehnend. [...] Óstische Mystik –, ob wirs wollen oder nicht, mein Junge in den Osten zieht es uns! Deine Geschichte zeigt es, Glaubensstreiter wirst Du [...]. Heimgang eines Deutschordensbruders [...]. Der Osten, wie ihn der Vater sieht: Nehrung Niederung, Schaktarp, Pruzzen und Deutschherren, Deikerts und Krajebiter, Moskowiter und Kosaken, Napoleon und Preußenkönigin Luise, Grunwald und Tannenberg, Pogorzelski und Pilsudski.[37]

Der stets explizite Kontrast zwischen erinnerter Welt und nachträglichem, von kritischer Distanz gezeichnetem Erinnerungsrahmen ermöglicht es Hein dabei, die deutsche Geschichtskultur vor 1945 mit der polnischen Geschichtskultur um die Zeit der »Wende« zu überblenden und dadurch die Willkür beider und aller Geschichtsdeutungen umso deutlicher werden zu lassen:

> Der museale Rundgang durch die Marienburg ließ Erinnerung an anderthalb Jahrhunderte Ordensgeschichte vermissen [...]. Deutsche Geschichte zurückgetreten vor polnischer, wie könnte es anders sein? Zeitklufthallend Auktionsobjekt einst in unbesoldeter Ordenssöldner Hand, die Burg jetzt Objekt nationalideologischer Klitterung. Gespensterschloß polnisch/deutsch deutsch/polnisch sich überschneidender Echos ...[38]

13.

Die kulturelle Anerziehung von Geschichtsbildern thematisiert auch Andreas F. Kelletat. In dem Erzählband *Molscher Pfirsich* (2010) erinnert der

Protagonist Sotter Sottkowski, bereits in Westdeutschland geborenes Kind einer aus Ostpreußen stammenden Vertriebenenfamilie, sich an seine Kindheit und an »das Bild von den beiden Reitern auf ihren Pferden. [...] Zu dem Bild gehört ein Gedicht«[39] (*Königsberg* von Agnes Miegel), das er vor der Familie vortragen muss: Sie

> hörten von ihm, von ihrem jüngsten Verwandten, wie der innere Blick des Alten noch einmal zurück gen Akkon geht. Von der dörferreichen Verlorenen am Gestade unseres Heiligen Landes, sprach Sotter für ihn, [...] von Akkon, der aufs Mittelmeer hinausstrahlenden Feste zwischen Orient und Okzident, zwischen Abend und Morgen; vom Bollwerk unserer Ritter und unserer Kaufleute auch, das nun verloren, das in blutigem Ringen verspielt. [...] Er berichtete ihnen, wie diese letzte Burg des Glaubens, dies ferne Akkon hier bei uns in der Ferne [...] zu neuem Leben erwacht war.[40]

Die absurde Komik der Identifikation des Kindes mit einem in Westdeutschland vorgetragenen Text aus Ostpreußen über mittelalterliche Ritter, die sich im Baltikum an das Heilige Land erinnern, wird von Kelletat bis ins letzte Detail ausgekostet:

> Aus seinem Munde wehte sie ihnen entgegen, über Kaffeetassen und Streuselkuchen hin, die schwarzweiße Fahne des Deutschen Ordens. Im Osten ließ Sotter sie aufsteigen über sich selbst, über dem König und seinem gut gerüsteten Heer, über der Feste, über der Burg auf dem Berg, über unserem Königsberg![41]

Der »Deutsche Orden« wird so zum literarischen Zitat, zu einem auf geradezu satirisch anmutende Weise umkontextualisierten Signifikantengefüge, das in seiner neuen Umgebung auf eine Art und Weise dysfunktional geworden ist, die die vorgeführte (vergangene) kindliche Identifikation kritischer Betrachtung freigibt, ohne expliziter polemischer Denunziation zu bedürfen.

In Kelletats bisherigem Hauptwerk *Von Ihm zu ihm* wird dann die Jugendgeschichte des in baptistischem Milieu aufgewachsenen Vaters von Sottkowski während der NS-Zeit in Königsberg evoziert. Von großer Bedeutung für den Heranwachsenden ist der identitätsbildende Geschichtsunterricht, in dem natürlich auch der Orden ausführlich behandelt und mit seiner zeitgenössischen Deutung versehen wird. Der zu Folge hatten die Ordensritter unter Mitwirkung der »Bauern und Bürger« »die massiven Gaben deutscher Gesittung über die leichtlebigen Völker des Ostens verbreitet«.[42] Sottkowski nimmt diese Geschichte für sich so sehr an, dass er sich sogar als Kreuzritter verkleidet.[43] Durch die Fokussierung auf den Geschichtsunterricht und seine satirisch wiedergegebene Form der Geschichtsaufbereitung gerät Geschichte auch hier zur Ansammlung von Signifikanten, Listen und Aufzählungen, die die Schüler auswendig zu lernen haben. Der Geschichtslehrer »Futebor wusste um den didaktischen, den mnemotechnischen Wert solcher Aufzählungen von erstens bis sechstens«[44], trägt damit aber unfreiwillig zur Atomisierung der Geschichte und ihrer Auflösung in ihre zeichenhaften Bestandteile bei.

14.

All diese Texte eint die Tendenz zum Geschichtsrückbau durch Auflösung des deutschen Ordens-Mythos in seine Signifikanten. Ihren (bisherigen) Höhe- und Extrempunkt erreicht diese Entwicklung jedoch mit einem Buch, dessen Autor sich mindestens teilweise außerhalb des deutschen Kultur-Innenraums bewegt. Leszek Libera (geb. 1948) stammt aus Oberschlesien, ist zweisprachig aufgewachsen, einer der führenden Romantikforscher der polnischen Polonistik (als Hochschullehrer tätig in Zielona Góra) und reflektiert in seinem spektakulären deutschsprachigen Debut *Der Utopek* (2011) die Nachkriegszeit in Oberschlesien aus Perspektive eines physiologisch von seiner Umgebung stark abweichenden Außerirdischen, der unbemerkt als Menschenkind aufwächst, eine aufgrund seiner Andersartigkeit reichlich skurrile Sichtweise auf seine Umgebung hat und dabei doch als Heranwachsender in Sprache und Denken abhängig ist von dem, was ihm seine Umgebung an Worten und Begriffen überhaupt zur Verfügung stellt. Sein Bewusstsein ist ein Chaos aus unverstandenen polnischen und deutschen Signifikanten, die aus deutscher und polnischer Propaganda, aus deutschen und polnischen Stammtischgesprächen, aus sich widersprechenden Geschichtsdeutungen und abgelagerten Altbeständen des *Völkischen Beobachters* stammen (so benutzt er z.B. das auf ihm sympathische Menschen angewandte Wort »Untermensch« systematisch als positiv konnotiert). In simplicianischer Naivität wiederholt er auf entlarvende Weise ahnungslos, was ihm vorgeredet wird. Besonders deutlich wird dies dort, wo er sich widersprechende deutsche und polnische Diskurse vermischt, ohne deren Widersprüchlichkeit überhaupt zu bemerken: »[D]ie deutschen Ordensritter, die böse Räuber waren und Frauen und Kinder töteten [...] also sind von den polnischen und litauischen Untermenschen wie dicke Schweine geschlachtet worden«.[45] Die Propagandamaschinen beider Seiten werden so in den Leerlauf getrieben und in ihrer Lächerlichkeit vorgeführt, die Signifikanten beider Kultur-Innenräume mischen sich und führen sich gegenseitig vor. Der Folgeroman *Buks Molenda* (2011) treibt das irrlichternde Geschichtsgewitter mit langen Bezugnahmen auch hier wieder auf die Ordensthematik[46] aus der Sicht des nun pubertierenden Helden bis zu völliger Absurdität voran.

15.

Natürlich hören damit weder die Geschichte noch ihre Deutungen auf, gewesen zu sein, doch wird die einst stabil wirkende Signifikantenverknüpfung aufgelöst und in ihrer Konstruiertheit offensichtlich. Sobald es möglich ist, Zeichen und Bedeutungen auch anders miteinander zu vermischen, als es die Syntagmen überkommener Geschichtsbilder verlangen, befinden diese sich nicht mehr im Zustand des Aufbaus oder wahrender Konservierung, sondern in dem der Auflösung. Das entsprechende Geschichtsmodell wird dann als nicht mehr funktional und nicht mehr bewohnbar aus dem Kultur-Innenraum zurückgebaut. Für die deutschsprachige Literatur ist der »Deutsche Orden« kein Ideologem mehr, sondern höchstens noch ein Anlass zur Erinnerung daran, wie einst versucht wurde, ihn als ein solches den Bewusstseinen Heranwachsender einzuimpfen. Niemand muss die um ihn herum aufgebauten Geschichtsmythen mehr widerlegen, so dass diese nun zitathaft aufgerufen werden können als fast schon sinnfrei gewordene Signifikanten, die für völlig neuartige literarische Bedeutungsspiele zur beliebigen Verfügung stehen. Das Narrativ »Deutscher Orden« ist unwiderruflich in seine Bestandteile zerlegt worden, der an ihm vorgenommene Geschichtsrückbau hinterlässt freies, offenes Gelände.

Anmerkungen

1 Ausführliche bibliogaphische Angaben und weitere Hinweise finden sich in Joachimsthaler, Text-Ränder, Bd. 1, S. 190-321 und Bd. 2, S. 1-145. Zum Konzept des Kultur-Innenraus vgl. Joachimsthaler, Kultur-Innenraum.
2 In Gustav Freytags nationalem Historienzyklus *Die Ahnen* sind dem »Deutschen Orden« die zwei Romane *Die Brüder vom Deutschen Hause* und *Marcus König* gewidmet – Freytag, Gesammelte Werke, Serie 1, Bd. 4.
3 Grass, Werke, Bd. 10, S. 260.
4 Ebd., S. 297.
5 Vgl. Treitschke, Ordensland.
6 Harder, Kinder.
7 Miegel, Fahrt.
8 Brust, Erde.
9 Bobrowski, Gesammelte Werke, Bd. 2, S. 28.
10 Ebd., Bd. 4, S. 471.
11 Celan, Gedichte, S. 27.
12 Vgl. Manger, Gedicht, S. .
13 Bei Gustav Freytag gibt es sogar ein Kapitel »Bei Accon« (Gesammelte Werke, Bd. 4, S. 157-185).
14 Felstiner, Celan, S. 72.
15 Chalfen, Celan, S. 52; zur »Eisernen Garde« vgl. auch Heinen, Legion.
16 Celan, Gedichte, S. 40.
17 Bobrowski, Gesammelte Werke, Bd. 2, S. 106.
18 Grass, Werke, Bd. 3, S. 29f.
19 Wippermann, Ordensstaat, S. 307.
20 Bobrowski, Gesammelte Werke, Bd. 1, S. 33-35.
21 Ebd., S. 26.
22 Ebd., S. 143.
23 Grass, Werke, Bd. 4, S. 226.
24 Ebd., S. 236f.
25 Bobrowski, Gesammelte Werke, Bd. 1, S. 163.
26 Ebd., Bd. 3, S. 283.
27 Lenz, Heimatmuseum, S. 70-81.
28 Ebd., S. 119.
29 Ebd., S. 696.
30 Bienek, Königswald.
31 Grass, Werke, Bd. 7, S. 557.
32 Ebd., S. 562.
33 Ebd., S. 615.
34 Ebd., S. 629.
35 Ebd., S. 633.
36 Hein, Fluchtfährte, S. 129.
37 Ebd., S. 129f..
38 Ebd., S. 197.
39 Kelletat, Pfirsich, S. 193.
40 Ebd., S. 195.
41 Ebd., S. 196.
42 Kelletat, Ihm, S. 128.
43 Ebd., S. 137.
44 Ebd., S. 128.
45 Libera, Utopek, S. 39.
46 Z.B. Libera, Molenda, S. 61-65 und S. 111f.

Literaturverzeichnis

Bienek, Horst: Königswald oder Die letzte Geschichte. Eine Erzählung. München 1984.

Bobrowski, Johannes: Gesammelte Werke in sechs Bänden. Hg. v. Eberhard Haufe. Berlin / Stuttgart 1999.

Brust, Alfred: Die verlorene Erde. Roman. Berlin 1926.

Celan, Paul: Die Gedichte. Kommentierte Gesamtausgabe in einem Band. Hrsg. und kommentiert v. Barbara Wiedemann. Frankfurt/M. 2003.

Chalfen, Israel: Paul Celan. Eine Biographie seiner Jugend. Frankfurt/M. 1979.

Felstiner, John: Paul Celan. Eine Biographie. Deutsch v. Holger Fliessbach. München 1997.

Freytag, Gustav: Gesammelte Werke. Neue wohlfeile Ausgabe. 2 Serien. Leipzig, Berlin-Grunewald o. J. [1915].

Grass, Günter: Werke. Göttinger Ausgabe. 12 Bde. Göttingen 2007.

Harder, Agnes: Neue Kinder alter Erde. Ein Ostpreußenroman. Gütersloh o. J. [1933].

Hein, Manfred Peter: Fluchtfährte. Erzählung. Zürich 1999.

Heinen, Armin: Die Legion »Erzengel Michael« in Rumänien. Soziale Bewegung und politische Organisation. Ein Beitrag zum Problem des internationalen Faschismus. München 1986.

Joachimsthaler, Jürgen: Text-Ränder. Die kulturelle Vielfalt in Mitteleuropa als Darstellungsproblem deutscher Literatur. 3 Bde. Heidelberg 2011.

Joachimsthaler, Jürgen.: Der Kultur-Innenraum. In: Joachimsthaler, Jürgen / Kotte, Eugen (Hg.): Kulturwissenschaft(en) in der Diskussion. München 2008 (=Kulturwissenschaft[en] als interdisziplinäres Projekt 1), S. 47-71.

Kelletat, Andreas F.: Molscher Pfirsich. Erzählungen aus dem ersten Leben des Sotter Sottkowski. Germersheim 2010.

Kelletat, Andreas F.:. Von Ihm zu ihm. Eine Jugend in Königsberg. Roman. Germersheim 2011.

Lenz, Siegfried: Heimatmuseum. Roman. Stuttgart o. J. [EA 1978].

Libera, Leszek: Der Utopek. Roman. Dresden 2011.

Libera, Leszek: Buks Molenda. Roman. Dresden 2012.

Manger, Klaus: Paul Celans Gedicht »Ein Lied in der Wüste« – das Prooimion seiner Dichtung. In: Celan-Jahrbuch 2 (1988), S. 53-80.

Miegel, Agnes: Die Fahrt der sieben Ordensbrüder. Jena 1933.

Treitschke, Heinrich von: Das deutsche Ordensland Preußen. [EA 1862]. In: Treitschke, Heinrich von: Ausgewählte Schriften. Bd. 1 Leipzig ^{5}1911, S. 48-135.

Wippermann, Wolfgang: Der Ordensstaat als Ideologie. Das Bild des deutschen Ordens in der deutschen Geschichtsschreibung und Publizistik. Berlin 1979.

Die Marienburg im polnischen Pressespiegel 1945-1973 – der Wiederaufbau und die »Domestizierung eines fremden Erbes«

Tomasz Torbus

»Es war Wahnsinn, die Marienburg zur Festung zu machen, nicht dafür haben wir sie mit Schön und Steinbrecht wiederaufgebaut.«[1] Auch wenn die Reflexion über die Instrumentalisierung des Deutschen Ordens – und der Marienburg insbesondere – in der NS-Ideologie beim letzten deutschen Baurat der Marienburg, Bernhard Schmid, anscheinend weitgehend ausgeblieben ist, so drückt diese Aussage doch die ganze Betroffenheit über den Zustand der Schlossanlage 1945 aus. Der sowjetische Beschuss zwischen dem 23. Januar und dem 9. März verwandelte die Ostseite der Burg in ein Trümmerfeld: Bis auf die Grundmauern (und glücklicherweise die Vorhalle) im Westteil wurden die Schlosskirche und die St. Annenkapelle vernichtet, weitgehend zerstört war der Ostflügel des Mittelschlosses mit der Bartholomäus-Kapelle, stark in Mitleidenschaft gezogen der Ostflügel des Hochschlosses – hier fehlte der Südgiebel, und

Abb. 1: Marienburg, Ansicht des Pfaffenturmes, des Chors der Schlosskirche und der Ostseite des Hochschlosses, 1945. Aus: Marienburg, Muzeum Zamkowe w Malborku, Dział Dokumentacji.

Abb. 2: Marienburg, Ostseite des Hoch- und Mittelschlosses, 1945. Aus: Marienburg, Muzeum Zamkowe w Malborku, Dział Dokumentacji.

das Gewölbe des Dormitoriums brach zusammen – wie auch der sog. Pfaffenturm (s. Abb. 1-3)[2]. In der Vorburg ruinierten die Kriegshandlungen u. a. das Haupttor und das Neue Tor. Höhepunkte der europäischen Kunstgeschichte wie die acht Meter hohe, mit venezianischen Mosaiken bedeckte Marienfigur in der Außennische der Schlosskirche sind gänzlich verschwunden. Ein großer Teil der Innenausstattung sowie aus der Danziger und Pelpliner Bibliothek ausgelagerte Handschriften, die in der Schlussphase der Kämpfe zum Bau der Schutzstellungen benutzt worden waren, wurden vernichtet; insgesamt rechnet man, dass 50% der Bausubstanz verloren gingen.[3]

Wie Kilarski feststellt, gab es im Schloss keinen Raum, der nicht in Mitleidenschaft gezogen worden war.[4] Der Kampf um eine mittelalterliche Burg, der mit dem Instrumentarium des 20. Jahrhunderts geführt wurde, fügte dem Schloss Narben zu, die sowohl die originale ordenszeitliche Bausubstanz als auch die im 19. und 20. Jahrhundert rekonstruierten Teile betrafen. Es war ein Schlussstrich unter eine in Europa in ihrem Ausmaß beispiellosen Sanierungskampagne, die 1817 begonnen und kurz vor dem Zweiten Weltkrieg unter der Leitung des erwähnten Bernhard Schmid ihren Abschluss gefunden hatte.

Bekanntlich wurde der damalige Wiederaufbau der Marienburg politisch missbraucht, die Burg symbolisierte den Drang nach Osten und galt als Bollwerk gegen die Slawen. Der Deutsche Orden wurde zum Träger der gesamten Kulturentwicklung im Osten Europas erhoben, zum Boten, der den ortsansässigen »kulturlosen« Völkern den Segen einer höheren Zivilisation brachte – so sinngemäß die berühmte Rede Wilhelms II. von

Abb. 3: Marienburg, Blick auf die Hofseite des Ostflügels im Mittelschloss, vom Haupttor aus gesehen, 1945. Aus: Marienburg, Muzeum Zamkowe w Malborku, Dział Dokumentacji.

1902 in der Marienburg.[5] Diese Tradition ging nahtlos in die aggressive Rhetorik der Weimarer Republik über, die sich gegen jene Grenze richtete, die sich in Form eines Stacheldrahtes auf der Holzbrücke direkt vor der Burg manifestierte. Die Ordensburgen hielten symbolisch Wache, wenn es um die Tilgung der »schreienden Ungerechtigkeiten« des Versailler Vertrages ging. In der NS-Zeit wurde die Marienburg zur Bühne für die größte Propagandashow des Regimes im östlichen Europa, die spektakuläre »Heimholung der Ordensbanner aus der Burg Krakau in die Marienburg«[6]. Die Ordensburgen liehen schließlich die Bezeichnung für die ideologischen Lehranstalten der Nationalsozialisten; die größte »Ordensburg« war direkt nördlich der tatsächlichen Burg geplant.[7]

Dieses geschichtliche Ausholen erlaubt es, eine Frage zu stellen: Wie ging Polen mit einem Erbe um, das nicht nur als »fremd«, sondern geradezu als »feindlich« zu betrachten war? 1945 fiel bekanntlich die Hinterlassenschaft des Ordens an die Volksrepublik Polen, die sich daraufhin nicht nur politisch in den einstigen Provinzen West- und Ostpreußen etablierte, sondern auch einen nahezu vollständigen Bevölkerungsaustausch bewerkstelligte. Der neue Staat und die neue Bevölkerung erbten damit auch die Marienburg, jene zerschossene Ruine. Addiert man die geschilderte Instrumentalisierung des Deutschen Ordens im Deutschen Reich zur polnischen schwarzen Legende des Deutschen Ordens, die weitgehend als Antwort auf die deutsche Politik nach der Reichsgründung zum nationalen Ethos wurde, erkennt man sofort, dass die Marienburg weit mehr als ein Problem der reinen Denkmalpflege war. Sie war vielmehr ein ideologisch-nationaler Ballast, den man abwerfen oder umformen musste, bevor der Entschluss für ihren Wiederaufbau zu treffen war. Eine Analyse der zeitgenössischen Presse aus den Jahren 1945-1973 erlaubt, die Etappen des Wiederaufbaus sowie die Beweggründe für seine Rekonstruktion nachzuzeichnen.[8]

Von 1945 bis 1950 wurde die Burgruine dem Heeresmuseum in Warschau überlassen.[9] Wie die Pressestimmen belegen, entbrannte schon kurz nach der Befreiung eine rege Diskussion über das Schicksal der Marienburg. Die schärfsten Kritiker forderten den Abbruch der beschädigten Teile der Anlage als einem Hort des »hitlerisch-deutschordensritterlichen« Verbrechens.[10] »In schlechtem Material ausgeführte Nachahmungen alter Möbel geben nur eine oberflächliche Vorstellung vom alten Stil; dies genügt vielleicht, das deutsche Publikum zu rühren, uns erscheint es schlicht als Schund.«[11] Meist forderte man zwar nur den Abbruch der zerstörten Teile, um beispielsweise Baumaterial für den Wiederaufbau zerstörter polnischer Städte zu gewinnen[12], aber das generell verdammende Urteil teilte die Mehrheit der Pressestimmen. Wenn auch überzeichnet, entsprach doch folgendes Zitat der Gemütslage der Nation:

> Marienburg – das ist das Symbol des auf unserer Erde kämpfenden Deutschtums. Marienburg ist das in gotische Formen verwandelte [Symbol der] Macht des Ordens, seiner Grausamkeit und seines Hochmuts, gleichzeitig aber auch seines Falls und seiner Zähmung.[13]

All diese Zitate vermitteln die Stimmung der Zeit, sind allerdings nicht von den Entscheidungsträgern verfasst. Die Motive der Letzteren können nur vermutet werden. So war es vor allem der verdiente Kunsthistoriker Stanisław Lorentz, der gegen den Wiederaufbau der Marienburg in den Formen vor 1945 Stimmung machte. Ihm diktierte das Kriegstrauma eine strikt antideutsche Haltung.[14] Vor dem Krieg mit deutschen Kunsthistorikern befreundet, darunter mit Dagobert Frey, musste er als Direktor des Warschauer Königsschlosses miterleben, wie Frey im Herbst 1939 nach Warschau kam, um nach Listen, die augenscheinlich noch bei vorkriegszeitlichen freundschaftlichen Besuchen in Polen gemacht worden waren, konkrete Kunstwerke zu beschlagnahmen.[15] Sicherlich waren seine späteren Worte von Ressentiments gegen die Deutschen geprägt, aber die

Zielsetzung seiner Schriften ist im Detail nicht zu ermitteln. Seine polemischen Schriften wettern überwiegend gegen den preußischen Wiederaufbau der Marienburg im 19. und 20. Jahrhundert, und der Erhalt der ordenszeitlichen Bausubstanz in der Marienburg steht für Lorenz anscheinend außer Frage. Er war vor allem gegen die »Rekonstruktion, die im letzten Jahrhundert von Deutschen geleistet wurde, mit der für sie charakteristischen Arroganz in der Betonung der pseudomonumentalen [...] Bauten«[16]. Ob ihm eine museale Nutzung der Ruine mit der Betonung der mittelalterlichen Elemente oder ein regotisierender Wiederaufbau vorschwebte, lässt sich heute nicht mehr feststellen. In seinem 1960 erschienenen Zeitungsartikel bemängelte er die Vernichtung jener Elemente durch den preußischen Wiederaufbau, die aus der 300-jährigen Geschichte Marienburgs in den Grenzen Polens stammten, und lobte gleichzeitig ihre starke Akzentuierung in der neuen musealen Exposition: »Mit einer seltsamen Verblendung [...] entwickelten und pflegten wir das Interesse an der ältesten, 170 Jahre langen Periode, in der die Marienburg bereits im Besitz des Ordens war, mit nur wenigen lapidaren Informationen hingegen quittierten wir die doppelt so lange Zeit von 320 Jahren, als hier die polnischen Wojewoden regierten und das Schloss von den polnischen Königen besucht wurde.«[17] Ein vereinzelter Hinweis in seinen publizistischen Schriften, dass ihm jemals die Idee eines Abbruches der Burganlage nahe lag, lässt sich nicht finden, und dieser Vorsatz ist auch hinsichtlich seiner ganzen denkmalpflegerischen Tätigkeit (und trotz seiner Ressentiments) kaum ernsthaft zu anzunehmen. Wann die endgültige Entscheidung fiel, den Bau trotz der negativen Konnotationen zu retten, ist nicht genau feststellbar. Dauerhaft setzte sich die Meinung durch, dass die Anlage allein aufgrund ihrer Architektur einzigartig und unabhängig von geschichtlichen Konnotationen erhaltenswert sei. Der Eintrag in die Denkmalliste im September 1949[18] bedeutete jedenfalls ein Veto gegen den Abbruch der Marienburg. Es war nicht mehr die Frage, ob der Wiederaufbau stattfinden sollte, sondern nur, wann und wie.

1950 übernahm der polnische Wanderverein PTTK die Burganlage, womit die Geschichte ihrer touristischen Vermarktung begann. Schon im Sommer 1954 wurde sie täglich von bis zu 3000 Menschen besucht[19] und in der Presse als eine der größten touristischen Attraktionen Polens gefeiert, man bemängelte allerdings die fehlenden Übernachtungs- und Verpflegungsmöglichkeiten in der Burg.[20] Es wurden in dieser Zeit – bis auf wenige Sicherungs- und Räumungsarbeiten[21] – auch fast keine Anstrengungen unternommen, die Anlage baugerecht zu sanieren, geschweige denn die zerstörten Elemente wiederaufzubauen. Der Verfall machte auch vor den Bauteilen nicht halt, die vom Krieg verschont geblieben waren.

1953 alarmierte der Heimatforscher Franciszek Mamuszka die Öffentlichkeit, dass die Wände des Großen Remters Risse aufwiesen und der Bau zu kollabieren drohte.[22] Der instabile Boden, der den Fachleuten schon während der früheren deutschen Restaurierungsmaßnahmen Probleme bereitet hatte,[23] brachte erneut den gesamten Westflügel des Mittelschlosses samt Hochmeister-Palast in Gefahr, so dass verschiedene Alarmrufe, Gutachten sowie halbherzige Versuche, den Zerfall aufzuhalten, sich in den folgenden Jahren abwechselten. Eine komplexe Lösung des Problems brachte allerdings erst die Nachwendeperiode.[24]

Im September 1959 kam es zu einem verheerenden Brand im Bereich des Mittelschlosses, der die noch erhaltenen Dächer im Westteil vernichtete. Durch das Unglück rückte der Wiederaufbau der Burgruine erneut ins Interesse der Öffentlichkeit, indem nun ein bereits zuvor einberufener Beirat von Kunsthistorikern aktiv wurde.[25] Die Presse spiegelt das Echo der Diskussion um die Brandursache wider, die – wie sich herausstellte – in überstrapazierten Stromleitungen und nicht in geheimnisvollen Explosionen oder gar bewusstem polnischen Vorgehen gegen das deutsche Erbe lag.[26] Die Befürworter des schnellen Aufbaus, die in dem bereits 1956 gegründeten Komitee zum Wiederaufbau der Burg[27] zusammengeschlossen waren, argumentierten mit dem Hinweis auf ihren hohen Rang innerhalb der gesamteuropäischen Architekturgeschichte. Ein weiterer Schritt war die Gründung eines Schlossmuseums im Januar 1961, dem von nun an der Wiederaufbau oblag.[28] Noch im selben Jahr wurden die Räumungs- und Sicherungsarbeiten in den Innenräumen des Hoch- und Mittelschlosses und der Vorburg vorangetrieben.[29]

In den folgenden Jahren wurden nach und nach die wichtigsten Teile der Burg wiederaufgebaut oder saniert. 1962 begann die Renovierung des Kreuzgangs im Bereich des Goldenen Tores und des Pfaffenturms sowie die Wiederherstellung der verbrannten Dächer und der beschädigten Gewölbe im Mittelschloss. 1963 wurden die Sicherungs- und Renovierungsarbeiten an den Wehrmauern des Hochschlosses sowie die Wiederherstellung der Dächer des Mittelschlosses fortgesetzt. Im Dachgeschoss des Ostflügels des Mittelschlosses wurden die Räume für die geplante Bernsteinausstellung vorbereitet. 1964 wurde der Giebel der Schlosskirche gesichert. Im Mittelschloss dauerten die Wiederherstellungsarbeiten an den Dächern sowie die Vorbereitung der Museumssäle an. Im Bereich der Vorburg fingen die Renovierungsarbeiten am Karwan an, die sich allerdings bis in die 1990er Jahre hinziehen sollten. 1965 konzentrierten sich die Renovierungsarbeiten auf die Gebäude des Mittelschlosses (Wiederaufbau der Dächer, Sicherungsarbeiten am Gewölbe und der Westwand des Großen Remters). 1966 wurden die Wände der Annenkapelle und der Schlosskirche aufgebaut und der Dachstuhl aufgestellt. Im Mittelschloss wurde die Wiederherstellung der Dächer beendet. Im Bereich der Vorburg konzentrierte man sich auf den Wiederaufbau der Wehrmauer. 1967 wurden mit dem Dachstuhl die Bauarbeiten an der Schlosskirche fortgesetzt, ferner der Hauptturm bis zum zweiten Obergeschoss und der Südostgiebel des Hochschlosses fertiggestellt. Im Hochmeisterpalast wurde an der Montage der Fensterrahmen und Glasfenster (Katharinenkapelle) gearbeitet, im Großen Remter an der Installation der Bodenheizung. 1968 wurden der Turm und der Südostgiebel der Marienkirche vollendet. In den Innenräumen des Hochschlosses ging man zu den Räumungs- und Restaurierungsarbeiten, im Mittelschloss zum Wiederaufbau des Ostflügels über. 1969 wurden die Arbeiten in den Innenräumen des Hochschlosses und am Wiederaufbau des Westflügels des Mittelschlosses fortgesetzt. 1970 bekam die Schlosskirche neue Maßwerkfenster. Das Keramikfries am Obergeschoss des Hauptturmes wurde angebracht. Im Großen Remter wurden die Arbeiten am Marmorfußboden beendet. Im Bereich der Vorburg restaurierte man die St. Laurentiuskapelle. 1971 wurden die Glasfenster im Großen Remter und in der Küche montiert und die Arbeiten am Ostflügel des Mittelschlosses fortgesetzt. 1972 wurden schließlich die Empore der Marienkirche und die Innenräume des Ostflügels des Mittelschlosses fertig gestellt.

Das Jahr 1973 ist ein Stichdatum, da in diesem Jahr die Arbeiten im Hoch- und Mittelschloss weitestgehend abgeschlossen wurden und die Gesamtanlage zur touristischen Ikone des Landes avancierte. Nur der Wiederaufbau der Schlosskirche wurde in die ferne Zukunft verlegt. Bereits in den 1960er Jahren rangierte die Marienburg nach den Besucherzahlen der meistbesuchten Museen in Polen an der zweiten Stelle nach Auschwitz. Die Presse feierte die steigenden Besucherzahlen, sowohl in den lokalen als auch in den überregionalen Zeitungen erschienen Artikel mit genauen Angaben über die Anzahl der Schlossbesucher und deren Nationalität.[30] Im Juli 1962 wurde im Schloss der millionste Besucher gefeiert.[31]

Die Besucher störte es offenbar nicht, dass die Schlosskirche weiterhin unzugänglich blieb; erst nach der Wende wurde der untere Sakralbau, die St. Annenkapelle, rekonstruiert. Der obere Raum, die Schlosskirche, wartet bis heute auf den vollständigen Wiederaufbau. Neben der finanziellen Herausforderung liegt der Grund für die Verzögerung im mangelnden Konsens bezüglich ihrer Form. Diskutiert wird eine Rekonstruktion der weitgehend unbekannten ordenszeitlichen Innenausstattung, der nur rudimentär bekannten barocken Ausstattung der polnischen Zeit oder des am besten dokumentierten Wiederaufbaus von Steinbrecht mit ihren neogotischen Elementen. Ebenso erst nach der Wende wurden schrittweise die Bauten der Vorburg vollständig rekonstruiert, darunter der Karwan und kürzlich die Wehrmauern im Osten des Schlosses.

Konstatiert man die Tatsache des Wiederaufbaus im Zeitraum 1961-1973, so stellt sich die Frage, inwiefern dieser mit einer ideologisch-nationalen Umdeutung der Geschichte im Sinne Polens verbunden war. Dass es Vereinnahmungsversuche dieser Art gegeben hat, lässt sich den Zeitungsartikeln der 1950er und 1960er Jahre entnehmen. Abgesehen von unseriösen Versuchen, die Marienburg als Frucht polnischer Mauermeister vorzustellen[32], gehörten dazu zweifelsohne Inszenierungen wie etwa der 1967 gefeierte 490. Jahrestag des Einzugs Kasimirs IV. Jagiello in die Burg und Ausstellungen, die entweder die polnische Herrschaft in Marienburg in den Vordergrund stellten oder die Deutschordensritter als Bösewichte schilderten. 1954 zog Sławomir Sierecki in der Głos Wybrzeża eine Parallele zwischen der Eroberung der Marienburg 1410 (sic!) und der Roten Armee, die die Marienburg »befreite« und »Polen sein uraltes Land wiedergegeben hat«. Diesen Mahnmalcharakter der Anlage legen folgende Zeilen nahe: »Aber jeder Stein, jeder Ziegel erzählt uns vor allem die düstere Geschichte dieser Burg, vom Leiden der einheimischen Bevölkerung, die unter der Peitsche des ordenszeitlichen Knechts das Baumaterial hierher schleppte, sich selbst ein Gefängnis *und* eine Folterkammer bauend. Bis heute erhebt sich in dem Garten der Vorburg ein Galgen. Direkt neben ihm – dadurch beinahe ein Symbol – die in Bronze gegossenen Figuren der Hochmeister.« Die Marienburg ist letztlich »ein Symbol der vernichteten Macht der Deutschordensritter und seiner Nachfolger«[33], woraus sie augenscheinlich ihre Daseinsberechtigung schöpft und was ihren Wiederaufbau verständlich macht.

Im Zusammenhang mit der Wiedereröffnung der Burg für die Besucher nach dem Brand von 1959 wurde in der Presse konsequent die gezielt verschwiegene polnische Geschichte der Marienburg in den Vordergrund gestellt und glorifiziert. So sollte die am 24.07.1960 eröffnete Ausstellung zur Geschichte der alten Wojewodschaft Malbork »die Fälschungen und Mythen der deutschen Propaganda beseitigen«[34] und zugleich den Auftakt für das dort geplante Museum der Slawischen Kultur bilden[35]. Zu den Exponaten gehörten Bildnisse der polnischen Könige, Waffen und Rüstungen der polnischen Streitkräfte sowie Mobiliar aus dem 17. und 18. Jahrhundert. Die Veranschaulichung der ordenszeitlichen und preußischen Vergangenheit der Burg hingegen konzentrierte sich auf eine Dokumentation, die auf die gewaltsame Besatzung des Landes sowie die Unterdrückung und Germanisierung der lokalen Bevölkerung hindeutete. Ebenfalls 1960 erfolgten Übermalungen der Historienwandbilder des 19. Jahrhunderts, sicherlich, um die Dissonanzen zwischen zwei nationalen Versionen der Geschichte zu verbergen, aber durch das damals allgemeine gültige Urteil über das 19. Jahrhundert begründbar.[36]

Angesichts der Tatsache, dass die Marienburg über 300 Jahre eine der polnischen Königsresidenzen gewesen ist, scheinen solche Versuche insgesamt seltsam inkonsequent zu sein.[37] Nachdem die Ausstellung von 1960 nur einige Jahre überdauerte, gab es in den 1980er und 1990er Jahren kaum etwas, was an die polnische Ära erinnerte. Der polnischen Epoche wurde im Museum erst 2008 eine bescheidene ständige Ausstellung im Nordflügel des Mittelschlosses gewidmet.

Diese Vereinnahmungen sind eher die Folge als der Grund für den Wiederaufbau der Marienburg. So lässt sich auch die im folgenden versuchte Arbeitshypothese nicht nur auf sie, sondern auch auf sämtliche Deutschordensburgen innerhalb der Volksrepublik Polen übertragen. Anders als in der russischen Exklave Königsberg, wo zwar beschädigte, aber in ihren Grundmauern erhaltene Burgen wie Königsberg und Lochstedt noch in den 1960er und 1970er Jahren gesprengt wurden, ist in Polen keine Burg des Deutschen Ordens nach dem Zweiten Weltkrieg mutwillig beschädigt, geschweige denn zerstört worden. Gleichzeitig wurden in der Nachkriegszeit die Kriegsschäden an anderen Deutschordensburgen wie Mewe (poln. Gniew), Bütow (poln. Bytów), Gollub (poln. Golub-Dobrzyń), Osterode (poln. Ostróda), Preußisch Holland (poln. Pasłęk) oder Rastenburg (poln. Kętrzyn) behoben; die Rehdener Kapelle (poln. Radzyń Chełmiński) wurde mit einer Betonschale überzogen, um die Reste der Bauplastik zu schützen. Erst nach der Wende mehrten sich Beispiele der Verwahrlosung der Burgen (Engelsburg / Pokrzywno, Sehesten / Szestno, Neu-Jaschnitz / Nowy Jasiniec) und deren Wiederaufbau durch neue Besitzer, die sich über die Auflagen der Denkmalämter hinwegsetzen (Rhein / Ryn, Preussisch Mark / Przezmark).

Mehrere Gründe sind für diese positive Haltung bis 1989 zu nennen: Der trivialste ist schlicht die geringe Dichte an Denkmälern im alten Ost- und Westpreußen, die sich kaum mit jener Schlesiens oder Kleinpolens vergleichen lässt. Sieht man von Danzig ab, sucht man hier vergeblich nach architektonischen Höhepunkten des 16. oder 17. Jahrhunderts. Für die wenigen Denkmäler stand in den Lokalverwaltungen einfach mehr Geld zur Verfügung. Der zweite Grund war, dass die Architektur des Mittelalters unter den polnischen Denkmalpflegern der Nachkriegszeit eine höhere Wertschätzung als die der späteren Epochen genoss. Seit den 1950er Jahren gab es immer seltener Fälle, in denen mittelalterliche Bausubstanz vorsätzlich vernichtet wurde. Geschah dies doch, wie bei den nach dem Krieg noch in den Grundmauern erhaltenen mittelalterlichen Mühlen auf der Sandinsel in Breslau in den 1970er Jahren, wurden solche

Aktionen landesweit in der Presse angeprangert. Gelegentlich hatte diese Einstellung einen ideologischen Hintergrund, so in Schlesien, wo das Mittelalter gewissermaßen als die polnische Periode beansprucht wurde. In Pommern oder im Deutschordensland Preußen war allerdings eine solche Vereinnahmung historisch unmöglich, hier ist – neben einer normalen denkmalpflegerischen Praxis – nach anderen kulturhistorischen Gründen für den Erhalt oder Wiederaufbau von Baudenkmälern zu suchen. Es könnte die Vorstellung zugrunde gelegen haben, dass der Feind, erst recht, wenn er besiegt ist, die Bedeutung der eigenen Geschichte hebt. Dies ist zunächst als Arbeitsthese zu betrachten, doch fochten die Polen zwischen den Jahren 1308 und 1521 immerhin neun große Kriege gegen das Deutschordensland Preußen aus. Polen und Litauer gingen aus diesen Kriegen als Sieger hervor, aber die Achtung gegenüber den trutzigen Burgen wie der Marienburg, an der 1410 der Polenkönig scheiterte, hatte sich wohl erhalten. Generationen von Polen waren es, denen die Burgen der »bösen Ritter« aus den Werken von Mickiewicz, Sienkiewicz oder Kraszewski vertraut waren, und unzählige Kinder (darunter auch der Verfasser) waren tief beeindruckt, wenn sie auf dem Weg von Warschau zum Strand buchstäblich durch die Marienburg fuhren. In den Köpfen herrschte, wenn vielleicht auch unbewusst, die Vorstellung, die eigene Größe und Macht lasse sich an der Stärke des Gegners messen, ein Gedanke, der von der Presse ausgenutzt wurde: Dort betonte man häufig den Unterschied zwischen dem nationalsozialistischen Deutschland und der Volksrepublik Polen im Umgang mit dem kulturellen Erbe als ein Zeichen kultureller Überlegenheit, da man sich in Polen auch der (mittelalterlichen) Kunst des einstigen Feindes annehme. Jedenfalls baute man die Burgen wieder auf, die nicht nur ein Teil der deutschen Kultur waren, sondern ebenso ihre Rolle in der polnischen Geschichte und historischen Überlieferung gespielt haben.

Ein Fazit für den in den 1960er Jahren erfolgten Wiederaufbau der Marienburg liefert ein 1973 veröffentlichter Aufsatz von Eleonora Zbierska, der Burgkustodin.[38] Ihre Ideen machen diesen Text ungeheuer modern und spannen eine Klammer um die hier geschilderte Thematik, da sie das andere Extrem im Umgang mit dem fremden Erbe darstellt: von der mutwilligen Zerstörung über die Vereinnahmungen bis hin zum »liebgewonnenen Erbe« und schließlich eine Übertragung des Themas Erbe auf eine übernationale Ebene: »Die Marienburg bleibt ein Bauwerk, das so differente und kontroverse Interpretationen als ein symbolischer und eigentümlicher Ausdruck der deutsch-polnischen Beziehungen hervorruft [...]. Es scheint, dass uns die aktuelle Situation in Europa die einmalige Chance bietet, in das Bewusstsein der jungen Generationen das objektive Wissen über die Vergangenheit einzupflanzen und die schädlichen Mythen und nationalistischen Geschichtsbilder zu beseitigen [...]. Nach der Erwägung aller Aspekte dieses so verantwortungsvollen Problems sollte deshalb ein möglichst objektiver Standpunkt gefunden werden, Sammlungsstücke und Dokumente zusammengetragen, die nicht die Hass auslösenden Emotionen und Instinkte ansprechen, sondern den Verstand und das Herz. Die schmerzhafte Wahrheit über die Vergangenheit soll nämlich die Zukunft schützen. Das Schloss in Marienburg erscheint so als ein besonders geeigneter Ort für die ständige Erinnerung, dass die Erde in den Schlossgräben sowohl die Leichen der Sieger als auch der Besiegten aufnimmt.«[39]

Anmerkungen

1 Brief Bernhard Schmids an den Baumeister Schürmacher v. 10.04.1946, zit. n. Kilarski, Odbudowa, S. 36.

2 Ich bedanke mich beim Schlossmuseum in der Marienburg dafür, dass es mir die historischen Aufnahmen zur Verfügung stellte, und bei Lech Okoński für ihre Beschaffung.

3 Zu Kriegsschäden vgl. Fieguth, Marienburg; Mierzwiński, Zamek, S. 12-15; Kilarski, Odbudowa, S. 36-41.

4 Kilarski, Odbudowa, S. 41.

5 Knapp, Schloss, S. 110.

6 Torbus, Powrót sztandarów, S. 207-220.

7 Ebd.

8 Nach Sichtung und Auswertung der Presseberichte der regionalen und überregionalen Zeitungen (Głos Wybrzeża, Sztandar Młodych etc.) wurde der Zeitraum 1945-1973 ausgewählt, da in dieser Phase die Bauarbeiten im Hoch- und Mittelschloss weitgehend abgeschlossen wurden. Die Bauarbeiten an der Schlosskirche und dem Bereich der Vorburg haben sich bis in die Zeit nach der Wende hinauszogen. Das Thema ist allerdings damit nicht ausgeschöpft, zumal ich mich hier auf die Sammlung von Presseberichten über die Burg des Marienburger Schlossmuseums (Dział Dokumentacji) beschränke, die nicht vollständig ist. Zum Wiederaufbau vgl. auch Woźniak, Wiederherstellung, S. 116f.; dort gibt es einen kurzen Hinweis auf die Diskussion zur Schwerpunktsetzung der zukünftigen Ausstellung.

9 Vgl. Mierzwiński, Restitutio, S. 36-48.

10 A. R., Wiatr od morza (1946), zit. n. Mierzwiński, Zamek, S. 17, Anm. 13. Vgl. auch Pietrzak, Casus; Gołubiew, Mit, S. 1-4; und K. K., Teoria, S. 2.

11 Łączyńska, Biuletyn, S. 7.

12 Diese Pläne wurden teilweise verwirklicht, allerdings nur im Fall der Wiederverwertung des Baumaterials aus der zerstörten Altstadt von Marienburg. Vgl. Mierzwiński, Zamek, S. 20.

13 Michałowski, Śmierć, S. 2; vgl. auch Ziołowska, Malbork, S. 3. Ähnliche Urteile tauchen, wenn auch immer seltener, über die gesamte zweite Hälfte des 20. Jahrhunderts immer wieder auf, zuletzt in Form von Protesten gegen die Nennung der Burg auf der Liste der 15 wichtigsten Kulturdenkmäler Polens, vgl. Waldorff, Kogo winić und die Antwort von Mierzwiński, Z posępnego notatnika, S. 4.

14 Lorentz, O Malborku, S. 2, 15.

15 Störtkuhl, Paradigmen, S. 155-172.

16 Lorentz, O Malborku, S. 15.

17 Lorentz, O Malborku, S. 15.

18 Brief von J. Borowski an die Stadtverwaltung v. 20.09.1949. Archiwum Państwowe w Elblągu z siedzibą w Malborku, Nr. 63, 199, S. 80-81. Vgl. auch Mierzwiński, Zamek, S. 34

19 Sierecki, W twierdzy.

20 Baranowski, Hermes.

21 Mierzwiński, Zamek, S. 38.

22 Mamuszka, Refektarz, zit. n. Mierzwiński, Zamek, S. 128.

23 Mierzwiński, Zamek, S. 37-44.

24 Mierzwiński, Zabezpieczenie, S. 123-137.

25 Mierzwiński, Zamek, S. 52.

26 Łabędzki, Zamek; in Berufung auf Kurier Polski: Łabędzki, Karygodne niedbalstwo; [o.A.], Części zamku.

27 1959 als Komitee zum Fest des 500. Jahrestages der Zurückgewinnung Marienburgs und zum Wiederaufbau der Burg (Komitet Obchodu 500-lecia Odzyskania Malborka i Odbudowy Zamku, seit 1959: Społeczny Komitet Odbudowy Zamku). Vgl. Mierzwiński, Zamek, S. 44.

28 Mit dem Beschluss des Kunst- und Kultusministeriums v. 13.09.1959. Biuletyn Ministerstwa Kultury i Sztuki Nr. 16 v. 25.10.1960, Nr. 136.
29 Angaben zur Chronologie des Wiederaufbaus nach Kilarski, Odbudowa, S. 302-316.
30 [o. A.], Turystyczny ruch; [o. A.], Malbork; [o. A.], Szturm.
31 [o. A.], Milionowy turysta.
32 Sas-Zubrzycki, Dwa zamki, S. 44-56. Daran anknüpfend: Święcicki, Droga.
33 Sierecki, W twierdzy.
34 Titel des Zeitungsartikels »Polski Starosta jadał obiady w Wielkim Refektarzu. Wystawa w Zamku Malborskim rozwieje fałszerstwa i mity niemieckiej propagandy. In: Wieczór Wybrzeża v. 9.07.1960. Ähnliche Formulierung auch in Głos Bałtycki: »Nowa placówka kulturalna nad Nogatem. Dzieje dawnego województwa malborskiego« v. 26.07.1960.
35 [o.A.], Walka.
36 Das negative Urteil angesehener Fachleute, zu denen Jan Borowski, Władysław Lam und Stanisław Lorentz zählten, erleichterte den Entschluss zur Übermalung erheblich. Mündliche Auskunft von Maciej Kilarski.
37 Vgl. Sas-Zubrzycki, Dwa, Zamki, S. 35-131.
38 Zbierska, Perspektywy, S. 42-43.
39 Zbierska, Perspektywy, S. 43: »Zamek malborski ciągle jest obiektem budzącym jakże odmienne i kontrowersyjne interpretacje jako symboliczny i nader swoisty przejaw i wyraz stosunków polsko-niemieckich (...) Wydaje się, że aktualna sytuacja Europy stwarza nam wyjątkową szansę, by w świadomości młodych pokoleń zaszczepiać obiektywną wiedzę o przeszłości i eliminować szkodliwe mity, nacjonalistyczne pojmowanie dziejow(...) Po rozpatrzeniu wszystkich aspektow tego, jakże odpowiedzialnego, problemu, należałoby znaleźć punkt widzenia najbardziej obiektywny, zgromadzić zabytki i dokumenty trafiające nie do emocji i instynktów, które zawsze wyzwalały nienawiść, lecz trafiające do rozumów i serc. Chodzi o to, by bolesna wiedza o przeszłości pozwoliła ustrzec przyszłość. Wydaje się, że właśnie Zamek w Malborku jest miejscem szczególnie predestynowanym do tego, by ciągle przypominać, że ziemia fos zamkowych jednakowo przyjmuje ciała zwycięzców i zwyciężonych.«

Literaturverzeichnis

a) Quellen

[o. A.]: Malbork oblegany przez turystów. In: Trybuna Ludu v. 31.05.1962.

[o. A.]: Nowa placówka kulturalna nad Nogatem. Dzieje dawnego województwa malborskiego. In: Głos Bałtycki v. 26.07.1960.

[o. A.]: Polski Starosta jadał obiady w Wielkim Refektarzu. Wystawa w Zamku Malborskim rozwieje fałszerstwa i mity niemieckiej propagandy. In: Wieczór Wybrzeża v. 9.07.1960.

[o. A.]: Szturm na Malbork. Co dla gości? In: Głos Wybrzeża v. 17/18.06.1972.

[o. A.]: Milionowy turysta w Malborku. In: Dziennik Bałtycki v. 17.07.1962.

[o. A.]: Turystyczny ruch w Malborku. In: Glos Wybrzeża v. 01.08.1961.

[o. A.]: Walka słowiaństwa z naporem germańskim. Wystawa w Zamku Malborskim. In: Trybuna Ludu v. 26.07.1960.

[o. A.]: Zabezpiecza się już spalone częsci zamku. In: Głos Wybrzeża v. 24.09.1959.

Barnaowski, Jerzy: Może Hermes uratuje Malbork, in: Sztandar Młodych v. 21.-22.10.1956.

Borowski, Jan: Brief an die Stadtverwaltung vom 20.09.1949. Archiwum Państwowe w Elblągu z siedzibą w Malborku, Nr. 63, 199, S. 80-81.
Gołubiew, Antoni: Mit o Drang nach Osten [Der Mythos vom »Drang nach Osten«]. In: Tygodnik Powszechny 9 (1960), S. 1-4.
K. K.: Czemu służyć ma teoria Drang nach Osten [Wem sollte die Theorie des »Dranges nach Osten« dienen]? In: Tygodnik Powszechny 17 (1960), S. 2.
Lorentz, Stanisław: O Malborku – prawda i mistyfikacja [Über die Marienburg – Wahrheit und Mystifizierung]. In: Nowa Kultura 51/52 (1959), S. 2-15.
Łabędzki, Z.: Karygodne niedbalstwo przyczyną pożaru Zamku w Malborku. In: Sztandar Młodych v. 18.09.1959.
Łabędzki, Z.: Odbudowany zamek musi mieć prawdziwego gospodarza. In: Sztandar Młodych v. 12.09.1959.
Łączyńska, Amelia (Hg.): Biuletyn Informacyjny Wydziału Kultury i Sztuki przy Urzędzie Wojewódzkim w Gdańsku Nr. 3 v. 09.1946. Heute in: Archiwum Państwowe w Elblągu z siedzibą w Malborku, Nr. 63/181.
Mamuszka, Franciszek: Ratujmy refektarz malborski. In: Rejsy v. 17.05.1953.
Michałowski, Stanisław Antoni: Śmierć zamku [Tod einer Burg]. In: Odra 12/13 (1948), S. 2.
Sas-Zubrzycki, Jan: Dwa zamki polskie w Malborku [Zwei polnische Burgen in der Marienburg]. Lwów 1930.
Sierecki, Sławomir: W twierdzy siedemnastu mistrzów. In: Głos Wybrzeża v. 18.12.1954.
Święcicki, B.W.: Droga do morza wiedzie również przez Malbork. In: Głos Wybrzeża v. 1/2.09.1962.
Zbierska, Eleonora: Perspektywy dla Malborka. In: Polska 6 (1973), S. 42-43.
Ziołowska, I.: Malbork święci swój dzień wyzwolenia [Die Marienburg feiert ihren Befreiungstag]. In: Dziennik Bałtycki 79 (1950), S. 3.

b) Forschungsliteratur

Fajt, Jiři / Hörsch, Markus (Hg.): Künstlerische Wechselwirkungen in Mitteleuropa. Ostfildern 2005 (= Studia Jagellonica Lipsiensia 1).
Fieguth, Gustav: Marienburg 1945. Kampf um Stadt und Burg. München 1985.
Kilarski, Maciej: Odbudowa i konserwacja zespołu zamkowego w Malborku w latach 1945-2000. Malbork 2007.
Knapp, Heinrich: Das Schloss Marienburg in Preußen. Quellen und Materialien zur Baugeschichte nach 1456. Lüneburg 1990.
Mierzwiński, Mariusz: Restitutio ad integrum. Refleksje z okazji 25-lecia Muzeum Zamkowego w Malborku [Restitutio ad integrum. Reflexionen zum 25. Jahrestag der Gründung des Marienburger Schlossmuseums]. In: Muzealnictwo 31 (1988), S. 36-48.
Mierzwiński, Mariusz: The Castle in Malbork and the Polish National Identity. In: Jahrbuch des Schleswig-Holsteinischen Landesmuseums Schloss Gottorf, N. F. 5 (1994-1995), S. 415-417.

Mierzwiński, Mariusz: Z posępnego notatnika [Aus einem düsteren Notizbuch]. In: Polityka 1 (1995), S. 4-5.

Mierzwiński, Mariusz: Zabezpieczenie zachodniego skrzydła Zamku Średniego w Malborku. In: Ochrona Zabytkow 2 /185 (1994), S. 123-137.

Mierzwiński, Mariusz: Zamek malborski w latach 1945-1960 [Die Marienburg in den Jahren 1945-1960]. In: Studia Zamkowe 1 (2004), S. 7-54.

Störtkuhl, Beate: Paradigmen und Methoden der kunstgeschichtlichen »Ostforschung« – der »Fall« Dagobert Frey. In: Born, Robert / Janatková, Alena / Labuda, Adam S. (Hg.): Die Kunsthistoriographien in Ostmitteleuropa und der nationale Diskurs. Berlin 2004, S. 155-172.

Torbus, Tomasz: »Uroczysty powrót sztandarów z Wawelu do Malborka« – uwagi do nazistowskiej sztuki propagandowej i stosunku do grunwaldzkiej historii. In: Nowacki, Dariusz (Hg.): »Na znak świetnego zwycięstwa.« W sześćsetletnią rocznicę bitwy pod Grunwaldem. Katalog wystawy 15.VII – 30.IX. 2010, Zamek Królewski na Wawelu. Kraków 2010, S. 207-220.

Torbus, Tomasz: Zwischen Sprengung und Modellbau. Vergleichende Anmerkungen zum Schutz des Kulturerbes in den polnischen so genannten »Wiedergewonnenen Gebieten« und den ehemals ostpolnischen Regionen nach 1945. In: Fajt, Jiři / Hörsch, Markus (Hg.): Künstlerische Wechselwirkungen in Mitteleuropa. Ostfildern 2005 (= Studia Jagellonica Lipsiensia 1), S. 427-448.

Waldorff, Jerzy: Kogo winić za tę hańbę? [Wer ist an dieser Schande schuld?] Polityka 44 (1994), S.20.

Woźniak, Michał: Die Wiederherstellung der Marienburg nach 1945. In: Architekturgeschichte und kulturelles Erbe (2006), S. 113-137.

Die Marienburg im Rahmen des europäischen Museumswesens

Lukas Aufgebauer / Izabela Mittwollen-Stefaniak

1. Institutioneller Rahmen

Die Marienburg, deren Errichtung in Etappen 200 Jahre gedauert hatte, wurde am Ende des Zweiten Weltkrieges innerhalb von nur sieben Wochen beinahe komplett zerstört. In den ersten Nachkriegsjahren war die Zukunft des Bauwerks bzw. der Ruinen umso unsicherer, als nicht nur die neuen polnischen Machthaber antideutsch eingestellt waren, sondern auch die polnischen Bewohner Malborks selbst – nach Aussagen einer der frühesten Mitarbeiterinnen des Museums, Eleonora Zbierska[1], – negative Konnotationen mit der Geschichte der Burg verbanden und sie als Bedrohung, als etwas Fremdes ansahen. Der Wiederaufbau der Burg kann und sollte somit als ein »Glücksfall« betrachtet werden – wie das Beispiel einer zweiten Residenz des Deutschen Ordens im heutigen Kaliningrad (Königsberg / Królewiec), welche einem sozialistischen Bau weichen musste, nur allzu deutlich vor Augen führt.

Während der ersten fünf Jahre nach dem Zweiten Weltkrieg wurden die Festungsruinen vom Warschauer Muzeum Wojska Polskiego verwaltet; später, bis etwa 1960, übernahm der Polnische Fremdenverkehrs- und Landeskundeverein die Verantwortung für die Burg.[2] Trotz des ansteigenden Tourismusverkehrs in den 1950er Jahren und den damit einhergehenden Bereinigungs- und Renovierungsmaßnahmen kann von einem planvollen Wiederaufbau der Burg bis Ende der 1950er / Anfang der 1960er Jahre nicht die Rede sein. Erst mit der Bildung eines Ehrenamtlichen Komitees für den Wiederaufbau der Marienburg, das aus lokalen Akteuren auf dem Gebiet der Kultur bestand, wurden sinnvolle konservatorische Maßnahmen zur Sicherung und Sanierung des Baudenkmals eingeleitet.[3]

Auf staatlicher Ebene fiel die Entscheidung für den Wiederaufbau der Burg erst im Jahre 1959, als nach einem verheerenden Brand die Einsetzung eines Verwalters und die Rekonstruktionsarbeiten beschlossen wurden.[4] Wenig später, am 13. September 1960, wurde das Schlossmuseum in Malbork mit dem Status eines zentralen Museums vom Kultur- und Kunstministerium ins Leben gerufen. Am 1. Januar 1961 wurden die Arbeiten aufgenommen, so dass dieses Datum als das eigentliche Gründungsdatum angesehen wird.[5] Als Einrichtung unterstand das Schlossmuseum unmittelbar dem Kulturministerium in Warschau.

Der Wiederaufbau erforderte nicht nur finanzielle Mittel und den Einsatz fachlich qualifizierten Personals, sondern auch viel Zeit und Geduld: Der Vorkriegszustand der Burg wurde erst Ende der 1980er Jahre annähernd erreicht.[6]

Von Seiten der kommunistischen Staatsführung sollte die wieder aufgebaute Burg ein Symbol der Bedrohung durch den (deutschen) Feind sowie seiner zerstörerischen und zerstörten Macht sein, doch bereits der erste Direktor des Museums, Janusz Raczyniewski, wusste Menschen wie die »Malborklegende« Maciej Kilarski (Kunsthistoriker, Konservator, Zeichner) – den Lehrer des heutigen Museumsleiters Mierzwiński – um sich zu scharen, die von der Schönheit des Bauwerks begeistert waren und durch das ideologische Vorhaben unbeeindruckt blieben, so dass das Museum von Anfang an ein multithematisches historisches Museum und zugleich ein Kunstmuseum war und bis heute – in seinem 50. Jubiläumsjahr – geblieben ist. Seine Hauptaufgaben werden im zentralen Statut wie folgt beschrieben: »Das Ziel des Museums ist [...] insbesondere die Sorge um den Erhalt der baulichen Substanz der zur Marienburg zugehörigen Denkmalobjekte als Denkmal der Geschichte und Architektur höchsten Ranges sowie als bedeutendes Element des Weltkulturerbes.«[7] Zu diesen Zwecken betreibt das Museum neben den notwendigen konservatorischen Maßnahmen auch wissenschaftliche Forschungen im Bereich der Archäologie des Werders und der Kunst- und Kulturgeschichte des Königlichen Preußens. Die Sammlung, der Schutz und die Sicherung, die wissenschaftliche Bearbeitung und die Präsentation alter und moderner Kunstwerke sind als zentrale Kennzeichen musealer Arbeit entsprechende Hauptaufgaben des Museums Malbork.[8]

Aus diesen Aufgabenfeldern ergibt sich die interne Gliederung der Verwaltungsebenen des Museums, an deren Spitze der Museumsleiter steht. Dieser wird von zwei stellvertretenden Leitern unterstützt, deren Aufgabenbereiche einmal in wissenschaftliche Angelegenheiten und Denkmalpflege einerseits sowie in Marketing und Verwaltung andererseits getrennt sind.[9] Diesen wiederum sind verschiedene Organisationseinheiten unterstellt; im wissenschaftlichen Bereich sind dies vier Kuratoren, denen die Verantwortung einzelner Aufsichtseinheiten obliegt (z. B. die Architekturkonservierung, d. h. die Denkmalpflege und die Inventarisierung). Der Verwaltungsbereich ist dagegen in einzelne Abteilungen gegliedert, die dem stellvertretenden Direktor direkt unterstehen – so z. B. die Werbeabteilung, das Konferenzzentrum oder die Wirtschaftsabteilung.[10]

Zum Museum gehört neben der Marienburg selbst seit 1973 auch das Museum in Kwidzyń / Marienwerder als eigene Abteilung und Außenstelle. Dieses ist zwar dem stellvertretenden Direktor für wissenschaftliche Angelegenheiten und Denkmalpflege des Museums Malbork unterstellt; innerhalb dieses Rahmens ist jedoch eine eigene Leitung verantwortlich für die Realisierung der planmäßigen Aufgaben der Abteilung und für die ordnungsgemäße Tätigkeit der ihr unterstellten Organisationseinheiten.[11]

Zudem sind weitere Einrichtungen in der Marienburg untergebracht, die als Abteilungen zum Museum gehören. Dies sind die wissenschaftliche Bibliothek, die Kunstwerkstatt, die Konservierungswerkstatt, die Stelle für Auslandszusammenarbeit und ein eigenes Verlagszentrum. Auch das Staatsarchiv Elbląg / Elbing befindet sich seit 1976 im Erdgeschoss und Untergeschoss des Hochmeisterpalastes im nordwestlichen Flügel des Mittelschlosses. Das Staatsarchiv ist jedoch nicht Teil des Museums, sondern eine eigenständige Institution zur Sammlung, Bewahrung, Konservierung und öffentlichen Nutzbarmachung der Archivalien der Wojewodschaft Elbląg. Die räumliche Angliederung an die verschiedenen Bereiche des Museums Malbork bietet den Vorteil der direkten Zusammenarbeit und der Möglichkeit gemeinschaftlicher Projekte.[12]

Die Finanzierung spielt für ein Museum eine wesentliche Rolle, denn sie gibt einen festen Rahmen vor, in dem Museumsarbeit tatsächlich stattfinden kann.[13] Dieser Aspekt grenzt die Möglichkeiten eines Hauses, in welcher Form und mit welchen Mitteln gesammelt, geforscht, bewahrt und vermittelt werden kann, deutlich ein. Die institutionelle Trägerschaft entscheidet daher zumeist darüber, wie viele finanzielle Mittel neben den Einnahmen aus Eintrittsgeldern und Museumsshops bereitstehen, wie sie eingesetzt werden können und über wie viel und welches Personal verfügt werden kann. Die Notwendigkeit für viele Museen auf der Basis öffentlicher Trägerschaften, zusätzliche Mittel aus der Wirtschaft oder auf der Grundlage von Fördervereinen oder Spenden zu erwirtschaften, beeinflusst den Spielraum der Tätigkeiten ebenfalls maßgeblich.[14] Als staatliches Museum ist die Marienburg in erster Linie auf eine staatliche Budgetierung angewiesen, die als eine Art »Grundversorgung« angesehen werden kann. Zu dieser Grundversorgung kommt in diesem speziellen Fall ein erheblicher Eigenanteil hinzu (ca. 53%), der sich aus Eintrittsgeldern und Einnahmen aus Museumsshops und Veranstaltungen zusammensetzt.[15] Die Höhe dieses Eigenanteils ist auch im internationalen Vergleich erstaunlich und zeigt die große Resonanz, die die Marienburg als Museum und Veranstaltungsort erfährt; jährlich besuchen immerhin über 400.000 Menschen die Einrichtung, wovon im Durchschnitt ca. ein Drittel auf die alljährlichen Festspiele entfällt.[16] Die Marienburg gehört damit zu den am meisten besuchten Baudenkmälern in Polen.[17]

Daneben werden regelmäßig Gelder der Europäischen Union eingesetzt; so wurden z. B. 2,65 Mio. Euro aus der European Economic Area

(EEA) und dem Norway Grant für Restaurierungsarbeiten in der Residenzanlage der Hochmeister im Mittelschloss eingeworben.[18] Daneben hat sich 2007 die Stiftung »Mater Dei« gegründet. Ihr »Ziel ist es, die notwendigen finanziellen Mittel zur Wiederherstellung der während des Zweiten Weltkrieges zerstörten mittelalterlichen Figur der Gottesmutter – der Schutzpatronin und Namensgeberin der Marienburg – zu sammeln und damit die östliche Fassade des Marienburger Schlosses in alter Pracht und neuem Glanz erscheinen zu lassen«[19]. Zu solchen finanziellen Unterstützungen tragen auch immer wieder Sponsoren und private Spenden bei.

Gleichzeitig hat sich das Museum Malbork auch international vernetzt. Bereits 1991 wurde »The Association of Castles and Museums around the Baltic Sea« in Malbork gegründet. Die Initiative hierzu ging ein Jahr früher vom Museumsleiter Mariusz Mierzwiński aus. Dem Bund gehören neun Länder an: Polen, Deutschland, Dänemark, Schweden, Finnland, Russland, Estland, Lettland, Litauen. Die Vereinigung möchte die Zusammenarbeit der beteiligten Länder fördern und das Verständnis für das kulturelle Erbe zwischen Schlössern und Museen rund um die Ostsee allgemein erhöhen. Dazu wird angestrebt, ein Netzwerk für Lehre und Forschung unter Kollegen, die ähnliche Bauwerke, Museen und Sammlungen verwalten, zu errichten. Die sechs Säulen des Vereins sind daher Forschung, Bildung, Sanierung, Management, Marketing und Tourismus.[20]

2. Einordnung in die europäische Museumslandschaft

Die für deutsche Verhältnisse ungewöhnlich deutliche Betonung der Aspekte von Marketing und Tourismus zeigen, dass das Museum Malbork auch im Rahmen seiner internationalen Kooperationen modern ausgerichtet ist. Dies entspricht grundlegenden Tendenzen, die in ganz Europa spürbar sind. Im Grunde wird in den letzten 15 bis 20 Jahren das klassische Bild des Museums als einer passiven geschichtskulturellen Institution zum Sammeln und Bewahren von Kulturgegenständen in vielen Fällen durch das einer »kreativen Institution« (»instytucji kreatywnej«[21]) ersetzt. Kreativ wird das Museum, wenn es an einem bestimmten Ort, in einer spezifischen Region oder einem konkreten Land Bildung mit Unterhaltung verbindet und dadurch die Entstehung neuer Kultur- und Bildungsformen stimuliert. Gleichzeitig betreibt es weiterhin wissenschaftliche Forschung auf entsprechenden Gebieten und spielt eine wichtige soziale Rolle – nicht zuletzt trägt es durch seine vielfältigen Lernortfunktionen auch zur Bildung von Identitäten bei und fördert die Entwicklung des kulturellen und bildenden Tourismus. Diese Öffnung in neue Bereiche, vor allem in Richtung Tourismus und damit Kommerz, ist jedoch verstärkt auch ökonomischen Vorgaben geschuldet; gerade in Deutschland wird von Seiten der Museen häufig auf die schrumpfenden öffentlichen Mittel und den damit einhergehenden Zwang zur Akquise aus anderen Quellen verwiesen.[22]

Als einer der wichtigsten Bereiche hat sich daher ein gutes Vermittlungsangebot herauskristallisiert, das besonders Schulen als Multiplikatoren einschließt, über die »Bildungselite« als typische Hauptzielgruppe hinausgeht und versucht, Unterhaltung mit Bildung zu verbinden (»Edutainment«).[23] Museumsnächte oder spezielle Museumsfeste, Mittelaltermärkte, Beteiligung an Stadtfesten, Konzertangebote, Theaterkooperationen, Vortragsreihen, Kinovorführungen und andere Events sollen öffentlichkeitswirksam die Museen in der Gesellschaft verankern und als feste kulturelle Größe etablieren. Eduard Beaucomp kritisierte die Entwicklung bereits 2001: »Die Häuser sehen ihr ungewisses Glück im möglichst engen Bündnis mit einem zeitgenössischen kommerziellen Schaugewerbe.«[24]

In Malbork zeigt sich dieser Trend in der seit 2000 jährlich stattfindenden »Belagerung Malborks«. Dieses Spektakel wird als »Bildungsaktionsveranstaltung« beworben und soll eine der größten Freilichtinszenierungen der Wojewodschaft Pommern mit über 350 Darstellern sein.[25] Die mehr als 600 Jahre zurückliegenden Ereignisse um die Schlacht von Grunwald / Tannenberg und die Belagerung der Marienburg werden hier z. T. durch namhafte polnische Schauspieler vor der Originalkulisse der Burg nachgestellt. Rund um dieses Spektakel finden diverse andere Shows und Aktionen statt, so z. B. »Magic Malbork«, eine künstlerische Inszenierung in der Burg mit Musik, Tanz, Bildern und Licht zur Geschichte der Festung.[26] Diese Veranstaltungen und Aktionen erfreuen sich großer Beliebtheit und hoher Besucherzahlen, sorgen daher für einen hohen Bekanntheitsgrad, für Mundpropaganda, Medienpräsenz und zusätzliche Einnahmen, wodurch die Grundsicherung des Museums zusätzlich aufgestockt werden kann, was im Endeffekt auch den wissenschaftlich-künstlerischen Projekten zugute kommt.

3. Umsetzung

Das Kerngeschäft des Museums ist die Dauerausstellung in der Burg selbst. Die ursprüngliche Grundausrichtung von 1961 (d. h. die Angelegenheiten des Wiederaufbaus, der Einrichtung und entsprechenden Erhaltung der Burg[27]) spiegelt sich noch heute in der Konzeption des Museums wider, die allerdings – auch schon durch das Ende des Ostblocks – seit 1990 einige Wandlungen durchlaufen hat. Die aktuelle Dauerausstellung orientiert sich jedoch nach wie vor an der Grundausrichtung und verbindet dabei folgende Bereiche miteinander: 1. Rekonstruktion des Gebäudekomplexes, 2. die Burg als Wirtschafts- und Lebensraum, 3. die militärische und politische Funktion als Sitz des Deutschen Ordens und des polnischen Königs, 4. die Burg als religiöses und kulturelles Zentrum des ehemaligen Territoriums Preußen und Pommern.[28]

Der große Vorteil der Marienburg liegt auf der Hand: Als historischer Erinnerungsort zeigt sie auf vielfältige und vielschichtige Weise die Geschichte der gegenseitigen Beziehung zweier Nationen, die sich hier ablösen, teils überlagern, aber auch verbinden. Im Begleitbuch ergänzt Mariusz Mierzwiński die musealen Bereiche um aktuelle, gesellschaftlich-kulturell relevante Funktionen: »Die Burg ist heute Sitz eines lebendigen Museumszentrums, [...] Treffpunkt für Menschen aus Wissenschaft und Kultur, Journalisten und Politiker, sie ist Drehort neu entstehender Filme und häufig organisierter Konzerte.«[29] In diesem Satz zeigt sich der über die reine Musealisierung hinausweisende Anspruch, den das Museum erhebt. Wie aber geht das Museum als historischer Erinnerungsort mit solch vielfältigen Facetten um? Wie zeigen sich diese Ansprüche dem Besucher innerhalb des Rundgangs durch die weitläufige Burganlage? Wie wird die Anlage als architektonische Quelle mit ihrer Funktion eines symbolischen Erinnerungsortes verknüpft?

Es ist sinnvoll, die Beobachtungen bei der »Hülle« des Museums, der Burganlage als Gebäude und als Raum, zu beginnen.[30] Dieser Raum ist als Burg an sich zugleich selbst Bedeutungsträger, in dem »die Ausstellungsobjekte und die Gestaltungsmittel [...] zu Zeichen [werden], die auf konkrete Inhalte und auch weniger bestimmte Bedeutungen verweisen«[31]. Dies geschieht – grob gesagt – durch die Anordnung und Kontextualisierung von Exponaten im konkreten umgebenden Raum, die besonders durch den Einsatz von Texten in Form von Beschriftung oder Audioguide möglich ist.

Mit eben solch einem Audioguide beginnt auch der Rundgang der Besucher durch die Marienburg. Der Guide ist mehrsprachig, leicht zu bedienen und weist klar strukturierte, einfach zu verstehende Texte auf. Die Besucher werden so mit allgemeinen Informationen versorgt, an ausgewählten Stellen jedoch auch auf spezielle Hintergründe aufmerksam gemacht, die immer wieder durch Quellenzitate angereichert werden.

Der Rundgang ist dabei ebenso klar wie funktional aufgebaut:[32] Die Besucher kommen durch den Eingang in das Mittelschloss, also in das Herz der Burg, um von dort aus dann von innen nach außen einmal durch die erhaltene Anlage zu gehen. Zuerst werden sie durch das Mittelschloss geleitet und erkunden dann das Hochschloss, danach die Hochschlossumgebung und schließlich den Hochmeisterpalast und den Ostflügel des Mittelschlosses. Dieser Rundgang ist geschickt gewählt: Er führt räumlich betrachtet vom Kern zur äußeren Hülle – und damit wieder hinaus.

Jeder Raum innerhalb der Burganlage ist nummeriert und benannt. Die Besucher erhalten am Eingang einen gut gestalteten Übersichtsplan, der den Audioguide ergänzt, dessen Beiträge mit der Nummerierung des Plans und der Räume übereinstimmen. So erschließt sich den Besuchern die Funktion der Burg bereits grob aus ihren einzelnen, funktional benannten Teilen als Gesamtkomplex; zugleich sind einzelne Räume mit spürbar bedachtsam ausgewählten Exponaten angereichert. Diese Anreicherung folgt dreierlei Mustern:

- Einmal sind einzelne, in ihrer Bedeutung zentrale Räume ihrer ursprünglichen Funktion gemäß mit mehr oder weniger entsprechenden Exponaten angereichert (so z. B. die Gemächer der Würdenträger oder die Remter).
- Weiterhin finden sich Räume mit Texten, Abbildungen und Überresten zur Geschichte des Bauwerks, zu früheren Umbauphasen und zur Restaurierung.
- Drittens sind einzelne Räume mit künstlerisch-thematischen Sammlungen belegt.

Durch diese Staffelung ist es zugleich möglich, zentrale Orte in Funktion und Bedeutung zu erklären sowie durch die flankierenden Ausstellungen Aspekte und Themenbereiche, die nicht dezidiert räumlich gebunden sind, ergänzend einzubauen.

Dabei wird gezielt der vielschichtige Bedeutungswandel der Burg in den unterschiedlichen Epochen transparent gemacht. Die symbolischen Bedeutungen der Marienburg werden im Wandel der Zeit und im Wechsel der Besitzer erklärt, rekonstruiert und einander ergänzend vorgestellt. Dies beugt neuerlichen Mythifizierungen und Vereinnahmungen der Burg vor, da die jeweiligen Motive für diese Bedeutungszuschreibungen neutral und sachlich offengelegt und dadurch zugleich demaskiert werden. Diese Demythifizierung gehört zu den großen Stärken und Verdiensten des Museums und ist die Voraussetzung dafür, dass Museum und Burg als europäischer Erinnerungsort auch in Form eines »Gedenkorts gegen nationalistische Abgrenzung«[33] wahrgenommen werden können.

Besonders hervorzuheben ist die hohe Selbstreflexivität hinsichtlich der Rekonstruktion bzw. der Restaurierung. Die Besucher werden an vielen Stellen auf ältere und neuere Ergänzungen, unsichere Überlieferungen, bauliche Kompromisse oder besonders gelungene Teile hingewiesen; der vermutliche Urzustand wird erklärt und die herausragende Originalsubstanz herausgestellt. Dadurch ergibt sich sukzessive ein recht genaues Bild davon, was in welcher Epoche trotz der schweren Zerstörungen an originaler Substanz erhalten ist bzw. ergänzt oder rekonstruiert wurde.

Im Keller wird ein innovativer Weg eingeschlagen, indem die baulichen Ergänzungen teilweise in Form einer eingezogenen Treppe ganz offen als moderne Elemente kenntlich gemacht werden. Dies geschieht vor allem durch Licht und Material, so z. B. blaues Neonlicht, Stahltreppen und moderne Kunststoff- bzw. Glasböden, wobei die Originalböden aus Ziegelsteinen akribisch restauriert wurden und weiterhin genutzt werden.

Dieser künstlerisch-verfremdende Effekt bildet jedoch die Ausnahme. Hervorzuheben ist noch das stark geförderte und ausdrückliche »Sammeln, der Schutz und die Sicherung, die wissenschaftliche Bearbeitung und Zurschaustellung alter und moderner Kunstwerke«[34]. Dieser im Selbstverständnis des Museums als Kultureinrichtung zentrale Aspekt zeigt sich in den zahlreichen Sammlungen, in denen Kunst und Geschichte verbunden und kulturhistorisch fruchtbar gemacht werden sollen. So weist z. B. die Bernsteinsammlung über den rein künstlerischen Anspruch hinaus auf die wirtschaftlichen und damit auch machtpolitischen Zusammenhänge hin, die in der Marienburg zusammentreffen. Dieser künstlerische Impetus ist grundlegend für das Selbstverständnis des Museums, da die ersten Konservatoren keine Historiker, sondern Archäologen und Kunsthistoriker waren. Daher ist die Burg eher als künstlerisch-ästhetische Manifestation von Geschichte zu verstehen, was – wie eingangs erörtert – auch in den Gründungsstatuten zum Ausdruck kommt. Als geschichtskulturelle Institution[35] ist das Museum Malbork bemerkenswert, da es in allen drei Dimensionen des klassischen Modells der Geschichtskultur von Jörn Rüsen[36] gleichermaßen deutlich vertreten ist: als Erinnerungsort und europäische Begegnungsstätte in der politischen Dimension, als Lernort und wissenschaftliche Einrichtung in der kognitiven Dimension und als kunst- und kulturhistorisches Museum in der ästhetischen Dimension. Das Bildungsangebot des Museums unterstreicht diese Vielfalt, bei der die Aktivität der Schüler gefördert und die Neugier geweckt werden sollen[37] – dazu werden Aktionen angeboten, die von Erkundungsgängen über Verkleidungsaktionen zwar vielfältige spielerische Zugänge bereitstellen, diese jedoch nach Angaben des Museums stets an vorhandene Impulse aus der baulichen Substanz oder den Sammlungen anknüpfen. In den höheren Schulstufen (hier besonders für die Gymnasien) werden z. B. Angebote zu bildlicher Symbolik in mittelalterlichen Gebäuden oder zu den Auswirkungen des Dreißigjährigen Kriegs gemacht, bei denen die Funktion und Rolle der Marienburg unter dem Deutschen Orden oder im 17. Jahrhundert erarbeitet werden sollen.[38]

4. Konklusion

Das Museum in Malbork reicht in seinen Aktivitäten weit über den reinen historischen Erinnerungsort oder das puristische Historische Museum hinaus. Insofern kann es als lebendiges Museum, als lebendiger Erinnerungsort verstanden werden, der sich innerhalb der Gesellschaft verortet. Dazu werden nicht nur die klassischen musealen Aufgaben wahrgenommen, sondern es wird zusätzlich ein breites Kulturangebot entfaltet. Offenbar geht dieses Konzept – das an das Motto »Event zieht – Inhalt bindet«[39] erinnert – in Malbork auf. Die im europäischen Kontext zu verstehende Lösung der Museen aus einer als elitär empfundenen Hochkultur und ihr Transfer in einen Ort der Unterhaltung im zweifachen Sinne (sich unterhalten als intellektueller Austausch und sich unterhalten zur Freude und zum Spaß), als Institution von Erlebnisorientierung, diese Lösung schreitet offenbar auch in Malbork unaufhaltsam voran. Diese Entwicklung sollte insofern kritisch gesehen werden, dass der inhaltliche Anspruch auf Bildung nicht durch oberflächliche Unterhaltung im Sinne reinen Spektakels vernachlässigt werden darf.

Diese auf die Besucherbedürfnisse abzielende Entwicklung scheint in Malbork jedoch keine spürbaren Auswirkungen auf das museale Kerngeschäft zu haben. Vielmehr zeigt sich in der Ausstellung eine klare, einfache und dennoch clever strukturierte Vermittlungsstrategie, die auch die besonderen räumlichen Bedingungen zu nutzen versteht. So können Besuchergruppen jeder Art »bedient« werden, ohne inhaltliche Abstriche machen zu müssen. Die kulturellen Großereignisse wie die Belagerung oder die »Internationale Biennale für zeitgenössische Kleinkunst«[40] sind damit zwar inhaltlich verbunden, formal jedoch auf die Bedürfnisse eines eher touristisch geprägten Publikums ausgerichtet. Finanziell kommt dies dem Museum zugute – und damit auch der wissenschaftlichen Arbeit. So bleibt zu hoffen, dass das Spektakel nicht überhand gewinnt und die Marienburg als Erinnerungsort, Museum, Kultureinrichtung und Begegnungsstätte mehr als nur ein touristischer Magnet bleibt.

Anmerkungen

[1] Vgl. Dokumentation.
[2] Ebd. Dazu auch: Jackiewicz-Garniec, Burgen, S. 252.
[3] Vgl. Dokumentation.
[4] Ebd.
[5] Vgl. Jackiewicz-Garniec, Burgen, S. 253.
[6] Vgl. Dokumentation.
[7] Statut, Abschnitt II, § 6 (Übersetzung I. M.-S.).
[8] Vgl. Statut, Abschnitt II, § 7. Dazu auch: http://www.zamek.malbork.pl/index.php?p=muzeum&a=historia&aid=3 (01.07.2012).
[9] Vgl. Regulamin organizacyjny, § 3.
[10] Schemat (Organigramm des Burgmuseums in Malbork). Dazu auch: Statut, Abschnitt IV und V.
[11] Vgl. Regulamin organizacyjny, § 12 und § 15.
[12] Vgl. http://www.elblag.ap.gov.pl/pl/glowna_pl.htm (03.07.2012).
[13] Vgl. nach wie vor Kriss-Rettenbeck, Problem, S. 116f.
[14] Vgl. hierzu vor allem Bollmann, Möglichkeiten, S. 115f.
[15] Dazu auch: Statut, Abschnitt VI.
[16] Vgl. Byszewska-Dawidek, Krajowy rynek, S. 17. Siehe dazu auch: Besucherstatistik.
[17] Vgl. Byszewska-Dawidek, Krajowy rynek, S. 66.
[18] Vgl. http://www.zamek.malbork.pl/index.php?p=informacje&aid=60&lang=de (03.07.2012).
[19] http://www.materdei.org.pl/index.php?lang=de (03.07.2012).
[20] Vgl. http://www.visitcastles.eu/about-us/ (03.07.2012).
[21] Vgl. Folga-Januszewska, Muzea, S. 35.
[22] Vgl. hierzu allgemein Rohde, Museumsmarke; vgl. ebenfalls Vieregg, Gedanken, S. 35.
[23] Vgl. Commandeur / Dennert, Einleitung, S. 9.
[24] Beaucomp, Bildersturm, S. 49.
[25] Vgl. http://www.zamek.malbork.pl/index.php?p=wydarzenia&aid=54 (26.06.2012).
[26] Vgl. http://www.magicmalbork.pl/ (26.06.2012).
[27] Vgl. Statut, Abschnitt II, § 7.
[28] Vgl. Dokumentation.
[29] Mierzwiński, Reiseführer, S. 13.
[30] Zum musealen Raum vgl. nach wie vor allgemein Paul, Räume.
[31] Scholze, Kultursemiotik, S. 129.
[32] Die einzelnen Räumlichkeiten und Ausstellungen des Museums können im Internet unter http://www.zamek.malbork.pl/index.php?p=muzeum (26.06.2012) betrachtet werden.
[33] Kotte, Erinnerungsort, S. 248.
[34] http://zamek.malbork.pl/index.php?p=muzeum&a=historia&aid=3 (26.06.2012).
[35] Vgl. zum Museum als geschichtskulturelle Institution Schönemann, Museum, S. 25.
[36] Vgl. zum Konzept von Geschichtskultur vor allem Rüsen, Geschichtskultur, S. 11-13; vgl. ebenfalls Schönemann, Geschichtskultur, hier besonders S. 46.
[37] Vgl. http://www.zamek.malbork.pl/index.php?p=muzeum&a=edukacja&aid=1 (26.06.2012).
[38] Vgl. zum gesamten Bildungsangebot http://www.zamek.malbork.pl/index.php?p=muzeum&a=edukacja&aid=2 (26.06.2012).
[39] So der programmatische Titel des von Commandeur / Dennert herausgegebenen und vielbeachteten Sammelbandes.
[40] Vgl. hierzu http://www.zamek.malbork.pl/index.php?p=wydarzenia&aid=29 (26.06.2012).

Literaturverzeichnis

a) Quellen

Statut des Museums Marienburg. Zarządzenie Nr. 37 Ministra Kultury z dnia 10 czerwca 2002 r. w sprawie nadania statutu Muzeum Zamkowemu w Malborku (Anordnung Nr. 37 des Kulturministers vom 10. Juni 2002 in der Sache der Verleihung eines Status an das Burgmuseum Malbork).

Regulamin organizacyjny Muzeum Zamkowego w Malborku. Załącznik do Zarządzenia Nr. 19/2004 (Organisationsordnung des Burgmuseums in Malbork. Anlage zur Anordnung Nr. 19/2004).

Schemat organizacyjny Muzeum Zamkowego w Malborku (Organigramm des Burgmuseums in Malbork), vom Muzeum Zamkowe w Malborku zur Verfügung gestellt.

Besucherstatistik 2005-2010, vom Muzeum Zamkowe w Malborku zur Verfügung gestellt.

b) Forschungsliteratur

Beaucamp, Eduard: Der neue Bildersturm. Schützt die Museen vor dem Zeitgeist. In: Frankfurter Allgemeine Zeitung vom 07.09.2001, S. 49.

Bollmann, Beate: Möglichkeiten und Grenzen der Einwerbung von Geldern für Museen und Ausstellungen. In: Herget, Beate / Pleitner, Berit (Hg.): Heimat im Museum? Museale Konzeptionen zu Heimat und Erinnerungskultur in Deutschland und Polen. München 2008, S. 115-124.

Byszewska-Dawidek, Maria / Kulesza, Iwona: Krajowy rynek atrakcji turystycznych (na podstawie badań ankietowych przeprowadzonych w wybranych atrakcjach turystycznych). Warszawa 2004.

Commandeur, Beatrix / Dennert, Dorothee: Einleitung. In: Commandeur, Beatrix / Dennert, Dorothee (Hg.): Event zieht – Inhalt bindet. Besucherorientierung von Museen auf neuen Wegen. Bielefeld 2004, S. 9-10.

Dokumentation zum 50. Jubiläum des Burgmuseums in Marienburg (50-lecie powstania Muzeum Zamkowego w Malborku). In: http://www.zamek.malbork.pl/index.php?aid=39&p=wydarzenia (01.07.2012).

Folga-Januszewska, Dorota: Muzea w Polsce 1989-2008. Stan, zachodzące zmiany i kierunki rozwoju muzeów w Europie oraz rekomendacje dla muzeów polskich. Warszawa 2008 (= Raport opracowany na zlecenie Ministerstwa Kultury i Dziedzictwa Narodowegeo, jako jeden z Raportów o Stanie Kultury). In: http://www.kongreskultury.pl/title,Raport_o_muzeach,pid,137,oid,789,cid,113.html (26.06.2012).

Jackiewicz-Garniec, Małgorzata / Garniec, Mirosław: Burgen im Deutschordensstaat Preußen. Pomesanien, Oberland, Ermland, Masuren. Olsztyn 2009.

Kotte, Eugen: Vom Erinnerungsort zum außerschulischen Lernort: Die Marienburg in Polen. In: Hasberg, Wolfgang / Weber, Wolfgang E. J. (Hg.): Geschichte entdecken. Karl Filser zum 70. Geburtstag. Berlin 2007, S. 243-284.

Kriss-Rettenbeck, Lenz: Das Problem großer historischer Ausstellungen. In: Museumskunde 45 (1980), S. 115-133.

Mierzwiński, Mariusz: Burg Marienburg. Illustrierter Reiseführer. Warszawa 2010.

Paul, Stefan: Kommunizierende Räume. Das Museum. In: Geppert, Alexander C. T. / Jensen, Uffa / Weinhold, Jörn (Hg.): Ortsgespräche. Raum und Kommunikation im 19. und 20. Jahrhundert. Bielefeld 2005, S. 341-357.

Rohde, Thomas: Museumsmarke und Markenpersönlichkeit. Die Konzeption der besucherorientierten Markenpersönlichkeit von Kunstmuseen. Marburg 2007.

Rüsen, Jörn: Was ist Geschichtskultur? Überlegungen zu einer neuen Art, über Geschichte nachzudenken. In: Füßmann, Klaus / Grütter, Heinrich Theodor / Rüsen, Jörn (Hg.): Historische Faszination. Geschichtskultur heute. Köln / Weimar / Wien 1994, S. 3-26.

Scholze, Jana: Kultursemiotik: Zeichenlesen in Ausstellungen. In: Baur, Joachim (Hg.): Museumsanalyse. Methoden und Konturen eines neuen Forschungsfeldes. Bielefeld 2010 (= Kultur- und Museumsmanagement), S. 121-147.

Schönemann, Bernd: Geschichtskultur als Wiederholungsstruktur? In: Geschichte, Politik und ihre Didaktik 34 (2006), S. 182-191.

Schönemann, Bernd: Museum als Institution für Geschichtskultur. In: Hartung, Olaf (Hg.): Museum und Geschichtskultur. Ästhetik – Politik – Wissenschaft. Bielefeld 2006, S. 21-30.

Vieregg, Hildegard: Gedanken zum Status des Museums zwischen Wissenschaft und Publikum. In: Vieregg, Hildegard (Hg.): Studienbuch Museumswissenschaften. Impulse zu einer internationalen Betrachtung. Baltmannsweiler 2007, S. 33-36.

Symbolik und Repräsentationen der Marienburg: Rivalität – Konfrontation – Kooperation. Bilanzierende Gedanken

Udo Arnold

Ein solcher Tagungstitel weckt Neugier, fragt man sich doch, wie der Untertitel abgedeckt werden soll. Nun, die Ausfüllung des Programms mit Referenten lieferte weder Rivalität noch Konfrontation, sondern beste Kooperation über die Grenzen: Polen, Litauer und Deutsche widmeten sich einem Bauwerk, dessen Name seit der Übersiedlung des Hochmeisters des Deutschen Ordens von Venedig auf die Marienburg im Jahre 1309 für alle drei Nationen wesentliche Bedeutung gewann. Denn das Territorium, dessen politisches Zentrum die Marienburg von nun an bilden sollte, spielte im Mittelalter für Litauen wie für Polen als unmittelbare Nachbarn und für das Heilige Römische Reich als personale Etappe des auf der Kreuzzugsideologie des 12. und 13. Jahrhunderts aufbauenden Gemeinwesens Preußen eine jeweils unterschiedliche, jedoch für alle drei gleichermaßen bedeutsame Rolle. Diese, wenngleich sich wandelnde Bedeutsamkeit sollte sie in den folgenden neuzeitlichen Jahrhunderten nicht verlieren, auch wenn ihr Schicksal Höhen und Tiefen der eigenen Existenz über die Fastzerstörung bis zum UNESCO-Weltkulturerbe erlebte, vor allem aber auch ihre Aneignung als Objekt politischer Auseinandersetzungen in Zeiten, als ihre Erbauer längst nicht mehr ihre Eigentümer waren.[1]

Gerade bei einem solchen Bau, der größten Landburg Europas, sollte man von einer hervorragenden Erforschung ihrer Bau- und Funktionsgeschichte ausgehen können. Doch dem stand die ideologische »Nutzung« der Burg im Wege, es ist noch immer viel zu tun.

Klaus Militzer legte die mittelalterliche Realitätsgrundlage für diese Tagung und zeigt die allmähliche Entwicklung der Marienburg zu einer politischen Zentrale des Landes, die sich aber auch unter Hochmeister Luther von Braunschweig seiner Herkunft entsprechend mit einem »Hauch von Musen« umgab. Der wirtschaftliche Ausbau garantierte ein fürstliches Leben, wie ein Landesherr es allein schon aus repräsentativen Gründen benötigte – in ihrer nur ein gutes Jahrhundert währenden Hochzeit bildete die Marienburg eine bedeutende Fürstenresidenz. Darauf beruhte ihre Bedeutung, dementsprechend erfuhr sie ihren Ausbau, und in dieser Form wurde sie im 19. und 20. Jahrhundert restauriert und mythifiziert. Knapp 150 Jahre Hochmeisterresidenz verleihen ihr bis heute nicht nur das Erscheinungsbild, sondern auch die stark wechselnde Interpretation jener Bedeutung – alle späteren Besitzer konnten dort nur epigonenhaft auftreten.

Bernd Ulrich Hucker versucht eine Einbettung der Gründung und weiteren Ausbreitung des Deutschen Ordens in die imperiale Programmatik des ausgehenden 12. und der ersten Hälfte des 13. Jahrhunderts, damit wichtige Diskussionspunkte der jüngsten Forschung berührend, etwa die Datierung des kaiserlichen Privilegs von Rimini 1226 oder 1235[2] oder die von ihm sehr früh angesetzte Gründung des Dobriner Ordens 1209/10[3]. Sein Beitrag dürfte weitere Diskussionen befördern.

Andrzej Kopiczko wendet sich für die Frühe Neuzeit, also die polnische Zeit, einem Kapitel zu, das für die vorhergehende Ordenszeit sehr oft übersehen wird, auch wenn der Deutsche Orden ein geistlicher Orden war: dem geistlichen Leben in der Burg. Von Anbeginn an war die Marienkapelle das geistliche Herz der Burg, eine ganze Reihe anderer geweihter Orte standen an ihrer Seite. Für das 16. bis 18. Jahrhundert werden sie jetzt in sehr erfreulicher Form vorgestellt, allen voran die bereits vom Orden gestiftete Pfarrkirche St. Johann, sodann ihre Filialen St. Marien im Schloss, St. Lorenz in der Vorburg und die Hospitalkirche zum Hl. Geist sowie weitere Kapellen. Gegensätze der drei Konfessionen, aber auch die unterschiedlichen Nationalitäten und Sprachen der Bürger lassen sich an der Frage der geistlichen Betreuung vom Autor gut aufzeigen, Baunachrichten entnimmt er den Visitationsberichten, ebenso geht er den liturgischen Fragen nach. Beachtenswert ist das gute Klima zwischen Lutheranern und Katholiken bei Ablehnung der Kalvinisten und Mennoniten. Hier wird eine deutliche Forschungslücke souverän geschlossen. Zentral in ihrer symbolischen Bedeutung blieb allerdings die Marienkapelle im Schloss, und es wundert nicht, dass die Form ihres Wiederaufbaus erst jetzt intensiv diskutiert und zu einem Abschluss gebracht wird, innen wie außen, denn die Wiederherstellung der Marienfigur in der äußeren Apsisnische mithilfe eines eigens dafür gegründeten Vereins »Mater Dei« stellt die Symbolik der *terra sanctae Mariae* des Deutschen Ordens erneut in einen sichtbaren Kontext.

Christine Vogel macht den zeitlichen Vorlauf deutlich, bevor es zum nationalen deutschen Symbol Marienburg kam. Es gab keine Kontinuität aus der Frühen Neuzeit, denn die Burg hatte zwar Funktionen als Zentrum landständischer politischer Kultur im Königlichen Preußen, doch das polnische Königtum inszenierte sich dort nicht, sondern wählte das eigentliche Machtzentrum Danzig, das auch die Präsentation zeitgenössischer Geschichtskultur im Königlichen Preußen dominierte. Erst als nach der

Ersten Polnischen Teilung 1772 Friedrich II. die Huldigung der Stände entgegennahm, rückte die Burg wieder in den Vordergrund – doch lag darin schon ein Symbolcharakter? Schließlich hatte Friedrich die Bezugnahme auf die Ordensvergangenheit des nun wieder mit dem Herzogtum Preußen »vereinten« Landes ausdrücklich untersagt, war es doch innerhalb des Deutschen Reiches bei der Fortexistenz des Ordens in regionaler Gemengelage mit dem fränkischen Besitz der Brandenburger und der ebenfalls fortdauernden Ansprüche des Ordens auf sein ehemaliges Territorium Preußen alles andere als opportun, damit zu argumentieren.[4]

Erst in der Phase des Wiederaufbaus des preußischen Staates nach der Ära Napoleons rückte die Burg ins Bewusstsein als preußisches »National Monument«, ausgehend von Theodor von Schön als regionalem Oberpräsidenten und Karl Friedrich Schinkel als symbolisierendem Architekten, der diesen Ansatz bereits bei der Stiftung des Eisernen Kreuzes 1813 realisiert hatte. Jan Werquet zeigt die Entwicklung der Burg zum Geschichtsdenkmal auf, das nationale Identität stiften, aber auch königliche Herrschaft inszenieren sollte. Vergangenheit verklärt und Ideologie der Gegenwart begreifbar gemacht in architektonisch-ausgestalterischer Verbindung – so könnte man das Programm vielleicht beschreiben. Hier wird der entscheidende Umschlag zum politischen Symbol erkennbar. Wenn das gespiegelt wird auf dem Hintergrund eines von Preußen mit-geteilten Polen, dann wird die weitere Entwicklung der Burg als stellvertretendes Objekt nationaler Gegensätze bis weit ins 20. Jahrhundert hinein nur zu verständlich.

Neben die Diskussion um und die Realisierung der frühen Burgrestaurierung traten eine Vielzahl schriftlicher Äußerungen wissenschaftlicher wie belletristischer Natur seit Beginn des 19. Jahrhunderts, von Eugen Kotte bis in die 1880er Jahre vorgestellt. Sein Beitrag ist mit dem vorhergehenden eng verzahnt zu lesen und macht die Marienburg als »Denkmal preußisch-deutscher Größe« verständlich, die in den Fokus (preußisch-) deutsch-polnischer Gegensätze gerückt wurde – schließlich hatte Preußen seit 1871 die Führung des neuen deutschen Kaiserreiches inne, Preußen ging in Deutschland auf, wie oft behauptet worden ist. Das gedruckte Wort wirkte, und hier ist die eigentliche Bedeutung zu sehen, in seiner weiten Verbreitungsmöglichkeit noch intensiver als die architektonische Wiederauferstehung der Burg, die letztlich nur wenige aus eigener Anschauung erleben konnten. Ergänzend ist Sigita Barniškienes Beitrag über Ernst Wicherts Marienburg-Darstellung in seinem *Heinrich von Plauen* zu lesen. Seinen Roman kannte jeder gebildete Ostpreuße, und auch im Reich fand er Verbreitung.

Christoph Kienemann wendet sich der Erhöhung der Marienburg »zu einem Mythos im Dienste des Nationalismus« in seiner politisch-sozialen

Funktion über den Weg der Stereotypenbildung zu. Dabei steht die Burg allenfalls als *pars pro toto,* denn im Wesentlichen ging es um die Sicht auf den Deutschen Orden als historischen Vorläufer des preußischen und später deutschen Staates, um das Konstrukt einer ungebrochenen Kontinuität. Das Stereotyp des Bollwerks gegen das Slawentum spielte dabei eine Rolle, bereits in den 30er Jahren des 19. Jahrhunderts wie auch unter Kaiser Wilhelm II. Allerdings, das wäre zu ergänzen, argumentierte damit schon der Deutsche Orden auf dem Konstanzer Konzil zu Beginn des 15. Jahrhunderts wie auch ein Jahrhundert später in Livland gegenüber dem Druck aus Moskau[5], und auch das Polen des 16. Jahrhunderts empfand sich als »Antemurale«; die eigene Besserstellung gegenüber dem politischen Gegner war mit einer solchen Sicht stets verbunden.

Nach so viel preußischer und deutscher Sicht kommt mit Christoph Garstka auch die polnische literarische Sichtweise des 19. Jahrhunderts zu Wort, beginnend mit Mickiewicz 1823 und damit aus einem eher litauischen, noch nicht intensiv national aufgeheizten Blickwinkel. Doch bei Karol Szajnocha in der Mitte des Jahrhunderts wird der Umschlag erkennbar, der über den dargestellten mittelalterlichen Gegner Deutscher Orden zu einem aktuellen Deutschenhass führte – der Revers der bereits deutlich sichtbar gemachten preußischen Medaille der Ordensbewertung wird darin deutlich. Die Literatur bildete eine scharfe Waffe im politischen Kampf gegen die Teilungsmächte. Leider konnte auf der Tagung die Historienmalerei nicht berücksichtigt werden, da der Blick durch das Tagungsthema auf die Burg fokussiert war und die Malerei sich mehr mit dem Orden, vor allem der Schlacht von Tannenberg 1410 beschäftigte. Doch gerade in Polen bietet sie einen Schwerpunkt neben der Literatur, der in Preußen und Deutschland nicht zu finden ist, mit den zentralen Gemälden von Jan Matejko[6]. Höhepunkt des literarischen Schaffens war Henryk Sienkiewiczs Roman *Krzyżacy,* ein national-politisches Manifest von ungeheurer Wirkung im allgemeinen polnischen Bewusstsein bis in die Gegenwart, durch seine Umsetzung ins Medium Film 1960 noch überhöht. Die Wirkung des Romans beschränkte sich jedoch nicht auf Polen, denn – was offenbar unbekannt ist – schon im Jahr des Erscheinens als Zeitungsausgabe erschien er parallel mit Illustrationen in einer katholischen Zeitschrift in deutscher Sprache – allerdings gekürzt und verbal entschärft für den deutschsprachigen Leserkreis. Damit aber war eine wichtige Intention des Autors erfüllt, wandte sich doch sein Roman gegen den Orden als Vertreter eines »deutschen Drangs nach Osten«. Auch hier wurde Preußen als Gegner durch das Deutsche Reich abgelöst, und wie von deutscher Seite die Kontinuität Deutscher Orden – Preußen – Deutsches Reich konstruiert wurde, so geschah es auf polnischer Seite ebenfalls.

Schon im 19. Jahrhundert, also in preußischer Zeit, haben Polen die Burg besucht. Pawel Kosiński stellt etliche Reiseeindrücke vor, die einerseits das Erstaunen über die Architektur, anderseits aber auch die Widerspiegelung der den Besuchern vertrauten Urteile über die Erbauer zum Ausdruck bringen: »[D]üstere Hassgefühle und Verwünschungen« drängten sich auf. Weit entfernt war man damit von den heutigen Ritterspielen, die zur touristischen Unterhaltung gehören. Und obwohl die Burg offiziell über 300 Jahre polnische Königsresidenz gewesen war und damit weit länger im polnischen Besitz als im Besitz des Ordens, sah man sie doch als Ordensburg, als Wahrzeichen des Gegners – eine mentale Aneignung hatte nie stattgefunden.

In die Zeit nach dem Zweiten Weltkrieg springt der Beitrag von Jürgen Joachimsthaler, damit das genaue Gegenbild aufzeigend, die literarische Dekonstruktion des im 19. Jahrhundert konstruierten Bildes, welches das historische Bewusstsein geprägt hatte und auf deutscher wie auf polnischer Seite als »historische Wahrheit«, wenn auch jeweils unter anderem Vorzeichen, gepflegt worden war. Über Günter Grass und Paul Celan kommt er zur Entwicklung von Johannes Bobrowski, der, in der DDR lebend, auch deren Ideologie gegen den Orden teilte. Der Autor spricht von »historischer Bedeutungsverweigerung«, die bei Siegfried Lenz 1978 zur »Bedeutungsvernichtung durch Vernichtung der Bedeutungsträger« wird – hier sicher eine Reaktion nicht zuletzt auf die politische Entwicklung der Bundesrepublik, fortgeführt bis zu Andreas F. Kelletat und Leszek Libera 2011, und der dort sichtbare »Geschichtsrückbau hinterlässt freies, offenes Gelände«.

Tomasz Torbus zeigt in seinem Beitrag die ideologisch geprägte Diskussion in Polen nach dem Zweiten Weltkrieg auf, die zwischen den Forderungen nach Restaurierung und Wiederaufbau einerseits, Abriss und Vernichtung eines historisch-politischen »Schandmals« anderseits schwankte und lange Zeit die schließliche Restaurierung begleitete. Er endet mit dem Jahr 1973 und einem Beitrag der damaligen Kustodin auf der Burg Eleonora Zbierska, der schon vor 1990 als richtungweisend empfunden wurde und der trotz des kurz zuvor erfolgten Abschlusses des Warschauer Vertrags auf dem Hintergrund der vorweggegangenen Diskussionen immer noch ausgesprochen mutig war.[7] Torbus stellte damit den symbolhaltigen Hintergrund für die Anfangszeit des Wiederaufbaus der Burg vor, der heute zwar keineswegs vollendet ist, sondern seines geistlichen Herzstücks, der Marienkapelle, noch immer entbehrt, jedoch seit langen Jahren einen der größten Publikumsmagneten in Polen darstellt.

Der letzte Beitrag von Lukas Aufgebauer und Izabela Mittwollen-Stefaniak stellt die Marienburg in den Rahmen des europäischen Museumswesens. Damit ist die Burg angekommen im Bereich des »Weltkulturerbes« mit entsprechenden Aufgabenstellungen. Nüchtern werden Organisation, Finanzierung und Aktivitäten vorgestellt. Als Besonderheit wird auf die »Demythifizierung« der Burg und die Intention eines »Gedenkorts gegen nationalistische Abgrenzung« hingewiesen, gleichzeitig gewarnt vor einem möglichen Überhandnehmen eines touristischen Spektakels.

Damit ist der Querschnitt von der repräsentativen Realität des Mittelalters zur Symbolik und Mythifizierung im 19. und 20. Jahrhundert und zu erneuter repräsentativer Realität im 21. Jahrhundert vollzogen. Der Nachvollzug dieses Bogens ist umso wichtiger, als er in einem gemischt bis gegensätzlich nationalen Umfeld geschieht. Das komprimierte Tagungsergebnis bietet in vielen Punkten erfreuliche Vertiefungen. So wird beispielsweise deutlich erkennbar, dass die Marienburg in ihrer polnischen Zeit im Königlichen Preußen noch keinerlei Symbolcharakter besaß, sondern ein solcher erst im 19. Jahrhundert konstruiert wurde, auf deutscher wie auf polnischer Seite. Bot die deutsche Seite eine positive Konnotation, so musste aufgrund der politischen Gegebenheiten auf polnischer Seite geradezu zwingend die umgekehrte Aneignung erfolgen. Auf beiden Seiten handelte es sich jedoch um ein Konstrukt, das nach dem Zweiten Weltkrieg, erst recht nach dem Warschauer Vertrag von 1970 und der damit sich ändernden politischen Situation der Dekonstruktion bedurfte, um die Burg nun nicht mehr zu einem Repräsentanten politischer Realität werden zu lassen, als die sie einst entstand, sondern zu einem historischen Gedächtnisort und kulturellen Gegenwartszentrum. Dabei hat sie allerdings den großen Vorteil – im Gegensatz zu vielen anderen Burgen –, genau jenes mentale Konstruktions- und Dekonstruktionsschicksal unter nationalpolitischen Vorzeichen in einer Intensität durchgemacht zu haben, die ihresgleichen sucht. Das ist vielleicht der neue Mythos, der die Marienburg heute umgibt. In vieler Hinsicht führte jener Weg über Rivalität und Konfrontation getrennter Völker und Staaten, ist jedoch nun in einer grenzübergreifenden Kooperation zumindest im wissenschaftlichen Raum angelangt, die dieses Schicksal erkennen und darstellen und allmählich auch einer breiteren, ebenfalls grenzübergreifenden, europäischen Öffentlichkeit vermitteln lässt.[8]

Anmerkungen

1 Vgl. Arnold, Marienburg.
2 Vgl. Jasiński, Kruschwitz.
3 Vgl. Nowak, Milites.
4 Vgl. Schumacher, Begründung; Arnold, Mergentheim.
5 Z. B. Eynne schonne hystorye van unnderlyken gescheffthen der heren tho Lyfflanth myth den Rüssen, Anfang/Mitte 16. Jh.; Bott / Arnold, S. 94 f. mit weiterer Literatur.
6 Vgl. Poprzecka, Matejko; Petrus, Hołd. Völlig unbekannt blieb die österreichische Sicht, ein mögliches Vorbild für Matejko; vgl. Arnold, Schlacht.
7 Vgl. den Abschnitt »Geschichte und Politik: Die Vergangenheit des Deutschen Ordens im Dienste der Gegenwart« in Bott / Arnold, Orden, S. 437-505, hier S. 505; dort das deutsche Zitat von Eleonora Zbierska.
8 Vgl. beispielsweise die Konferenz der Internationalen Historischen Kommission zur Erforschung des Deutschen Ordens zum Thema »Das kulturelle Erbe des Deutschen Ordens in Europa« mit Referenten aus neun Staaten, die auf der Burg 2008 stattfand und deren Vorträge nach einer Zusage des Muzeum Zamkowe dort veröffentlicht werden sollen.

Literaturverzeichnis

Arnold, Udo: Die Marienburg als politisches Symbol in Deutschland in der ersten Hälfte des 20. Jahrhunderts. In: Mierzwiński, Mariusz (Hg.): Praeterita posteritati. Studia z historii sztuki i kultury ofiarowane Maciejowi Kilarskiemu. Malbork 2001, S. 33-40.

Arnold, Udo: Mergentheim und Königsberg / Berlin – die Rekuperationsbemühungen des Deutschen Ordens auf Preußen. In: Württembergisch Franken. Jahrbuch des Historischen Vereins für Württembergisch Franken 60 (1976), S. 14-54.

Arnold, Udo: Die Tannenberger Schlacht – ein Gemälde von Alexander Ritter von Bensa d. J. In: Tannenberg / Grunwald 2010. Gesammelte Beiträge. Wien 2010 (= Miscellanea Ordinis Theutonici 1). S. 53-58.

Bott, Gerhard / Arnold, Udo (Hg.): 800 Jahre Deutscher Orden. Ausstellung des Germanischen Nationalmuseums Nürnberg in Zusammenarbeit mit der Internationalen Historischen Kommission zur Erforschung des Deutschen Ordens (Katalog). Gütersloh / München 1990.

Jasiński, Tomasz: Kruschwitz, Rimini und die Grundlagen des preußischen Ordenslandes. Marburg 2008 (= Quellen und Studien zur Geschichte des Deutschen Ordens 63 = Veröffentlichungen der Internationalen Historischen Kommission zur Erforschung des Deutschen Ordens 8).

Nowak, Zenon: Milites Christi de Prussia. Der Orden von Dobrin und seine Stellung in der preußischen Mission. In: Fleckenstein, Josef / Hellmann, Manfred (Hg.): Die geistlichen Ritterorden Europas. Sigmaringen 1980 (= Vorträge und Forschungen XXVI). S. 339-352.

Petrus, Jerzy T. (Hg.): Hołd Pruski. Matejko Wawelowi – Wawel Matejce. Kraków 2009.

Poprzeska, Maria: Jan Matejko: Schlacht bei Tannenberg *(Bitwa pod Grunwaldem)*. Vom Nachleben eines Gemäldes. In: Omilanowska, Małgorzata / Torbus, Tomasz (Hg.): Tür an Tür. Polen – Deutschland. 1000 Jahre Kunst und Geschichte (Katalog). Köln [2011], S. 110-115.

Schumacher, Bruno: Die staatsrechtliche Begründung der Erwerbung Westpreußens durch Friedrich den Großen und der Deutsche Orden. In: Altpreußische Forschungen 11 (1934), S. 97-122.

Autorenverzeichnis

Prof. Dr. Dr. h.c. Udo Arnold, Prof. i.R. für mittelalterliche und neuere Geschichte und Didaktik der Geschichte an der Universität Bonn, Präsident der Internationalen Historischen Kommission zur Erforschung des Deutschen Ordens (seit 1985).

Lukas Aufgebauer M.A., bis 2012 Wissenschaftlicher Mitarbeiter der Professur für Didaktik der Geschichte mit dem fachlichen Schwerpunkt deutsche und europäische Neuere und Neueste Geschichte in der Abteilung für Kulturgeschichte und vergleichende Landesforschung an der Universität Vechta.

Prof. Dr. Sigita Barniškienė, Leiterin des Lehrstuhls für Germanistik und Romanistik an der Vytautas-Magnus-Universität Kaunas.

PD Dr. Christoph Garstka, Lehrstuhlvertreter für die slavische Literaturwissenschaft an der Universität zu Köln. Wissenschaftlicher Assistent am Slavischen Institut der Universität Heidelberg.

Prof. Dr. Dr. Bernd Ulrich Hucker, Prof. i.R. für Wirtschafts- und Sozialgeschichte an der Universität Vechta.

PD Dr. Jürgen Joachimsthaler lehrt Neuere deutsche und vergleichende Literatur- und Kulturgeschichte an der Universität Heidelberg.

Christoph Kienemann M.A., Doktorand am Institut für Geschichte der Carl von Ossietzky Universität Oldenburg.

Dr. Paweł Kosiński, Referent für historische Bildung am Instytut Pamięci Narodowej in Warszawa.

Prof. Dr. Andrzej Kopiczko, Direktor des Instytut Historii i Stosunków Międzynarodowych der Uniwersytetu Warmińsko-Mazurskiego in Olsztyn.

Prof. Dr. Eugen Kotte, Professor für Didaktik der Geschichte unter besonderer Berücksichtigung der Neueren und Neuesten deutschen und europäischen Geschichte an der Universität Vechta, Direktor des Instituts für Geistes- und Kulturwissenschaften an der Universität Vechta.

Prof. Dr. Klaus Militzer, Prof. i. R. für mittelalterliche Geschichte an der Ruhr-Universität Bochum und wissenschaftlicher Referent am Historischen Archiv der Stadt Köln.

Izabela Mittwollen-Stefaniak M.A., Wissenschaftliche Mitarbeiterin der Professur für Didaktik der Geschichte mit dem fachlichen Schwerpunkt deutsche und europäische Neuere und Neueste Geschichte in der Abteilung für Kulturgeschichte und vergleichende Landesforschung an der Universität Vechta.

Prof. Dr. Tomasz Torbus, Direktor des Instytut Historii Sztuki Uniwersytetu Gdańskiego.

Prof. Dr. Christine Vogel, Juniorprofessorin für Geschichte vom 17. bis zum 19. Jahrhundert an der Universität Vechta.

Dr. Jan Werquet, Wissenschaftlicher Mitarbeiter der Bayerischen Schlösserverwaltung (Projekt: Neupräsentation der Kaiserburg Nürnberg).